Né en […] eur en biolog[…] direc-tion d[…] nné sa brillan[…] boud-dhisme qu'il a découvert à la fin des années soixante. Ordonné moine en 1978, il est devenu l'un des spécialistes mondiaux du bouddhisme et accompagne fréquemment le Dalaï Lama dans ses voyages, en qualité d'interprète. Il a publié plusieurs ouvrages, parmi lesquels *L'esprit du Tibet* (1996) et *L'infini dans la paume de la main* (2000), ainsi que de nombreuses traductions de textes tibétains.
Établi depuis 1972 dans les Himalayas, il vit au monastère de Shétchen au Népal.

TRIHN XUAN THUAN

Le professeur Trihn Xuan Thuan est originaire de Hanoï, au Vietnam. Ses études secondaires achevées, il entreprend des études d'astrophysique au California Institute of Technology (Caltech), puis à l'université de Princeton aux États-Unis. Depuis 1976, il est professeur d'astrophysique à l'université de Virginie. Spécialiste de l'astronomie extragalactique, il a écrit près de 200 articles sur la formation et l'évolution des galaxies. Il est l'auteur de *La mélodie secrète* (Fayard, 1988), de *Un astrophysicien* (Beauchesne-Fayard, 1992), du *Destin de l'Univers* (Découvertes Gallimard, 1992), et du *Chaos et l'Harmonie* (Fayard, 1998). Réputé par la clarté de ses exposés et son ouverture d'esprit dans les domaines scientifique et philosophique, tous ses ouvrages ont rencontré la faveur d'un large public et ont été traduits dans de nombreux pays.

L'INFINI
DANS LA PAUME DE LA MAIN

Ouvrages de Matthieu Ricard

Le Moine et le Philosophe, avec Jean-François Revel, NiL, 1997, Pocket, 1999.

L'Esprit du Tibet, photographies et texte, Le Seuil, 1996.

Écrits et traductions du tibétain :

Shabkar, autobiographie d'un yogi tibétain, vol. 1 & 2, Albin Michel, 1999.

Dilgo Khyentsé Rinpotché, *Le Trésor du cœur des êtres éveillés,* Le Seuil, Points Sagesse, 1996.

Dilgo Khyentsé Rinpotché, *Les Cent Conseils*, Éditions Padmakara, 2001.

Ouvrages de Trinh Xuan Thuan

Le Chaos et l'Harmonie, Fayard, 1998 ; édition de poche : Gallimard, Folio-Essais, 2000.

Le Destin de l'univers, Gallimard, Découvertes, 1992.

Un astrophysicien, Beauchesne-Fayard, 1992 ; édition de poche : Champs-Flammarion, 1995.

La Mélodie secrète, Fayard, 1988 ; édition de poche : Gallimard, Folio-Essais, 1991.

MATHIEU RICARD
ET
TRINH XUAN THUAN

L'INFINI DANS LA PAUME DE LA MAIN

Du big bang à l'Éveil

NiL ÉDITIONS / FAYARD
2e édition révisée

Depuis la parution, en l'an 2000, de *L'Infini dans la paume de la main,* la poursuite de nos discussions, les commentaires de lecteurs, de récents développements scientifiques et de nouvelles réflexions nous ont conduits à refondre en partie le texte de notre dialogue et à y introduire de nouveaux éléments. C'est donc cette version revue et corrigée que nous présentons à nos lecteurs.

ISBN 2-266-10861-1

À nos mères.

Introduction

par Matthieu Ricard

Comment mener mon existence ? Comment vivre en société ? Que puis-je connaître ? Ces trois questions ont préoccupé l'humanité à travers les âges. Idéalement, la conduite de notre existence devrait nous amener à un sentiment de plénitude qui inspire chaque instant et nous laisse sans regret à l'heure de la mort. Vivre en société avec les autres devrait engendrer le sens de la responsabilité universelle. La connaissance devrait nous révéler la nature du monde qui nous entoure et celle de notre esprit.

Ces mêmes questions sont au cœur de la science, la philosophie, la politique, l'art, l'action sociale et la spiritualité. Compartimenter artificiellement ces activités, comme cela se produit souvent de nos jours, rétrécit inévitablement notre vision de l'existence. Sans sagesse nourrie d'altruisme, la science et la politique sont des armes à double tranchant, l'éthique est aveugle, l'art futile, les émotions sauvages et la spiritualité illusoire.

Du XVIIe siècle, l'époque de la révolution scientifique, à nos jours, un nombre croissant de personnes a considéré la science comme synonyme de savoir. La croissance exponentielle de l'accumulation des informations, nourrie par la science, n'est pas près de ralentir. Parallèlement, la pratique religieuse a décliné dans les sociétés laïques et démocratiques et s'est souvent radicalisée dans les sociétés régies par des religions d'État. Ce qui devrait normalement constituer l'essence de la religion – l'amour et la compassion – a connu des déviations tragiques, liées aux aléas de l'histoire.

Dogmatiques ou expérimentales, les grandes traditions spirituelles offraient, outre leurs conceptions métaphysiques, des règles d'éthique qui fournissaient des points de repère, parfois éclairants, parfois contraignants. De nos jours, ces repères s'étant peu à peu estompés, la plupart des hommes ne fondent plus ni leurs pensées ni leurs actes sur des préceptes religieux, même si, par tradition, ils adhèrent à une religion. Ils font plus volontiers confiance aux « lumières » de la science et à l'efficacité de la technologie qui permettra, espèrent-ils, de résoudre tous les problèmes futurs. Certains considèrent pourtant que la prétention de la science à tout connaître sur tout est illusoire : la science est fondamentalement limitée par le domaine d'étude qu'elle a elle-même défini. Et si la technologie a apporté d'immenses bienfaits, elle a engendré des ravages au moins aussi importants. De plus, la science n'a rien à dire sur la manière de conduire sa vie.

En soi, la science est un instrument qui n'est ni bon ni mauvais. La porter aux nues ou la sataniser n'a pas plus de sens que de faire l'éloge ou la critique de la force. La force d'un bras peut aussi bien tuer que sauver une vie. Les scientifiques ne sont ni meilleurs ni pires que la moyenne des êtres et se heurtent comme tout le monde aux problèmes éthiques induits par leurs propres découvertes. La science n'engendre pas la sagesse. Elle a montré qu'elle pouvait agir sur le monde mais seules les qualités humaines peuvent guider notre utilisation du monde. Or ces qualités ne peuvent naître que d'une « science de l'esprit », ou ce que nous appellerons ici spiritualité. Une telle spiritualité n'est pas un luxe, mais une nécessité.

Au cours des vingt dernières années, un dialogue s'est instauré entre la science et le bouddhisme, à l'instigation du Dalaï-Lama et d'autres penseurs bouddhistes. À partir de 1987, à l'instigation de l'homme d'affaires Adam Engle et du neurobiologiste Francisco Varela, des rencontres ont été régulièrement organisées entre le Dalaï-Lama et d'éminents scientifiques (neurologues, biologistes, psychiatres, physiciens et philosophes[1]). Comme l'un des participants le remarquait : « L'une des qualités extraordinaires de ces rencontres a été l'attitude ouverte mais rigoureuse et critique des scientifiques et des bouddhistes, tous avides d'agrandir leur horizon intellectuel en apprenant les méthodes d'investigation et les perspectives de l'autre. » De ces rencontres, intitulées *Mind and Life* (« Esprit et Vie »), sont nés plusieurs ouvrages, dont certains ont été traduits en français : *Passerelles*, *Quand l'esprit dialogue avec le corps* et *Dormir, rêver, mourir*[2], ainsi que des développements plus généraux comme *Science et Bouddhisme* d'Alan Wallace[3]. C'est dans cet esprit de dialogue que se situent les entretiens qui vont suivre.

La différence majeure entre la science et le bouddhisme réside dans leur finalité. Pour le bouddhisme, l'acquisition des connaissances se fait avant tout dans un but *thérapeutique*. Il s'agit de se libérer de la souffrance dont la cause est une forme particulière de l'ignorance : une conception erronée de la réalité extérieure et une servitude à l'égard du « moi » que nous imaginons résider au centre de notre être.

Le bouddhisme met l'accent sur l'importance d'élucider la nature de l'esprit par une expérience contemplative directe. Au cours des siècles, il a développé une approche profonde et rigoureuse de la compréhension des états mentaux et de la nature ultime de l'esprit. L'esprit est derrière chaque expérience de notre existence. C'est encore lui qui détermine notre vision du monde. Notre esprit est la fenêtre par laquelle nous percevons « notre » monde. Qu'un changement minime survienne dans notre esprit, dans notre façon de percevoir les êtres et les choses et ce monde peut être entièrement bouleversé.

Aussi profondes les découvertes du bouddhisme soient-elles, il est important de garder à l'esprit en lisant cet ouvrage que l'enseignement du Bouddha n'est pas dogmatique. Il se présente plutôt comme un carnet de route permettant de marcher sur les traces d'un guide. Le bouddhisme est prêt à réviser ses conceptions si on lui prouve qu'il a tort. Non qu'il doute de la vérité profonde de ses découvertes ou qu'il s'attende à une soudaine invalidation de résultats acquis au fil de deux mille cinq cents ans de science contemplative, mais parce qu'il est entièrement fondé sur l'expérience. Dans sa quête de la connaissance, le bouddhisme ne fuit pas la contradiction, mais s'en nourrit. Les nombreux débats métaphysiques auxquels il a participé durant des siècles avec les philosophes hindous, et les dialogues qu'il continue d'entretenir avec la science et les religions lui ont permis d'affiner, de préciser et d'élargir ses vues philosophiques, sa logique et sa compréhension du monde.

Mais l'attitude ouverte du bouddhisme ne relève pas d'un opportunisme bon marché. La somme philosophique qu'il propose est imposante, les traités sur la vie contemplative profonds et inspirants, et la pratique spirituelle exige une persévérance indomptable. « N'espère pas une réalisation rapide, mais médite jusqu'à ton dernier souffle », disait le grand ermite tibétain Milarépa. La transformation intérieure qui mène à l'Éveil est d'un tout autre ordre que le travail de recherche philosophique ou l'investigation des sciences descriptives. Le bouddhisme est essentiellement une science de l'Éveil.

Les entretiens qui suivent n'ont pas pour objet d'imprimer à la science des allures de mysticisme ni d'étayer le bouddhisme par les découvertes de la science. Il s'agit de situer la place de la science dans une conception plus vaste de la vie qui prenne en compte le rôle essentiel de l'expérience subjective. Il s'agit également de relier la façon dont les choses apparaissent et la façon dont elles sont et de montrer que le bouddhisme est capable de résoudre l'opposition entre le réalisme, qui considère que les phénomènes existent d'une manière aussi solide et réelle qu'ils en ont l'air, et les découvertes de la science moderne (la physique en particulier) qui vont à l'encontre de cet attachement tenace à la réalité intrinsèque des choses. Il peut, par-là même, offrir un cadre de pensée et d'action cohérent pour notre temps. L'un des pères de la physique quantique, Werner Heisenberg, écrit : « Je considère que l'ambition de dépasser les contraires, incluant une synthèse qui embrasse la compréhension rationnelle et l'expérience mystique de l'unité, est le *mythos*, la quête, exprimée ou inexprimée, de notre époque[4]. »

Ce dialogue reflète aussi deux tranches de vie : celle d'un astrophysicien né bouddhiste qui souhaite confronter ses connaissances scientifiques avec ses sources philosophiques, et celle d'un scientifique occidental qui est devenu moine bouddhiste et dont l'expérience personnelle l'a conduit à comparer deux approches de la réalité.

Trinh Xuan Thuan se trouve au confluent de trois cultures : vietnamienne, française et américaine. Né à Hanoi en 1948, en pleine guerre coloniale, six ans avant la défaite des troupes françaises à Diên Biên Phu, il fait ses études dans les écoles et lycées français de Saigon. Profondément marqué par la culture française, il décide en 1966 de partir pour la France afin d'y apprendre la physique, car, lui semble-t-il, cette science peut apporter des éléments de réponse aux questions qu'il se pose sur la nature du monde. Mais, en préconisant le retrait immédiat des troupes américaines du Sud-Est asiatique, le fameux discours du général de Gaulle prononcé la même année à Phnom

Penh bouleverse ses plans. Le gouvernement vietnamien rompt ses liens avec la France et les Vietnamiens perdent la possibilité d'aller y faire leurs études. Après une année en Suisse, à l'École polytechnique de l'université de Lausanne, Thuan part pour les États-Unis où ses pas le mènent au Caltech (California Institute of Technology), la Mecque des astrophysiciens. Le Caltech possédait en particulier le télescope de cinq mètres de diamètre du mont Palomar, le plus grand au monde en 1967. L'ombre d'Edwin Hubble, qui a découvert les galaxies et l'expansion de l'univers, planait sur le campus.

Le temps des études de Thuan a coïncidé avec une période exaltante en astrophysique, puisqu'elle a vu la découverte de nombre de phénomènes célestes nouveaux. Comme il le dit lui-même : « Au milieu de cette fermentation intellectuelle, il était inévitable que je devienne astrophysicien. » Depuis, il n'a cessé d'observer l'univers et il est devenu l'un des grands spécialistes de l'étude de la formation des galaxies. Auteur de plusieurs ouvrages de vulgarisation fort appréciés [5], il enseigne actuellement à l'université de Virginie.

Quant à moi, j'ai entrepris des études scientifiques ; j'ai fait plusieurs années de recherche à l'Institut Pasteur, dans le service de génétique cellulaire du Pr François Jacob, prix Nobel de médecine, où régnait une effervescence intellectuelle extrêmement stimulante. En 1967, je suis parti en Inde pour rencontrer de grands maîtres tibétains. Je suis devenu le disciple de l'un d'entre eux, Kanguiour Rinpotché. Plusieurs années de suite, chaque été, je me retrempais dans l'atmosphère inspirante de l'ermitage-monastère de ce sage, à Darjeeling, tout en poursuivant mes recherches scientifiques. Mais, en 1972, après avoir achevé ma thèse de doctorat, j'ai décidé de m'établir dans l'Himalaya. J'ai vécu en Inde, puis au Bhoutan et au Népal où j'ai passé douze ans auprès de mon second maître, Khyentsé Rinpotché. J'ai pu l'accompagner plusieurs fois au Tibet, malgré la situation tragique qui continue d'y régner à la suite de l'occupation chinoise. À présent, je réside au monastère de Shéchèn, près de Katmandou.

J'ai rencontré Thuan pour la première fois lors de l'Université d'été en Andorre, en 1997, et nous avons eu de passionnantes discussions au cours de longues randonnées dans le décor grandiose des montagnes pyrénéennes. De ces échanges amicaux, qui nous ont parfois réunis et parfois opposés, est né ce livre.

fois au Tibet, malgré la situation tragique qui continue d'y régner à la suite de l'occupation chinoise. À présent je réside au monastère de Shechen, près de Katmandou.

J'ai rencontré Thuan pour la première fois lors de l'Université d'été en Andorre en 1997, et nous avons eu de passionnantes discussions au cours de longues randonnées dans le décor grandiose des montagnes environnantes. De ces échanges amicaux qui nous ont parfois réunis et parfois opposés est né ce livre.

1

À LA CROISÉE DES CHEMINS

Un dialogue entre la science et le bouddhisme a-t-il une raison d'être ? Pour le savoir, il faut définir les domaines d'investigation respectifs de ces deux voies de connaissance et examiner si le bouddhisme (et la spiritualité en général) peut apporter une contribution valable là où les limitations de la science laissent un vide à combler. Ce vide se situe surtout au niveau de l'éthique, de la transformation personnelle, de la connaissance de notre esprit et de l'atteinte d'une réalisation spirituelle authentique. Le bouddhisme s'est toujours intéressé à nombre de questions qui se rapprochent des problèmes fondamentaux de la physique moderne. Celle-ci est-elle en mesure de fournir des éléments au bouddhisme dans son exploration de la réalité ?

MATTHIEU : Tu as fait un voyage impressionnant du Vietnam à ta vie d'astrophysicien aux États-Unis. Qu'est-ce qui t'a conduit vers la science ?

THUAN : Les années soixante ont été l'âge d'or de l'astrophysique. Le rayonnement fossile (la chaleur résiduelle du big bang) et les quasars (astres d'une brillance fabuleuse situés aux confins de l'univers et qui émettent l'énergie d'une galaxie entière dans un volume à peine plus grand que celui du système solaire) venaient d'être découverts. À mon arrivée aux États-Unis, l'exploration du système solaire par les satellites spatiaux battait son plein. Je me souviens encore de l'émerveillement ressenti quand les premières images de la surface martienne transmises par la sonde spatiale *Mariner* se sont formées sur l'écran de notre salle de classe. Les images du désert martien aride et stérile disaient à l'humanité qu'il n'y avait pas de vie intelligente sur Mars : les canaux que les astronomes du XIXe siècle avaient cru y voir n'étaient que des illusions optiques créées par des tempêtes de sable.

Au milieu de cette fermentation intellectuelle, il était inévitable que je devienne astrophysicien. Depuis, je n'ai cessé d'observer l'univers grâce aux télescopes les plus performants, sur Terre et en orbite dans l'espace, et de réfléchir à sa nature, son origine, son évolution et sa destinée.

Qu'est-ce qui ne te satisfaisait pas dans ta carrière de scientifique ? Quitter un laboratoire de biologie à Paris pour un monastère tibétain au Népal est pour le moins un cheminement inhabituel !

M. – Pour moi, cette évolution s'est déroulée dans une continuité naturelle, au cours d'une recherche toujours plus enthousiasmante du sens de l'existence. Je n'ai fait que sauter de pierre en pierre, passer d'une vallée à une autre, plus belle encore, suivant à chaque instant ce qui me passionnait le plus, en essayant de mon mieux de ne pas gaspiller un seul instant de cette précieuse vie humaine. J'ai eu la chance immense de vivre pendant des années auprès d'êtres remarquables. Ce fut une expérience à la fois simple et directe, profonde bien sûr, que je me suis souvent trouvé impuissant à décrire. On peut reconnaître la perfection humaine et spirituelle quand on la voit, mais ce n'est guère lui rendre justice que de la limiter aux mots qui viennent ordinairement à l'esprit : sagesse, connaissance, bonté, noblesse, simplicité, rigueur, honnêteté...

Je crois que le plus important pour chacun, c'est de se consacrer, sans trop tarder, à ce qu'on a vraiment envie de faire dans l'existence. Pour intéressante que soit la recherche scientifique, j'avais l'impression de n'apporter qu'une petite tache de couleur dans un tableau pointilliste, sans être sûr de la composition finale. Est-ce que cela valait la peine que j'y consacre le trésor d'opportunités si unique qu'offre une existence humaine ? Dans la voie bouddhiste, en revanche, le point de départ, le but à atteindre, les moyens à mettre en œuvre et les obstacles à surmonter sont on ne peut plus clairs : il suffit d'analyser son esprit, de voir qu'il est le plus souvent sous l'emprise de l'égoïsme, et que cet égoïsme prend sa source dans l'ignorance fondamentale de notre véritable nature et de celle du monde. Cet état de fait n'ayant qu'une issue certaine, la souffrance de soi-même et des autres, la tâche la plus urgente d'un être humain est d'y mettre un terme. La méthode pour y parvenir consiste à développer l'amour et la compassion, et à extirper l'ignorance en suivant la voie de l'Éveil. On se rend compte qu'au fil des jours et des années un changement s'opère, qui engendre une joie rare, libre d'espoir et de crainte, et dont la qualité n'a cessé de nourrir mon enthousiasme.

T. – Pourquoi alors dialoguer avec un scientifique ?

M. – Explorer la nature de la réalité est l'une des tâches premières du philosophe bouddhiste et c'est aussi l'un des buts de la science.

T. – Mon travail m'amène constamment à m'interroger sur les notions de réel, de matière, de temps et d'espace. Chaque fois que je suis confronté à ces notions, je ne peux m'empêcher de me demander comment le bouddhisme envisage ces mêmes concepts, comment le réel appréhendé par une démarche rationnelle peut correspondre au réel perçu par le contemplatif. Ces deux points de vue se rejoignent-ils ou s'opposent-ils, ou n'ont-ils simplement rien de commun ? Faute d'avoir étudié les textes bouddhiques, je ne possède pas les éléments nécessaires à cette réflexion.

M. – Existe-t-il une réalité solide derrière les apparences ? Quelle est l'origine du monde phénoménal ? Quels sont les rapports entre l'animé et l'inanimé ? Le temps, l'espace et les lois de la nature existent-ils réellement ? Depuis deux mille cinq cents ans, les métaphysiciens bouddhistes n'ont cessé d'examiner ces questions. La littérature bouddhiste abonde de traités de logique, de théories de la perception, d'analyses de la réalité du monde phénoménal à différents niveaux, et de traités de psychologie qui se penchent dans le plus grand détail sur les différents types d'« événements mentaux » et autres aspects de notre esprit.

T. – Tu présentes le bouddhisme comme une science de l'esprit ? Serait-ce une science dans la même acception qu'une science naturelle basée sur l'observation et la mesure et dont le langage est mathématique ?

M. – L'authenticité d'une science ne dépend pas nécessairement de mesures physiques ni d'équations mathématiques complexes. Une hypothèse peut être vérifiée par l'expérience intérieure sans pour autant manquer de rigueur. La méthode bouddhiste commence par l'analyse et fait souvent appel à des « expériences de pensée » qui sont irréfutables sur le plan conceptuel, même si elles ne peuvent être menées dans la réalité physique. C'est une façon de procéder qui a été largement utilisée par la science.

T. – C'est exact. Les expériences conduites simplement par la pensée sont en effet très utiles en physique. Elles ont souvent été mises en œuvre par Einstein, et d'autres grands physiciens, non seulement pour démontrer des principes physiques, mais aussi pour mettre en évidence des résultats paradoxaux dans l'interprétation de certaines situations physiques. Ainsi, pour étudier la nature du temps et de l'espace, Einstein s'est imaginé chevauchant une particule de lumière. Pour réfléchir sur la gravité, il s'est représenté dans un ascenseur en chute libre dans le vide.

Je conçois que la physique moderne, au fil des découvertes et d'inévitables interrogations métaphysiques, retrouve dans le bouddhisme (ou dans d'autres religions ou philosophies) des échos inattendus. Mais pourquoi le bouddhisme s'intéresse-t-il à la science moderne, en particulier à la physique et à l'astrophysique, alors qu'il n'a guère de penchant pour la technologie ?

M. – La préoccupation majeure du bouddhisme n'est pas, bien sûr, la science moderne, mais il s'y intéresse parce que dans son analyse de la réalité il s'est posé depuis longtemps des questions similaires à celles que soulève la physique contemporaine : Des particules autonomes indivisibles peuvent-elles constituer les « briques » servant à construire le monde macroscopique ? Ont-elles une réalité ultime, ou se réduisent-elles à des étiquettes mentales ? Les lois physiques existent-elles en elles-mêmes à la manière des Idées platoniciennes ?

Le bouddhisme considère par exemple l'interdépendance des phénomènes comme la description la plus adéquate de la réalité apparente. Or, le concept de globalité (l'interdépendance des phénomènes entre eux et l'interdépendance entre les phénomènes et le sujet auquel ils apparaissent) qui s'est imposé depuis Niels Bohr et Heisenberg, les pères de la physique quantique, a été vérifié expérimentalement au cours des vingt dernières années. Cette notion représente donc également l'une des découvertes les plus fondamentales de la physique moderne. Sans exagérer les ressemblances superficielles, l'exploration des différences et des points d'accord entre la science et le bouddhisme peut nous aider à approfondir des aspects essentiels de notre compréhension du monde.

Le bouddhisme étant avant tout une recherche fondée sur l'expérience directe, il n'est pas figé dans des dogmes dont il ne saurait s'écarter sous peine de remettre en question ses fondements mêmes. Il est prêt à accepter toute vision de la réalité possédant les critères de la vérité authentique. Le Bouddha mettait en garde ses disciples contre le danger d'une foi aveugle et dogmatique : « Examinez, disait-il, la validité de mes enseignements comme vous examineriez la pureté d'une pépite d'or, en la frottant contre une pierre, en la martelant ou en la faisant fondre. N'acceptez pas ce que je dis par simple respect pour moi. » Il ne s'agit donc pas de croire, mais de *savoir*.

Accumuler simplement des connaissances ne suffit pas. Mon maître, Khyentsé Rinpotché, disait :

Si nous nous efforçons de glaner des connaissances intellectuelles à la seule fin de devenir influents ou célèbres, nous sommes dans le même état d'esprit qu'un chanteur qui ne chante que pour recevoir des aumônes. Ce savoir ne sera d'aucune utilité, ni pour nous-mêmes ni pour les autres. Comme dit le proverbe : « À grand savoir, grand orgueil. » Comment peut-on aider les autres avant d'avoir extirpé les tendances négatives qui sont ancrées en nous ? Nourrir une telle prétention n'est qu'une plaisanterie, comme celle du mendiant qui convie tout le village à un banquet[1].

Les signes de succès de la vie contemplative sont nombreux, mais le plus important est qu'au bout de quelques mois ou de quelques années notre égoïsme doit avoir diminué et notre altruisme s'être développé. Si l'attachement, la haine, l'orgueil et la jalousie restent aussi forts qu'avant, on a perdu son temps, on s'est fourvoyé et on a dupé les autres. Par contre, le savoir obtenu par les sciences naturelles permet d'agir sur le monde, de façon constructive ou destructive, mais a relativement peu d'effet sur nous-mêmes. Il est clair que la connaissance scientifique, n'étant pas par nature liée à la bonté ou à l'altruisme, n'est pas en soi porteuse de valeurs morales. Nous avons donc besoin d'une science contemplative, dans laquelle c'est l'esprit lui-même qui examine l'esprit, afin de dissiper les illusions fondamentales qui engendrent tant de souffrance pour nous-mêmes et les autres.

T. – J'ai souvent pensé que le Bouddha enseignait avant tout une philosophie pratique : le principal but de l'homme est de s'améliorer au fil de sa vie quotidienne, sans se soucier de l'origine de l'univers ou de la constitution de la matière.

M. – Lorsque quelqu'un, par simple curiosité, demandait au Bouddha quelle était l'origine de l'univers et l'assaillait d'autres questions qui n'avaient aucune incidence sur le progrès spirituel, il gardait le silence. Le bouddhisme étant avant tout un chemin vers l'Éveil, il établit naturellement une hiérarchie entre les connaissances qui concourent à ce but et celles qui, bien que fort respectables, n'ont qu'un effet négligeable par rapport à cette finalité.

T. – Qu'est-ce que le bouddhisme entend par Éveil ?

M. – Un état de connaissance ultime, associée à une compassion sans limites. Une connaissance qui n'est pas, comme dans la science, une accumulation de données, mais une compréhension des modes d'existence relatifs (la façon dont les choses nous apparaissent) et ultimes (leur véritable nature) de notre esprit et du monde. Cette connaissance est l'antidote fondamental de l'ignorance.

Mais par ignorance on n'entend donc pas ici un simple manque d'information, mais une vision fausse de la réalité qui nous fait croire que les choses sont permanentes et solides, et que notre moi existe vraiment, et à cause de laquelle nous confondons le plaisir passager ou le soulagement d'une souffrance avec le bonheur durable. C'est cette ignorance qui nous pousse également à construire le bonheur sur la souffrance des autres. Nous nous attachons à ce qui peut satisfaire notre moi et nous éprouvons de la répulsion pour ce qui paraît lui nuire. De fil en aiguille, les événements mentaux s'enchaînent, engendrent de plus en plus de confusion dans notre esprit et aboutissent à un comportement totalement égocentrique. L'ignorance se perpétue et notre paix intérieure est détruite. La connaissance dont parle le bouddhisme est l'antidote ultime de la souffrance. Dans cette perspective, on est forcé d'admettre que connaître la luminosité des étoiles ou la distance qui les sépare n'est pas d'une utilité absolue et ne nous apprend pas même comment devenir de meilleurs êtres humains.

T. – C'est bien ce constat qui m'avait amené à penser que le bouddhisme délaisse toute connaissance qui n'influe pas directement sur notre progrès moral et spirituel et sur notre comportement dans la vie de tous les jours : en quoi la connaissance de l'origine de l'univers et de son destin, ou celle de la nature du temps et de l'espace peuvent-elles nous aider à atteindre le nirvana ?

M. – On cite le cas d'un homme qui interrogea le Bouddha sur certains points de cosmologie. Ce dernier prit une poignée de feuilles et demanda au visiteur : « Y a-t-il plus de feuilles dans mes mains, ou dans la forêt ? – Il y en a certes bien plus dans la forêt », répondit l'homme. Le Bouddha poursuivit : « Eh bien, les feuilles que je tiens dans ma main représentent les connaissances qui conduisent à la cessation de la souffrance. » Le Bouddha montrait ainsi l'inutilité de certaines interrogations. Le monde offre un champ d'études illimitées, aussi nombreuses que les feuilles de la forêt. Si ce que l'on désire par-dessus tout dans cette vie est d'atteindre l'Éveil, il est préférable de s'y consacrer entièrement en rassemblant dans ses mains les seules connaissances qui concourent à la réalisation de ce souhait.

Il ressort de l'expérience que, pour dissiper l'ignorance, il est indispensable de comprendre de façon juste la *nature* du monde extérieur et du moi, ce que nous appelons la « réalité ». C'est pourquoi le Bouddha fit de cette compréhension le thème central de son enseignement. De même, il réfuta à maintes reprises l'idée d'une cause première et unique du monde phénoménal. Il insista également sur la différence entre la façon dont nous percevons les phénomènes et leur nature véritable et sur les effets néfastes de cette perception erronée. Prendre, dans la pénombre, une corde pour un serpent engendre des peurs inutiles, mais dès qu'on éclaire cette corde et que l'on reconnaît sa véritable nature, notre frayeur n'a plus lieu d'être. Or, l'investigation bouddhiste conduit à la constatation que le moi et les phénomènes extérieurs n'existent pas de façon autonome, que la distinction entre « moi » et les « autres » n'est qu'une étiquette illusoire. C'est ce que le bouddhisme appelle « vacuité [2] », ou absence d'existence propre. D'autre part, vouloir à tout prix trouver une cause première aux phénomènes reflète simplement la tendance de notre esprit à vouloir réifier tout ce que nous percevons ; à leur attribuer une existence intrinsèque, une réalité solide qui correspond à notre perception habituelle des choses. Cette notion de « cause première » a dominé la pensée religieuse, philosophique et scientifique occidentale pendant plus de deux millénaires.

T. – C'est exact. Jusqu'au XIXe siècle, la science classique concevait en effet les choses comme douées d'une réalité intrinsèque et régies par des lois rigides de cause à effet. On l'enseignait sous la forme de « leçons de choses ». La mécanique quantique, née au début du XXe siècle, a considérablement ébranlé l'idée d'une réalité intrinsèque des constituants élémentaires de la matière et a remis en question certaines notions de causalité. Mais ce concept bouddhiste de vacuité ne fait-il pas penser à un néant, une absence de tout ? Comment les choses pourraient-elles fonctionner si elles sont « vides ? »

M. – Lorsque le bouddhisme enseigne que la vacuité est la nature ultime des choses, il veut dire que les phénomènes et les fonctions qu'ils remplissent sont dénués d'existence autonome et permanente. La vacuité n'est donc pas une sorte d'entité indépendante. C'est le mode d'être des choses tel qu'il est révélé par l'analyse. Il ne s'agit en aucun cas du néant, de l'absence de tout phénomène comme les premiers commentateurs occidentaux du bouddhisme l'avaient cru [3]. La notion de vacuité, à son tour, ne doit pas servir de support à l'élaboration de nouvelles fixations conceptuelles. C'est pourquoi le Bouddha prend la précaution de parler de « vacuité de la vacuité ». En effet, les concepts d'existence et de non-existence n'ont de sens que l'un par rapport à l'autre. Si on ne peut pas parler d'existence réelle, parler de non-existence devient absurde. Le *Traité fondamental de la perfection de la sagesse* dit : « Ceux qui s'attachent à la vacuité sont dits incurables [4]. » Pourquoi incurables ? Parce que la méditation sur la vacuité est le remède qui permet de se libérer des concepts erronés sur la nature des choses, de l'attachement à une réalité solide. Or si ce remède devient lui-même une source d'attachement à une « vacuité », il n'y a plus de cure possible. Le même traité conclut : « Par conséquent, le sage ne demeurera ni dans l'être ni dans le non-être. »

C'est dans ce contexte que la philosophie bouddhiste s'est attachée à analyser l'existence, ou la non-existence, de particules indivisibles de matière et d'instants ponctuels de conscience. Selon le bouddhisme, cette analyse de l'irréalité des choses fait partie intégrante du chemin spirituel. La connaissance de la nature de notre esprit et celle de la nature des phénomènes s'éclairent et se renforcent mutuellement, et leur but ultime est de dissiper la souffrance.

T. – Ce dernier point soulève une question que j'ai depuis longtemps trouvée troublante dans le monde de la science. Comme tu le sais, à l'âge de dix-neuf ans je suis allé au Caltech, qui était alors la Mecque de la science mondiale. On y rencontrait les plus grandes sommités scientifiques, prix Nobel et autres membres de l'Académie des sciences. Naïvement, je pensais que leurs compétences et leur créativité faisaient d'eux des êtres supérieurs au niveau des autres aspects de la vie et des relations humaines. J'ai été amèrement déçu. On peut être un très grand scientifique, un génie dans sa spécialité, tout en restant le pire des individus dans la vie courante. Cette disparité m'a beaucoup choqué. Je pense que le bouddhisme ou d'autres formes de spiritualité peuvent compléter la science en allant là où elle n'a plus rien à dire, en particulier sur le terrain de l'éthique.

L'histoire des sciences abonde en exemples de grands esprits scientifiques dont le comportement s'est avéré beaucoup moins édifiant dans le domaine des relations humaines. C'est le cas, par exemple, de Newton qui est sans doute, avec Einstein, le plus grand physicien qui ait jamais vécu. Il a régné en despote sur la Société royale de Londres, a accusé à tort Leibniz de lui avoir volé son invention du calcul infinitésimal, alors que celui-ci l'avait conçu de manière indépendante, et il a traité de façon éhontée son rival, l'astronome royal John Flamsteed. Plus triste encore : les physiciens allemands Philipp Lenard et Johannes Stark, tous deux prix Nobel de physique, ont soutenu avec passion le nazisme et sa politique antisémite, proclamant la supériorité de la « science allemande » sur la « science juive ».

De temps en temps, trop rarement malheureusement, une personne allie le génie scientifique à un sens aigu de la morale et de l'éthique. C'est le cas d'Einstein, que le magazine américain *Time* a désigné comme la personnalité la plus remarquable du XXe siècle. Pendant la Première Guerre mondiale, Einstein n'a pas hésité à braver la colère du Kaiser en signant une pétition contre la guerre. Face à la montée du nazisme en Allemagne, il est devenu un ardent sioniste tout en soulevant le problème des droits des Arabes dans la conception de l'État juif. Émigré aux États-Unis, en dépit de convictions profondément pacifistes, il a prôné une action militaire contre Hitler. Ce fut sa lettre au président Roosevelt qui a été à l'origine du projet Manhattan consacré à la fabrication de la première bombe atomique : il fallait battre Hitler de vitesse. Après la dévastation d'Hiroshima et de Nagasaki, Einstein a milité avec vigueur pour l'interdiction des armements nucléaires. Il s'est élevé contre le maccarthysme et a utilisé son immense prestige pour attaquer toute forme de fanatisme et de racisme.

Mais il y a également des zones d'ombre dans la vie personnelle d'Einstein : père de famille indifférent et mari parfois volage, il a divorcé de sa première femme avec laquelle il avait eu une fille handicapée qu'il a délaissée. On observe une sorte de cassure sur le plan personnel, comme il le décrit lui-même : « Pour un homme dans mon genre, il se produit un tournant décisif dans son évolution lorsqu'il cesse graduellement de s'intéresser exclusivement à ce qui n'est que personnel et momentané pour consacrer tous ses efforts à l'appréhension intellectuelle des choses. »

M. – L'important n'est pas de condamner tel scientifique et de faire la louange de tel autre, c'est l'absence de corrélation entre génie scientifique et valeurs humaines qui est en cause. Cette constatation permet de remettre la science à sa juste place, de la situer dans une perspective plus vaste de la vie et pose d'une façon encore plus aiguë la question de son utilisation.

La spiritualité, qui pour moi est un processus de transformation personnelle, n'est pas un simple complément de la science, mais une nécessité première de l'existence. C'est bien là le problème du monde scientifique. La transformation personnelle n'est pas chose facile pour celui qui y consacre toute son énergie, a fortiori si l'on n'accorde à cette transformation qu'une importance secondaire ; on a alors peu de chances de la réaliser. Or, reléguer à l'arrière-plan et au domaine du facultatif ce qui devrait être au cœur de l'existence jette une ombre sur l'ensemble de la démarche scientifique. Les intentions ne sont pas claires, les moyens souvent mal évalués, et les résultats ambivalents. Sans une motivation fondamentalement positive et éclairée, la fascination qu'exerce l'exploration des limites du possible l'emporte sur l'examen de ce qui est souhaitable ou indispensable.

Certains scientifiques estiment que leur travail consiste à explorer et découvrir, et que l'utilisation de leurs découvertes n'est plus du domaine de leur responsabilité. Une telle position relève de l'illusion, voire de l'aveuglement ou, pis, de la mauvaise foi. Le savoir confère du pouvoir et le pouvoir exige le sens des responsabilités, le sentiment d'être comptable des conséquences directes ou indirectes de nos actes.

On voit couramment des recherches scientifiques menées avec d'excellentes intentions (bien que cela ne soit pas toujours le cas) tomber entre les mains de politiciens, de militaires et d'hommes d'affaires qui les utilisent à des fins douteuses. On ne peut ignorer cette interpénétration de la science, du pouvoir et de l'économie. Toutefois, peu de savants mettent en doute le bien-fondé de certaines recherches dont les « détournements » sont pourtant prévisibles. Souvent, ce n'est qu'une fois le mal accompli qu'ils sont pris de doutes comme ce fut le cas pour les pères de la bombe atomique. D'autres ne se retranchent même pas derrière la neutralité présumée de la recherche fondamentale et collaborent sciemment à la mise au point d'armes bactériologiques et autres instruments de souffrance.

T. – Il est inexcusable qu'un scientifique travaille en toute connaissance de cause au développement d'instruments de mort et de destruction massive. Pendant la guerre du Vietnam, j'ai été très choqué d'apprendre que plusieurs grands scientifiques américains, comptant parmi eux des lauréats du prix Nobel, avaient participé aux travaux de la « division Jason », un comité constitué par le Pentagone dans le but de développer de nouvelles armes. J'étais révolté à l'idée que ces grands cerveaux puissent se rassembler chaque mois afin de concevoir des armements capables de tuer le plus grand nombre de gens possible.

M. – Entre 1936 et 1976, le gouvernement suédois a fait stériliser soixante mille personnes jugées « inférieures ». Entre 1932 et 1972, à la seule fin d'étudier l'évolution à long terme de la syphilis, quatre cents citoyens américains de l'État d'Alabama, tous pauvres et de race noire, ont été utilisés à leur insu comme cobayes par le *Public Health Service* (Service de santé publique). On avait promis aux patients des soins médicaux gratuits et d'autres avantages mineurs (dont cinq mille dollars pour leurs frais d'enterrement) afin qu'ils se rendent régulièrement dans les services de santé pour y subir des examens. En fait, aucun traitement ne leur a jamais été administré. Il s'agissait simplement d'une étude de l'évolution de la syphilis non traitée, conduite par des médecins et des scientifiques respectables qui publiaient les résultats de leur recherche dans des journaux médicaux non moins respectables. Vingt-huit patients sont morts de la maladie, cent de complications secondaires, quarante épouses et dix-neuf bébés furent contaminés. L'étude a été soudainement interrompue lorsque les faits ont été révélés au grand public par une journaliste, Jean Heller. Aucun des membres du Service de santé publique impliqués dans cette étude n'a exprimé le moindre regret. Il ne s'agissait cependant pas de médecins nazis, mais de fonctionnaires et de chercheurs, citoyens d'un pays libre. Seule une maigre compensation a finalement été accordée aux victimes ; aucun médecin n'a été poursuivi en justice. Ce n'est qu'en 1997 que le président Clinton a présenté ses excuses au nom du peuple américain.

En 1978, le Dr Hisato Yoshimura a reçu la plus haute distinction japonaise pour récompenser ses travaux sur la « science de l'adaptation à l'environnement ». Durant la Seconde Guerre mondiale, le Dr Yoshimura était directeur de l'unité 731 qui se livrait à des expériences sur des prisonniers alliés et chinois. Ses études sur l'adaptation à l'environnement consistaient notamment à les plonger dans de l'eau glacée, puis à les frapper avec un marteau pour déterminer le moment où leurs membres commençaient à geler. D'autres expériences consistaient à distribuer à des enfants chinois du chocolat contaminé par le bacille de la maladie du charbon pour voir en combien de temps ils mourraient. Ces exemples constituent l'exception par rapport aux efforts immenses que la science déploie pour améliorer le sort de l'humanité, mais ils montrent que la science n'a d'autre éthique que celle qu'on lui donne.

T. – Je suis convaincu que le scientifique ne peut pas rester indifférent aux conséquences de ses recherches. Il doit en assumer la responsabilité, surtout si des militaires, des politiques et des hommes d'affaires se servent de ses recherches pour faire la guerre, renforcer leur pouvoir et gagner plus d'argent en exploitant les pauvres ou en détruisant l'environnement.

M. – Le commerce des armes est d'ailleurs l'une des formes les plus exaspérantes de l'hypocrisie des pays riches : 95 % des armes mondiales sont fabriquées et vendues par les cinq membres permanents du Conseil de sécurité des Nations unies ! Là encore, échec total de l'éthique et du sens des responsabilités.

Il en est de même en ce qui concerne le gaspillage des ressources dans les pays riches. Six milliards de dollars américains suffiraient pour assurer une éducation de base dans le monde entier, or, tous les ans, douze milliards de dollars sont dépensés pour l'achat de parfums en Europe et aux États-Unis, quatre cents milliards de dollars pour la consommation de stupéfiants dans le monde et sept cents milliards pour des dépenses militaires [5].

T. – Cependant, on ne peut pas condamner la recherche fondamentale pour ces aberrations, pas plus qu'on ne peut blâmer l'intelligence humaine. Toutes deux ne sont que des outils.

M. – Certes, l'utilisation pernicieuse ou futile des résultats de la recherche n'est finalement qu'un reflet de la faiblesse de l'éthique. Mais ce n'est pas une excuse. Bien que certaines applications de la recherche scientifique aient suscité des réactions passionnées du public, comme ce fut le cas de la génétique et de l'énergie atomique, l'éthique n'est pourtant pas la préoccupation dominante de chacun. Elle fait l'objet de comités de réflexion, mais l'impact de leurs conclusions sur la vie quotidienne reste faible au regard de l'opportunisme politique, et plus encore des sacro-saints impératifs des marchés commerciaux.

Un exemple bien actuel est celui de la compagnie pharmaceutique américaine Glaxo qui a menacé de poursuivre en justice les gouvernements d'Afrique du Sud et de Thaïlande s'ils produisaient eux-mêmes les médicaments qui composent la trithérapie du sida afin de les commercialiser à des prix abordables. Glaxo veut ainsi priver des millions de malades de la possibilité de vivre quelques années de plus. On constate là un rejet flagrant et scandaleux de l'altruisme. Pourtant, la recherche contre le sida n'est pas à court de financement dans les pays riches, et laisser les pays pauvres produire en masse ces médicaments ne changerait rien au chiffre d'affaires de ladite compagnie, puisque, de toute façon, les malades d'Afrique et d'Asie n'ont pas les moyens d'acheter les produits américains. Au Népal, où je vis, selon des estimations officieuses, 5 % de la population est infectée par le virus, or *personne* n'est soigné par la trithérapie. Ces remèdes ne sont même pas importés. Le traitement, dont Glaxo a le monopole, coûte trois mille cinq cents francs par mois, alors que le salaire mensuel moyen d'un employé est de trois cent cinquante francs. J'imagine le dégoût d'un scientifique honnête face à des stratégies commerciales aussi écœurantes. Il s'agit tout simplement de non-assistance à personnes en danger.

Un autre exemple frappant est la totale impuissance des gouvernements à limiter l'émission des gaz polluants dans l'atmosphère, bien qu'il soit parfaitement clair que les conditions de vie de l'humanité en seront gravement affectées. Seule une réaction globale fondée sur la détermination de chacun peut enrayer ce phénomène. C'est peut-être en ce sens qu'une démarche spirituelle non dogmatique comme celle du bouddhisme pourrait offrir une contribution valable.

T. – De quelle manière ?

M. – Par démarche « non dogmatique », j'entends une démarche qui ne consiste ni à condamner la course au « progrès » au nom d'un retour naïf à un mode de vie révolu, ni à épouser avec crédulité l'idée que le progrès, évalué en termes de croissance économique annuelle et de prouesses technologiques, est indispensable à notre bien-être. Si notre but est d'être profondément satisfaits de notre existence, il y a des choses indispensables et d'autres dont nous pouvons certainement nous passer. Le regard que porte le bouddhisme sur le monde nous permet d'établir une hiérarchie dans nos buts et nos activités et de prendre notre vie en main. Son analyse des mécanismes du bonheur et de la souffrance nous montre clairement les résultats divergents de l'égoïsme et de l'altruisme.

T. – Mais comment cela débouche-t-il sur une éthique ?

M. – En fait, les fondements de l'éthique sont très simples. Il n'y a pas de bien et de mal en soi, il n'y a de bien et de mal qu'en termes de bonheur et de souffrance pour autrui et pour soi-même. Si nous savons faire naître en nous une attitude altruiste telle que nous soyons viscéralement concernés par le bien des autres, cet altruisme devient le plus sûr guide de notre jugement. Confrontés à la vie de tous les jours, nous aurons alors beaucoup plus de facilité à évaluer quels sont les actes qui créeront davantage de bonheur et soulageront davantage de souffrances. Il s'agit d'une expérience directe plutôt que de théories morales ou de règles préétablies. Cette expérience exige une attention constante aux pensées qui nous motivent. L'esprit est comparé à un cristal qui prend la couleur de l'endroit où on le pose. Il est neutre, et ce sont nos intentions qui déterminent le caractère véritable de nos actes, quelle que soit l'apparence de ces derniers.

Il ne s'agit ni de condamner ceux qui agissent sous l'emprise de la haine, de l'avidité, de l'orgueil ou de la jalousie ni de tolérer ces émotions destructrices comme des composantes inéluctables de l'existence, mais de les traiter comme des symptômes de maux dont on peut se débarrasser, lorsqu'on en prend la peine. La démarche du bouddhisme, en bref, est très pragmatique. La recherche scientifique nous apporte des informations, mais elle ne débouche sur aucun changement intérieur. L'effort spirituel ou contemplatif doit, au contraire, aboutir à une transformation profonde de notre manière de percevoir le monde et d'agir sur lui. Il ne suffit pas de *savoir*, comme par exemple dans la physique quantique, que notre conscience ne peut être isolée de la réalité globale du monde des phénomènes, il faut reconnaître *par l'expérience* personnelle qu'elle fait partie de cette globalité. Passer ainsi d'une connaissance théorique, qui risque de n'avoir que des effets virtuels, à l'expérience directe est la clé du problème de l'éthique. Lorsque l'éthique est le reflet de nos qualités intérieures et guide notre comportement, elle s'exprime naturellement dans nos pensées, nos paroles et nos actes, et devient source d'inspiration pour les autres.

T. – Il s'agit donc d'une adéquation entre la théorie et le vécu.

M. – Oui, et c'est là que la force de l'expérience prend toute sa valeur. Il ne suffit pas de découvrir scientifiquement que les phénomènes sont interdépendants et que notre conscience est intimement liée à la réalité dans son ensemble[6] : notre esprit doit assimiler les implications de cette découverte, et notre vie doit s'en trouver transformée. Le pratiquant accompli du bouddhisme sait que la réalisation vécue de l'interdépendance se traduit par une compassion irrésistible envers tous les êtres – une compassion qui modifie son existence jusque dans sa fibre la plus intime. Ceux qui ont rencontré le Dalaï-Lama, par exemple, savent que quelques instants passés en sa compagnie en disent plus que des centaines de discours sur l'amour et la compassion.

Quant à la méthode proprement dite, elle est en générale graduelle. Elle commence par l'écoute et l'étude, se poursuit par la réflexion intellectuelle et culmine dans l'intégration en notre être, grâce à la méditation, d'une nouvelle perception des choses et d'un nouveau comportement. Méditer veut dire, en l'occurrence, *se familiariser* avec cette nouvelle perception du monde. De la compréhension naît la méditation, laquelle s'exprime en actes. On passe ainsi sans discontinuité de la connaissance à la réalisation intérieure, puis à l'éthique vécue.

Notre société produit fort peu de sages. Elle crée certes des comités d'éthique constitués de grands penseurs, mais dans la société tibétaine où je vis, il serait impensable d'inclure dans de tels comités des personnes qui ne posséderaient pas des qualités humaines indiscutables *à tous points de vue*. On n'imaginerait pas que des maîtres spirituels excellent dans l'enseignement de la spiritualité mais soient égoïstes, coléreux, vaniteux ou mauvais pères de famille. Personne n'aurait l'idée d'aller les consulter.

T. – En Occident, les critères de sélection des membres des « comités de sages » reposent surtout sur leurs réalisations professionnelles. Les qualités humaines entrent moins en ligne de compte. Or il est clair qu'un « vrai » sage doit posséder au plus haut point les qualités de l'esprit et du cœur.

Plus important encore, l'approche spirituelle peut nous fournir une ligne de conduite dans la vie. Dans mon domaine, la science est confrontée à de nombreux problèmes d'ordre éthique qui prendront encore plus d'ampleur au XXIe siècle : la prolifération nucléaire, la destruction de l'environnement, le clonage, les manipulations génétiques et peut-être la sélection de certains types d'êtres humains. Faut-il contrôler la recherche ? La réponse nécessite une réflexion approfondie, car il faut aussi préserver la liberté de créer et de chercher. L'imagination doit pouvoir s'exprimer sans entrave, sinon elle meurt. On a vu les effets désastreux que des régimes totalitaires, en Chine ou dans l'ex-Union soviétique par exemple, peuvent avoir sur les activités scientifiques. L'affaire Lyssenko dans l'ex-Union soviétique en est un exemple frappant. Parce qu'il pouvait, avec le soutien de Staline et du parti communiste, museler toute opposition, Trofim Lyssenko a pu imposer de 1932 à 1964, sans aucune preuve expérimentale, l'idée que les gènes n'existaient pas, retardant ainsi les progrès de la biologie et de la génétique soviétiques de plusieurs décennies et causant des famines catastrophiques dues à l'échec de ses méthodes dans le domaine de l'agriculture.

M. – Plus récemment, les communistes chinois ont tenté de justifier leur prétendue suzeraineté sur le Tibet en arguant que l'étude des groupes sanguins révélaient des similarités entre les Tibétains et les Chinois. C'est un peu comme si la France revendiquait la propriété de l'Angleterre parce les globules rouges des Anglais ressemblent à ceux des Français.

T. – La société doit être consciente que certains types de recherche peuvent déraper. Le « bricolage » génétique pourrait faire resurgir les thèses eugénistes, qui visent à préserver des races dites « supérieures » et à éliminer les individus « déviants » ou « inférieurs ». William Shockley, qui a reçu le prix Nobel de physique pour l'invention du transistor, a passé les dernières années de sa vie à promouvoir un programme de stérilisation basé sur le quotient intellectuel.

Selon moi, le scientifique ne doit pas s'engager dans certaines recherches sans avoir mûrement pesé leurs implications morales. Quels seraient alors les critères de décision ? Je pense comme toi que ce doit être l'altruisme et le sens de la responsabilité universelle dont parle le bouddhisme : le scientifique devra orienter ses recherches de manière à ne pas causer de souffrances à autrui. Malheureusement, c'est plus vite dit que fait, car il est très difficile à un scientifique d'évaluer les répercussions de ses recherches. Pour prendre un exemple connu, quand Einstein a découvert l'équivalence de la matière et de l'énergie en travaillant sur la théorie de la relativité restreinte, il était très loin d'imaginer que cette découverte mènerait à la bombe atomique et à l'extermination des populations d'Hiroshima et de Nagasaki.

M. – Un autre exemple est le tollé quelque peu irréfléchi qui a accueilli le clonage de la brebis Dolly. Le problème n'est pas la génétique ou la physique atomique en elles-mêmes, mais l'utilisation qu'on peut en faire. En 1952, Adlai Stevenson, qui fut candidat à la présidence des États-Unis d'Amérique, disait dans un discours : « La Nature est neutre. L'homme a arraché à la Nature le pouvoir de faire du monde un désert ou de faire fleurir les déserts. Le Mal n'est pas dans l'atome, mais dans l'esprit des hommes. » La science peut à la fois protéger la vie et inventer les armes pour la détruire. Le but n'est pas de museler la recherche scientifique, ce qui serait indésirable et très probablement impossible, mais d'accorder plus d'importance aux qualités humaines qui devraient inspirer les chercheurs, les dirigeants et les décideurs. Cela est d'ailleurs vrai de l'intelligence, de la richesse, de la force physique, de la beauté et du pouvoir, qui sont tous des instruments, neutres en eux-mêmes, mais qui sont susceptibles d'être utilisés à des fins bonnes ou mauvaises. C'est pourquoi l'un des aspects essentiels de la pratique du bouddhisme est l'accent mis sur le développement de l'altruisme.

2

ÊTRE ET NE PAS ÊTRE

L'univers a-t-il un début ?

La notion de début est à l'évidence une préoccupation essentielle de toutes les religions et de la science. La théorie du big bang, selon laquelle l'univers a été créé il y a environ quinze milliards d'années, simultanément avec le temps et l'espace, est celle qui explique au mieux l'univers observé. Le bouddhisme aborde ce problème d'une façon très différente. Il se demande en effet s'il est vraiment nécessaire qu'il y ait un début, et s'interroge sur la réalité de ce qui serait ainsi venu à existence. Le big bang de la physique est-il une explosion primordiale, ou le commencement d'un cycle particulier dans une succession sans début ni fin d'un nombre incalculable d'univers ? Nos concepts ordinaires nous permettent-ils d'appréhender la notion d'origine, ou d'absence d'origine ? Cette notion ne reflète-t-elle pas notre tendance à considérer les phénomènes comme des « choses » douées de réalité intrinsèque ?

THUAN : Dans l'état actuel de nos connaissances, la théorie qui décrit le mieux l'origine de l'univers est celle du big bang. On pense que l'univers est né il y a environ quinze milliards d'années dans une explosion fulgurante à partir d'un état inimaginablement petit, chaud et dense, qui aurait également donné naissance à l'espace et au temps.

Depuis, l'univers est en expansion et s'est continuellement dilué et refroidi. On en est arrivé à cette théorie après que l'astronome américain Edwin Hubble eut observé, en 1929, que la vaste majorité des galaxies fuyait la nôtre, la Voie lactée, comme si elle avait la peste ! Plus curieux encore, elles la fuyaient d'autant plus vite qu'elles étaient plus éloignées : une galaxie dix fois plus distante s'éloignait dix fois plus rapidement. On en a déduit que toutes les galaxies ont mis exactement le même temps pour parvenir de leur point d'origine à leur position actuelle. Imaginons une inversion du cours des événements : en reprenant leur trajectoire en sens inverse toutes les galaxies se rencontreraient en un même point de l'espace, au même instant. D'où l'idée d'une grande explosion, le big bang, à partir d'un état extrêmement compact, suivie d'une expansion continuelle de l'univers. C'est ainsi que la notion de début a été introduite en science : le big bang s'est substitué en quelque sorte à la notion religieuse de création.

La théorie du big bang a eu du mal à s'imposer au début. Néanmoins, quelques scientifiques avaient pris au sérieux l'idée d'une explosion primordiale ; le chanoine belge Georges Lemaître parlait de l'« atome primitif ». Le physicien américano-russe George Gamow se rendit compte que pendant les trois cent mille premières années de l'univers, sa température et sa densité étaient si extrêmes qu'aucune des structures actuelles (galaxies, étoiles, vie) ne pouvait se former et qu'il ne contenait que particules élémentaires et lumière. Selon Gamow, cette lumière originelle, chaude et énergétique, devait encore nous parvenir aujourd'hui, mais considérablement refroidie à cause de l'énergie qu'elle avait dû dépenser pendant quinze milliards d'années pour rattraper notre galaxie emportée par l'expansion dc l'univers.

MATTHIEU : C'est ce qu'on appelle le rayonnement fossile ?

T. – C'est effectivement la chaleur résiduelle du feu de la « création ». Mais personne ne s'était donné la peine de rechercher ce rayonnement fossile jusqu'en 1965, quand il a été découvert par hasard. Ce retard a eu deux raisons : d'une part le big bang mettait les astrophysiciens mal à l'aise à cause de ses connotations théologiques. En 1951, le pape Pie XII identifia le big bang au *fiat lux* de la Bible.

L'autre raison de ce retard venait de l'existence d'une théorie cosmologique en vogue, due à trois astronomes britanniques, Hermann Bondi, Thomas Gold et Fred Hoyle, qui permettait d'éviter la notion de création. C'était la théorie de l'« univers stationnaire » (*steady state*), lequel n'aurait ni commencement ni fin et serait en moyenne toujours semblable à lui-même dans l'espace et dans le temps.

Les observations ont rapidement mis à mal cette théorie. Le début des années soixante a vu la découverte des quasars (astres situés aux confins de l'univers et émettant une énergie fabuleuse dans un volume très compact) et des radiogalaxies (qui émettent la plus grande partie de leur énergie en ondes radio). Or le nombre de ces quasars et radiogalaxies semblait diminuer à mesure que l'univers avançait en âge. Une telle évolution contredisait l'hypothèse d'un univers stationnaire.

Mais le coup de grâce à été donné en 1965 par la découverte du rayonnement fossile. La théorie de Hoyle et de ses collègues écartait en effet la possibilité d'un début chaud et dense et ne pouvait expliquer la présence d'un rayonnement résiduel de la chaleur originelle, qui baigne l'univers entier. La théorie du big bang est donc devenue la nouvelle représentation des débuts du monde, car elle seule permet d'expliquer des observations en apparence aussi disparates que la fuite des galaxies, le rayonnement fossile et la composition chimique des étoiles.

M. – Mais comment un tel début s'est-il produit ?

T. – Les physiciens nous disent que l'univers est né du vide. Mais il ne s'agit pas du vide calme et tranquille, dépourvu de toute substance et d'activité, que nous pourrions imaginer : le vide quantique est bouillonnant d'énergie, même s'il est complètement dépourvu de matière. L'espace que nous pensons être vide est constamment traversé de champs d'énergie qui peuvent être décrits en termes d'ondes[1].

L'énergie du vide primordial va alors lancer l'univers dans une folle expansion que les astrophysiciens appellent « inflation ». Celle-ci va entraîner un accroissement vertigineux du volume de chacune de ses parties en un temps infinitésimal. Entre 10^{-35} et 10^{-32} seconde après le big bang, de dix millions de milliards de milliards de fois plus petit que la taille d'un atome d'hydrogène, l'univers va grandir de façon exponentielle jusqu'à celle d'une orange.

Dans le même temps, l'univers se dilue et se refroidit considérablement, ce qui lui permet d'accéder à la complexité. L'histoire de l'univers représente une longue ascension vers la complexité. Au début, il était plus chaud que tous les enfers imaginés par Dante, et aucune structure ne pouvait se former. C'est à cause du refroidissement de l'univers que des structures peuvent apparaître. L'énergie du vide intervient de nouveau : elle donne naissance à la matière. Einstein nous a donné la clé de ce mécanisme par sa formule, sans doute la plus célèbre de l'histoire des sciences : $E = mc^2$. Une quantité d'énergie peut être convertie en une particule de matière (dont la masse m est égale à la quantité d'énergie E divisée par le carré de la vitesse de la lumière c).

Des particules élémentaires (des quarks et des électrons, par exemple) surgissent du vide initial et se combinent pour former des atomes, des molécules et finalement des étoiles. Les étoiles s'assemblent par centaines de milliards en galaxies, et les centaines de milliards de galaxies de l'univers observable se regroupent pour tisser une immense tapisserie dans le cosmos. L'infiniment petit a accouché de l'infiniment grand.

Dans au moins une de ces galaxies, la Voie lactée, près d'une étoile nommée Soleil, sur la planète Terre, des molécules s'assemblent en chaînes d'ADN qui vont mener à la vie, à la conscience et à des hommes capables de s'interroger sur le monde qui les entoure et sur l'univers qui les a engendrés.

M. – Cette théorie, aussi convaincante soit-elle en ce qui concerne l'évolution de l'univers, ne résout pas la question de la causalité du big bang. Un ami érudit tibétain à qui je parlais du big bang s'est exclamé : « L'univers, le temps et l'espace qui commencent dans un grand "boum", *ex nihilo*, sans cause ? Mais cela revient à postuler l'existence d'un Créateur qui est sa propre cause ! »

Selon le bouddhisme, le temps et l'espace ne sont que des concepts liés à notre appréhension du monde des phénomènes, ils n'ont pas d'existence propre. En d'autres termes, ils ne sont pas « réels ». L'idée d'un début absolu du temps et de l'espace est donc défectueuse selon le bouddhisme. Donc, rien, même le début *apparent* du temps et de l'espace, ne peut se manifester sans causes ni conditions, autrement dit rien ne peut commencer à exister ou cesser d'exister. Le big bang ne peut donc être qu'un épisode au sein d'un continuum sans début ni fin.

T. – Tu soulèves la question troublante de ce qui s'est passé « avant » le big bang. Je mets « avant » entre guillemets, car si le temps apparaît avec le big bang, ce concept n'est pas défini.

La science nous permet-elle de remonter jusqu'à l'instant de la création ? La réponse est non. Pour l'instant, il existe un mur de la connaissance qu'on appelle le mur de Planck, du nom du physicien allemand qui, le premier, s'est penché sur ce problème. Ce mur survient au temps infinitésimal de 10^{-43} seconde (le chiffre 1 n'arrive qu'après quarante-trois zéros), appelé « temps de Planck ». L'univers était alors dix millions de milliards de milliards de fois plus petit qu'un atome d'hydrogène. Son diamètre était égal à la longueur de Planck, soit 10^{-33} centimètre.

M. – Pourquoi cette dimension particulière ? Constituerait-elle une limite ou un point d'inflexion ? De telles « limites » ont-elles une valeur absolue ? On a l'impression d'avoir affaire là à un « mur » solide doué d'une existence intrinsèque.

T. – Le temps et la longueur de Planck ne constituent pas des limites intrinsèques, mais surviennent à cause de notre ignorance. Nous ne savons pas pour l'instant comment unifier les deux grandes théories physiques du XXe siècle, la mécanique quantique et la relativité. La première décrit l'infiniment petit et rend compte du comportement des atomes et de la lumière quand la gravité ne joue pas un rôle dominant. La seconde décrit l'infiniment grand et nous permet de comprendre l'univers et ses structures à l'échelle cosmique quand les deux forces nucléaires et la force électromagnétique ne mènent pas le bal. Or, et c'est là que le bât blesse, nous ne savons pas encore décrire le comportement de la matière et de la lumière quand les quatre forces fondamentales de la Nature [2] sont sur un pied d'égalité, situation qui se produit au temps de Planck, 10^{-43} seconde après l'explosion primordiale [3].

M. – Pourquoi devrait-il y avoir une différence essentielle entre la nature fondamentale du microcosme et celle du macrocosme, puisque le second n'est qu'une extension du premier ? Il ne devrait s'agir que d'une question de perspective.

T. – C'est bien ce que je disais. Le mur de Planck ne constitue pas une limite fondamentale à la connaissance. Il n'est que le signe de notre incapacité à rendre compatibles la mécanique quantique et la relativité. Derrière le mur de Planck se cache une réalité encore inconnue aux physiciens. Certains pensent que le couple espace-temps, si solidement soudé dans notre monde actuel, se brise. Le temps cesse d'exister. Les concepts d'avant, de maintenant et d'après perdent toute signification. Séparé de son partenaire temps, l'espace n'est plus qu'une mousse quantique informe. Sa courbure et sa topologie deviennent chaotiques et ne peuvent plus être décrites qu'en termes de probabilités. Tout est aléatoire.

D'autres physiciens, qui travaillent sur la théorie des supercordes, affirment que la mousse quantique n'existe pas. Selon cette théorie, les particules élémentaires de la matière résultent de la vibration de minuscules « bouts de ficelle » dont la taille est égale à la longueur de Planck. Rien ne pouvant être plus petit que ces supercordes, le problème des fluctuations de l'espace au-dessous de cette longueur ne se pose plus. Cette théorie paraît offrir une voie prometteuse permettant d'unifier la mécanique quantique et la relativité, mais elle reste enveloppée dans un voile mathématique épais et n'a pas été vérifiée expérimentalement[4]. Quoi qu'il en soit, peut-être est-ce l'une de ces formes mouvantes dans la mousse quantique qui a donné naissance à l'univers et à son espace-temps il y a environ quinze milliards d'années. Avant cela, on ne peut pas dire que l'espace a passé tant de temps sous telle ou telle forme, puisque le temps n'existait pas. Une durée infinie peut même se cacher derrière le mur de Planck.

M. – Quand tu parles d'une durée infinie, cela veut bien dire « sans commencement » ?

T. – Toutes les hypothèses sont permises. Le temps de 10^{-43} seconde n'est que le résultat de l'extrapolation de nos lois physiques connues vers le temps zéro. Mais ces lois perdent pied derrière ce mur de la connaissance. La physique connue commence donc à 10^{-43} seconde après le big bang[5].

M. – Le bouddhisme voit la réalité de l'univers dans une perspective très différente. Il considère que les phénomènes ne sont pas véritablement « nés », au sens où ils seraient passés de l'inexistence à l'existence. Ils existent seulement selon notre « vérité relative », mais sont dépourvus de réalité ultime. La vérité relative, ou conventionnelle, correspond à notre expérience empirique du monde, à la façon ordinaire dont nous l'appréhendons, c'est-à-dire en attribuant aux choses une réalité objective. Pour le bouddhisme, cette perception est trompeuse. En ultime analyse, les phénomènes sont dénués d'existence intrinsèque. C'est la « vérité absolue ». Dans ce cas, le problème de la Création est un faux problème, tout au moins ne se pose-t-il pas en termes aussi aigus que dans le cas d'une création *ex nihilo* d'un univers doué d'existence propre. La création ne devient un problème que lorsqu'on *réifie* les phénomènes.

Cette position n'exclut cependant pas le déploiement du monde des phénomènes. Il est évident que les phénomènes ne sont pas non existants, mais, si l'on examine la *façon* dont ils existent, on s'aperçoit qu'on ne peut pas les considérer comme une collection d'entités autonomes existant par elles-mêmes. Les phénomènes existent donc à la manière d'un rêve, d'une illusion ou d'un mirage, à la fois apparents et dépourvus d'existence propre. Tout comme les images dans un miroir, ils apparaissent clairement mais sont dénués de réalité autonome. Le grand philosophe indien du IIe siècle, Nagarjuna, disait : « Les phénomènes tirent leur nature d'une mutuelle dépendance et ne sont rien en eux-mêmes. » Leur évolution n'est ni arbitraire ni déterminée par une instance divine, mais suit les lois de cause à effet au sein d'une interdépendance globale, d'une causalité réciproque. Le problème de l'« origine » repose donc sur la croyance en la réalité des phénomènes et de l'existence réelle du temps et de l'espace.

Du point de vue de la vérité absolue, il n'y a ni

création, ni durée, ni cessation. Ce paradoxe montre bien le caractère illusoire du monde des phénomènes. Ce dernier peut se manifester d'infinies façons pour la bonne raison que sa nature ultime est vacuité. Du point de vue de la vérité relative des apparences, on dit que le monde conditionné, le *samsara*, est « sans commencement », puisque chaque état doit nécessairement être causé par un état précédent. Alors dis-moi, la théorie du big bang s'apparente-t-elle à une création *ex nihilo* ou à l'expression d'une potentialité ? Est-elle considérée comme un véritable début, ou comme une étape de l'évolution de l'univers ?

T. – Comme nous l'avons déjà dit, la physique que nous connaissons perd pied en deçà du mur de Planck. Avant le big bang, il pourrait donc tout aussi bien y avoir eu un temps infini. Ou encore, dans le cas d'un univers cyclique, le big bang ne serait que le commencement d'un nouveau cycle parmi une infinité de cycles. Dans ces deux cas, la question de la création d'univers *ex nihilo*, à partir d'un temps zéro, ne se pose pas. C'est aussi une façon d'éliminer le problème de la Création. Mais tout cela n'est encore que pure spéculation et ne repose sur aucune observation ou expérience.

M. – On peut concevoir un big bang comme une apparition du monde des phénomènes surgissant d'une potentialité infinie mais non manifestée, ce que le bouddhisme appelle de façon imagée les « particules d'espace ». Ce terme ne désigne pas des entités concrètes, mais une potentialité de l'« espace », que l'on pourrait peut-être rapprocher du vide des physiciens, à condition de ne pas réifier ce vide. Mais il ne peut y avoir de création *ex nihilo*. Shantidéva écrivait au VIIe siècle :

Si l'être n'est pas au temps du non-être,
Quand existera-t-il ?

Car le non-être ne disparaîtra pas
Tant que l'être ne sera pas né,

Et celui-ci ne peut se produire
Tant que le non-être n'a pas disparu.
De même, l'être ne peut passer au non-
[être,
Car une même chose posséderait alors
[cette double nature[6].

La raison pour laquelle « rien » ne peut pas devenir « quelque chose » est que ce rien ne peut pas se transformer sans abandonner son état de néant. Mais comment serait-il possible d'abandonner quelque chose qui n'existe pas ? Le néant n'est qu'un concept défini par rapport à l'existence. Il n'a pas la moindre réalité par lui-même, car il ne peut être conçu en l'absence d'existence. Le néant ne peut être transformé. Comme disent les textes : « Un milliard de causes ne pourraient faire exister ce qui n'existe pas. » Si quelque chose apparaît, cela signifie qu'un potentiel de manifestation était déjà présent.

T. – La physique dit que ce potentiel de manifestation est fourni par l'énergie du vide. Mais la question demeure : comment ce vide a-t-il été créé ? Est-ce qu'il y eut un néant, puis une brusque discontinuité et l'apparition d'un vide plein d'énergie et, simultanément, du temps et de l'espace ?

M. – Une discontinuité sans cause qui prend place dans quelque chose qui n'existait pas ? Voilà une bien étrange manière de commencer ! Le big bang ou tout autre « début » d'un univers particulier ne peut survenir sans causes ni conditions. Le monde des phénomènes ne peut naître du néant. D'autre part, et c'est là un point essentiel du bouddhisme, les phénomènes et le temps ne peuvent véritablement « commencer », pas plus qu'ils ne peuvent « cesser », en tant qu'entités distinctes, car ils ne possèdent aucune réalité propre.

Lorsque nous parlons d'une origine, notre esprit pense aussitôt à l'origine de « quelque chose ». Les notions de début et de fin de l'univers appartiennent à la vérité relative. Du point de vue de la vérité absolue, elles n'ont aucun sens. Quand on pense à un château vu dans un rêve, il ne sert à rien de se demander qui l'a construit. Toutes les religions et les philosophies ont buté sur ce problème de la création. La science s'en est débarrassée en éliminant la notion de dieu créateur dont elle n'a pas besoin et le bouddhisme en éliminant la notion même d'un début.

T. – Tu te rappelles la fameuse anecdote concernant le grand mathématicien et physicien du XVIIIe siècle, Pierre Simon de Laplace ? Quand celui-ci offrit un exemplaire de son *Traité de mécanique céleste* à Napoléon, l'empereur lui reprocha de n'avoir pas mentionné une seule fois le Grand Architecte. Laplace lui répliqua : « Sire, je n'ai pas besoin de cette hypothèse. » Mais une question demeure : pourquoi y a-t-il un univers ? Pourquoi existe-t-il des lois ? Pourquoi y a-t-il eu un big bang ? C'est la fameuse question de Leibniz : « Pourquoi y a-t-il quelque chose plutôt que rien ? Car le rien est plus simple et plus facile que quelque chose. De plus, à supposer que des choses doivent exister, il faut qu'on puisse rendre compte du pourquoi elles doivent exister ainsi et non autrement. »

M. – On pourrait répondre par cette phrase célèbre de Nagarjuna : « Parce que tout est vacuité, tout peut être. » La *Perfection de la sagesse* précise : « Apparaissant, les choses sont vides ; vides, elles apparaissent. » Selon le bouddhisme, la vacuité n'est pas seulement la nature ultime des phénomènes, mais le potentiel qui permet à ces phénomènes de se déployer à l'infini. Pour donner une image simplifiée, les continents, les arbres, les forêts peuvent se manifester parce que l'espace permet leur déploiement. Si le ciel était de pierre, il ne se passerait pas grand-chose. De même, si la réalité était immuable, permanente, et si ses propriétés l'étaient également, il ne pourrait pas y avoir le moindre changement ; les phénomènes ne pourraient pas apparaître. C'est parce que les choses sont dépourvues de réalité intrinsèque qu'elles peuvent se manifester à l'infini.

En comprenant que tout est vide en soi, il est possible de comprendre d'autant mieux le fonctionnement de la vérité relative, ou conventionnelle. Ce processus n'est pas arbitraire et les lois de causalité impliquent une harmonie de nature entre causes et effets. Telle est la vacuité bouddhiste. Ce n'est pas le néant, mais l'absence d'existence permanente et autonome des phénomènes.

T. – Nombre de gens associent en effet la notion de vacuité au néant et, au XIXe siècle, on accusait le bouddhisme de nihilisme.

M. – C'est une grave méprise. On considère qu'il existe deux points de vue tout aussi extrêmes qu'erronés : le nihilisme et le réalisme matérialiste. Ce dernier, que le bouddhisme appelle « éternalisme », est un point de vue réificateur qui postule l'existence d'une matière immuable et de constituants solides de cette matière. D'autre part, lorsque Leibniz se demande « pourquoi il y a quelque chose plutôt que rien », sa question présuppose qu'il y *a* vraiment *quelque chose*. Il faudrait donc commencer par s'interroger sur l'existence d'une réalité objective. Selon la voie médiane du bouddhisme, il n'y a ni *rien* (le nihilisme) ni *quelque chose* (le réalisme matérialiste). On pourrait donc demander en retour à Leibniz : « Pourquoi n'y aurait-il rien, puisque les phénomènes sont possibles ? » La nature des phénomènes interdépendants, apparents mais dénués d'existence propre, défie le sens commun car on ne peut l'appeler ni existante ni non existante. L'intellect a ses limites et ne peut embrasser la nature de la réalité par de simples concepts. Seule une connaissance directe qui transcende la pensée discursive peut appréhender la nature du monde des phénomènes sur un mode non duel, dans lequel les notions de sujet et d'objet n'ont plus aucune signification.

T. – Comment alors le bouddhisme explique-t-il la façon dont l'univers est apparu ? Le bouddhisme a-t-il une cosmologie ?

M. – Oui, sans que cette description soit présentée comme un dogme. Certains de ses aspects descriptifs sont maintenant dépassés, mais ils ont également une signification symbolique liée à la pratique méditative. Extérieurement, ils correspondent aux idées de l'époque, qui furent adoptées par le bouddhisme, mais n'ont pas été enseignés par le Bouddha comme étant des vérités absolues. Il est important de garder à l'esprit que le concept de formation de l'univers appartient à la vérité relative, au domaine des apparences. En termes de vérité relative, donc, le bouddhisme parle de « particules d'espace » qui ne représentent pas des objets, mais un potentiel de manifestation. On parle ensuite de l'expression de ce « vide plein » sous la forme de cinq « souffles » ou énergies – *prana* en sanskrit. Ces énergies se manifestent sous la forme de lumières de cinq couleurs qui se matérialisent peu à peu en cinq éléments – air, eau, terre, feu et espace. Leur combinaison engendre une « soupe », un océan d'éléments dont le barattage, sous l'effet de l'énergie initiale, produit les corps célestes, les continents et les montagnes, et finalement les êtres vivants. Voilà donc comment se forme un univers parmi l'infinité de ceux qui existent. On n'envisage pas de création première, car l'idée d'une cause unique est indéfendable.

T. – En dépit du langage imagé, cette description du commencement du monde a des résonances étonnantes avec les idées modernes de la naissance de l'univers. Nous sommes loin de la conception du monde comme résultat des amours et des haines des dieux. Je suis particulièrement intrigué par la similarité de la notion de « vide plein » en science et dans le bouddhisme.

M. – Certes, mais attention : il y a une différence

majeure. La science parle d'un univers-objet. Pour le bouddhisme, nous le verrons, l'univers n'est pas indépendant de la conscience, et sans tomber pour autant dans l'idéalisme (selon lequel le monde ne serait qu'une projection de la conscience), on dira que le sujet et l'objet se façonnent mutuellement.

Sur le plan descriptif, le bouddhisme envisage un univers cyclique (mais ni circulaire ni répétitif comme l'univers des stoïciens). Un cycle particulier est composé de quatre périodes correspondant à la formation, la continuité, la destruction et l'état « non manifesté » (le vide intermédiaire entre deux univers). Les particules d'espace assurent la continuité d'un univers à l'autre. La succession des cycles est sans début ni fin.

T. – Ce point de vue ne s'inspire-t-il pas de l'hindouisme qui dit que l'univers « respire », le mouvement d'expansion correspondant à une expiration et celui de contraction correspondant à une inhalation ?

M. – L'image est poétique, mais certaines écoles de l'hindouisme envisagent, outre un univers cyclique, une ou plusieurs entités immuables et créatrices, ce qui, pour le bouddhisme, est inutile et illogique.

T. – Le concept d'univers cyclique apparaît aussi en cosmologie moderne. Si notre univers contient assez de matière, la force de gravité attractive de cette matière pourra, à un moment donné, arrêter le processus d'expansion et inverser le mouvement de fuite des galaxies. On aura alors un big bang à l'envers, un *big crunch*, ou « grand écrasement ». Les étoiles s'évaporeront dans une intense chaleur et la matière se désintégrera en particules élémentaires. L'univers finira sa vie dans une fantastique apothéose de lumière, dans un état extrêmement petit, chaud et dense. Le temps et l'espace perdront à nouveau toute signification. Un univers qui s'effondre sur lui-même peut-il renaître de ses cendres, tel un phénix, pour commencer un nouveau cycle avec, peut-être, de nouvelles lois physiques ? Nul ne le sait, car, comme nous l'avons dit plus haut, la physique actuelle, on l'a vu, perd pied au temps de Planck, lorsqu'elle aborde des températures et des densités extrêmes.

M. – Selon la vision du bouddhisme, la fin d'un cycle se manifesterait par une déflagration finale. On parle de sept brasiers successifs, de plus en plus intenses, qui consumeraient l'univers visible. L'univers est ensuite résorbé dans le vide, à partir duquel un nouveau cycle peut émerger.

T. – Selon la cosmologie moderne, si l'univers repart dans un nouveau cycle, les cycles se suivront, mais ne se ressembleront pas. L'univers accumulera de plus en plus d'énergie, ce qui aura pour effet que chaque cycle durera plus longtemps que le précédent et que la taille maximale de l'univers deviendra de plus en plus grande. C'est similaire à la notion d'univers cyclique non répétitif dont tu parlais. Mais si notre univers ne contient pas assez de matière pour que la force de gravité arrête son expansion, il se diluera jusqu'à la fin des temps et ne sera donc pas cyclique. À terme, les étoiles consommeront tout leur carburant nucléaire et s'éteindront. Elles n'illumineront plus le firmament. Le monde sera plongé dans une longue nuit noire et glaciale, d'où la chaleur s'évanouira peu à peu, la température se rapprochant toujours plus du zéro absolu, sans jamais l'atteindre. Faute d'énergie pour l'entretenir, la vie telle que nous la connaissons ne pourra plus exister. Dans un futur très lointain, l'univers ne sera qu'un immense océan de rayonnements et de particules élémentaires.

Aux dernières nouvelles, il faudrait plus de matière qu'on n'en connaît actuellement pour que le mouvement d'expansion s'inverse. Mais le recensement de toute la matière de l'univers n'est pas aisé, car il existe une grande quantité de « matière sombre » (90 % du total ou plus) qui n'émet aucun rayonnement et ne se manifeste que par un effet gravitationnel sur son environnement. Privé de lumière, l'astronome est littéralement... dans le noir.

Des observations récentes de supernovae (des explosions d'étoiles) dans des galaxies lointaines, ainsi que des observations des fluctuations de température du rayonnement fossile et de la distribution spatiale des galaxies, semblent indiquer que l'expansion de l'univers, au lieu de décélérer, comme cela serait le cas si seule la force de gravité entrait en jeu, serait en accélération, ce qui impliquerait la présence d'une « énergie noire » responsable d'une force « antigravité » dans l'univers. Si cette conclusion est correcte, l'univers sera éternellement en expansion, et il n'y aurait pas de big crunch, et donc pas de nouveau big bang. Mais ces observations sont encore préliminaires (les propriétés des supernovae lointaines sont encore très mal connues), et cette conclusion demande à être vérifiée.

M. – L'univers considéré comme une succession de métamorphoses sans commencement n'est pas seulement celui de la matière. Selon le bouddhisme, la conscience, elle non plus, n'a pas de début. La dualité matière/conscience est un faux problème, puisque ni la matière ni la conscience n'ont de réalité indépendante. Le problème de l'absence d'origine première des phénomènes et de la conscience relève de ce que le bouddhisme appelle l'« inconcevable », ce qui ne fait pas référence à une incompréhension muette et résignée devant un mystère qui nous dépasse, mais à ce qui ne peut être appréhendé par nos concepts ordinaires. Cette notion de début est « inconcevable » non pas à cause de l'éloignement dans le temps ou dans l'espace, mais parce que l'esprit conceptuel participe de l'apparition causale, émerge de celle-ci et l'alimente. Il ne peut donc pas se placer « au-dehors » de la chaîne de causalité pour déterminer sa propre origine.

T. – Cela sonne étrangement comme le théorème d'incomplétude de Gödel, selon lequel il n'est pas possible de démontrer qu'un système est cohérent en restant à l'intérieur de ce système. Ce théorème, énoncé par le fameux mathématicien Kurt Gödel, implique qu'il y a toujours une limite à notre connaissance d'un système donné, notre univers par exemple, parce que nous faisons nous-mêmes partie de ce système. Pour le connaître, il faut pouvoir sortir du système. Quoi qu'il en soit, la science actuelle ne peut rien dire sur ce postulat de la coexistence de la conscience avec la matière depuis l'origine des temps.

M. – Ce caractère inconcevable est lié à la nature ultime des phénomènes, la vacuité, ou interdépendance, et dissipe l'illusion « réificatrice » qui nous fait percevoir ces phénomènes comme des entités autonomes. Étant au-delà de tout concept, cette nature ultime peut donc être qualifiée d'inconcevable, sans que cette notion soit synonyme d'ignorance. Bien au contraire, ce mode de connaissance direct, non duel, au-delà des concepts, est une caractéristique de l'Éveil.

Selon certains enseignements du bouddhisme (les *tantras*) qui offrent une analyse de la manifestation des phénomènes à un niveau contemplatif plus intérieur, la nature primordiale des phénomènes est au-delà de la notion de sujet et d'objet, de temps et d'espace. Toutefois lorsque le monde des phénomènes émerge de la nature primordiale, l'esprit perd de vue cette unité et établit une distinction factice entre la conscience et le monde. Il solidifie ensuite cette séparation entre soi et non-soi, et c'est ainsi que naît le monde de l'ignorance, le *samsara*. Cette naissance du samsara ne remonte pas à une époque particulière, mais reflète, à chaque instant et à chacune de nos pensées, la manifestation de l'ignorance qui réifie le monde.

3

À LA RECHERCHE DU GRAND HORLOGER

Existe-t-il un principe organisateur ?

Quand on considère l'harmonie et la remarquable précision de l'univers, il est tentant d'imaginer l'existence d'un créateur omniscient ou, d'un point de vue séculier, d'une sorte de principe créateur qui aurait parfaitement réglé l'évolution de l'univers. La toute-puissance d'un tel créateur expliquerait tout, et il nous serait inutile de nous interroger sur l'apparition de l'incroyable complexité de l'univers, la façon dont la vie est survenue, et la manière dont l'animé peut être compatible avec l'inanimé. Le fait de postuler ou non l'existence d'un Dieu créateur engendre une distinction fondamentale entre les grandes traditions spirituelles du monde. Pour le bouddhisme, le postulat d'une « cause première » ne résiste pas à l'analyse. Nombre de scientifiques rejettent également la nécessité d'invoquer un Dieu, arguant que le réglage très précis de notre univers est le fruit du hasard. D'autres cependant pensent qu'un principe organisateur est à l'œuvre dans notre monde. Mais une telle notion résiste-t-elle à l'analyse ? Est-elle nécessaire et logique ?

THUAN : Depuis le XVIe siècle, l'homme n'a cessé de rapetisser dans l'espace. En 1543, le chanoine polonais Nicolas Copernic déloge la Terre de sa place centrale et la relègue au rang de simple planète tournant autour du Soleil. Depuis, le fantôme de Copernic n'a cessé de faire des ravages. Si notre planète n'occupait pas le centre du monde, notre astre devait sûrement l'occuper. Mais voilà que l'astronome américain Harlow Shapley découvre que le Soleil n'est qu'une simple étoile de banlieue parmi les centaines de milliards d'autres qui composent notre galaxie. La Voie lactée n'est elle-même, on le sait maintenant, qu'une parmi les quelque cent milliards de galaxies de l'univers observable, dont le rayon s'étend à quelque quinze milliards d'années-lumière. L'homme n'est qu'un grain de sable sur la vaste plage cosmique. L'homme a aussi rapetissé dans le temps. Dans un calendrier où les quinze milliards d'années de l'univers compteraient pour une année, l'homme civilisé ne ferait son entrée que le 31 décembre à 23 h 59.

Cette réduction de l'homme à l'insignifiant conduisit au cri d'angoisse de Pascal[1] au XVIIe siècle : « Le silence éternel des espaces infinis m'effraie », auquel firent écho, trois siècles plus tard, le biologiste français Jacques Monod[2] : « L'homme est perdu dans l'immensité indifférente de l'univers où il a émergé par hasard », et le physicien américain Steven Weinberg[3] : « Plus on comprend l'univers, plus il nous apparaît vide de sens. »

Pour moi, l'homme n'a pas émergé par hasard dans un univers indifférent. Au contraire, tous deux sont en étroite symbiose : si l'univers est si grand, c'est pour permettre notre présence.

MATTHIEU : Méfie-toi, cela ressemble un peu à ce que disait Bernardin de Saint-Pierre : « Les citrouilles sont divisées en tranches parce qu'elles sont faites pour être mangées en famille » !

T. – Il faut certes se méfier des arguments finalistes.

La science elle-même est née du rejet systématique et catégorique de l'explication des phénomènes en termes de « causes finales » ou de « projet », notions qui sont plutôt propres aux doctrines religieuses. Toutefois, la cosmologie moderne a découvert que l'existence de l'être humain semble être inscrite dans les propriétés de chaque atome, étoile et galaxie de l'univers et dans chaque loi physique qui régit le cosmos.

L'évolution de notre univers est déterminée par ce qu'on appelle des « conditions initiales » et par une quinzaine de nombres dits « constantes physiques ». La courbe tracée par une balle dans l'espace avant de retomber sur le sol peut être décrite très précisément. Pour ce faire, un physicien utilisera la loi de la gravitation de Newton et sa connaissance des conditions initiales, c'est-à-dire la localisation et la vitesse de la balle à l'instant où elle a quitté ta main. La loi de Newton dépend à son tour d'un nombre appelé « constante de gravitation », qui dicte l'intensité de la force de gravité. De même, il y a trois autres nombres qui contrôlent l'intensité des forces nucléaires forte et faible et de la force électromagnétique. Il y a ensuite la vitesse de la lumière et la constante de Planck qui détermine la taille des atomes. Viennent ensuite les nombres qui caractérisent la masse des particules élémentaires : celle du proton, celle de l'électron, etc. Ces constantes jouent un rôle décisif dans l'évolution de l'univers, car ce sont elles qui déterminent non seulement la masse et la taille des galaxies, des étoiles et de notre Terre, mais aussi celles des êtres vivants : la hauteur des arbres, la forme d'un pétale de rose, le poids et la taille des fourmis, des girafes et des hommes. La réalité autour de nous serait tout autre si ces constantes avaient des valeurs différentes. Ces constantes, comme leur nom l'indique, ne varient ni dans l'espace ni dans le temps. Nous avons pu le vérifier avec une grande précision en observant des galaxies très lointaines. Quant aux conditions initiales de l'univers, elles concernent entre autres la quantité de matière qu'il contient ou encore son taux d'expansion initial.

Il aurait suffi que ces constantes et conditions initiales aient été tant soit peu différentes, et nous ne serions pas là pour en parler. L'univers aurait contenu en germe, dès le début, les conditions requises pour l'émergence d'un observateur. Selon le physicien anglo-américain Freeman Dyson : « L'univers savait quelque part que l'homme allait venir[4]. »

M. – Qu'il y ait un reflet de notre existence dans chaque élément de l'univers révèle leur compatibilité mutuelle. De là à introduire une notion de finalité, il y a une sacrée différence !

T. – Oui, mais nous ne disposons pour l'instant d'aucune théorie physique expliquant pourquoi ces constantes ont la valeur qu'elles ont plutôt qu'une autre. Ces nombres nous sont donnés, et il faut vivre avec.

M. – N'y a-t-il vraiment aucune explication ?

T. – En dehors du pur hasard, dont nous reparlerons, il y a certes la théorie des supercordes, selon laquelle les particules élémentaires résultent des vibrations de bouts de ficelle infiniment petits. La masse ou la charge de telle ou telle particule serait alors déterminée par le mode de vibration des cordes. Mais c'est seulement remplacer un problème par un autre, car la théorie n'explique pas pourquoi les vibrations des cordes ont une telle valeur plutôt qu'une autre, ou pourquoi elles créent des particules qui ont exactement les propriétés nécessaires[5].

M. – Ces constantes physiques pourraient être différentes dans d'autres univers ?

T. – Dans le contexte de la physique actuelle, il n'y a aucune raison qui interdirait leur variation d'un univers à un autre. En construisant avec leurs ordinateurs une multitude d'univers-jouets, les astrophysiciens se sont aperçus que si l'on changeait tant soit peu ces constantes physiques et ces conditions initiales, l'univers serait dépourvu de vie.

M. – De combien devraient-elles changer ?

T. – Le chiffre exact dépend de la constante ou de la condition initiale dont on parle. Mais, dans tous les cas, un changement infime entraînerait la stérilité de l'univers. Considérons par exemple la densité initiale de matière dans l'univers. La matière exerce une force gravitationnelle attractive qui s'oppose à l'impulsion de l'explosion primordiale et ralentit l'expansion universelle. Si la densité initiale était trop élevée, l'univers s'effondrerait sur lui-même au bout d'un million d'années, d'un siècle ou même d'un an. Ce laps de temps serait trop court pour que l'alchimie nucléaire des étoiles produise les éléments lourds, comme le carbone, nécessaires à la vie. Par contre, si la densité initiale de matière était insuffisante, la force de gravité serait trop faible pour que les étoiles se forment. Sans étoiles, adieu aux éléments lourds et à la vie ! Tout se joue donc sur un équilibre très délicat.

L'exemple le plus frappant est celui de la densité de l'univers à son commencement (au temps de Planck) : elle doit être réglée avec une précision de l'ordre de 10^{-60}. Autrement dit, *si l'on changeait un chiffre après soixante zéros*, l'univers serait stérile : il n'y aurait ni vie ni conscience, et ni toi ni moi ne serions là pour en débattre. La précision stupéfiante du réglage de la densité initiale de l'univers est comparable à celle dont devrait être capable un archer pour planter une flèche dans une cible carrée de un centimètre de côté qui serait placée aux confins de l'univers, à une distance de quinze milliards d'années-lumière !

Devant un réglage si extraordinairement précis, certains cosmologues ont argué que l'univers était réglé de façon extrêmement précise pour qu'il puisse héberger la vie et la conscience et afin que surgisse un observateur capable d'apprécier sa beauté et son harmonie. C'est ce qu'on appelle le « principe anthropique », du grec *anthropos* qui veut dire « homme ». Selon cette vue, l'homme (ou toute autre forme de conscience) reprend la première place dans l'univers – non pas au centre physique de l'univers, mais en étant la raison même pour laquelle l'univers a été conçu.

C'est là la version « forte » du principe anthropique. Il existe aussi une version « faible » qui ne suppose pas une intention dans la Nature. C'est presque une tautologie : « Les propriétés de l'univers doivent être compatibles avec l'existence de l'homme[6]. » Le qualificatif « anthropique » est en fait mal choisi. Il sous-entend que l'univers tend vers l'homme exclusivement. En réalité, les arguments ci-dessus s'appliquent à toute forme d'intelligence dans l'univers.

Pour ceux qui adhèrent à ce principe anthropique, la cosmologie moderne redécouvre ainsi la profonde connexion entre l'homme et l'univers. Le message d'espoir de Paul Claudel répond au cri d'angoisse de Pascal et témoigne de ce réenchantement du monde : « Le silence éternel des espaces infinis ne m'effraie plus. Je m'y promène avec une confiance familière. Nous n'habitons pas un coin perdu d'un désert farouche et impraticable. Tout dans le monde nous est fraternel et familier. »

M. – Pour le bouddhisme, il n'est nullement nécessaire d'invoquer un principe organisateur ou une finalité quelconque qui aurait réglé l'univers avec une précision parfaite pour que la conscience apparaisse. La compatibilité si parfaite entre le monde inanimé et la conscience est simplement due au fait qu'ils coexistent depuis toujours dans un univers sans début. Je ne veux pas dire par là que l'univers est stationnaire, mais que ce qui semble être un début, le big bang par exemple, n'est qu'un épisode dans un processus ininterrompu. Les conditions de notre univers actuel sont en harmonie avec celles des univers précédents et futurs, car l'enchaînement des événements implique une continuité et une concordance de nature entre causes et effets.

L'univers n'est pas réglé par un grand horloger (ou

une grande horlogère) *pour que* la conscience apparaisse : ils coexistent depuis des temps sans début et ne peuvent donc pas s'exclure mutuellement. Leur ajustement mutuel est la condition même de leur coexistence. Le problème du principe anthropique et de toute théorie finaliste est de mettre les constantes avant la conscience et d'affirmer que les constantes existent pour que la conscience puisse apparaître. Le principe anthropique revient à dire, en contemplant les deux moitiés d'une même noix : « C'est incroyable, on dirait que la première coquille a été créée pour permettre à la deuxième de s'emboîter parfaitement avec elle. »

T. – Je comprends qu'avec l'hypothèse d'une coexistence sans début de la conscience et de la matière, le bouddhisme n'a pas besoin d'un principe anthropique pour expliquer la vie et la conscience. Mais supposons que cette hypothèse ne soit pas valide, et qu'on doive expliquer ce réglage extrêmement précis des constantes physiques et des conditions initiales de l'univers. On peut se demander si ce réglage est accidentel ou nécessaire, s'il est dû au hasard ou à la nécessité, pour reprendre la formule de Monod. Si l'on n'accepte pas le principe anthropique, l'argument de la nécessité, nous devrons alors nous tourner vers l'autre argument principal que proposent les cosmologues pour expliquer ce réglage étonnant : l'hypothèse du hasard.

Cette hypothèse postule l'existence d'une infinité d'autres univers avec toutes les combinaisons possibles de constantes physiques et de conditions initiales. Du point de vue de l'apparition de la vie, elles seraient toutes perdantes, à l'exception de la nôtre qui serait gagnante. Si tu joues à la loterie une infinité de fois, tu finiras par décrocher le gros lot.

M. – Ces autres univers sont ce que les physiciens appellent des univers parallèles ?

T. – Oui, c'est une des possibilités. L'étrange notion

d'« univers parallèles » a surgi à plusieurs occasions en physique. Cette notion dérive d'une découverte fondamentale et étrange de la mécanique quantique. Selon cette dernière, en effet, il est impossible de prédire avec exactitude la localisation d'une particule subatomique. On ne peut que calculer la probabilité de la trouver à tel ou tel endroit. Il est impossible de déterminer sa trajectoire exacte de la façon dont on décrit l'orbite d'une planète autour du Soleil. Cette absence de localisation précise est appelée « flou quantique », et conduit à une description déconcertante et probabiliste du monde. Selon cette description, un électron particulier peut aussi bien être ici, là, ou partout à la fois. Afin d'échapper à ce paradoxe et de retomber dans une vision réaliste plus réconfortante le physicien américain Hugh Everett a proposé une hypothèse radicale : l'univers se diviserait en autant d'exemplaires presque identiques qu'il existe de positions possibles pour l'électron. Au lieu d'avoir un électron qui serait ici, ailleurs et partout dans un univers probabiliste unique, il y aurait un univers dans lequel l'électron serait ici, un autre dans lequel il serait là, un troisième dans lequel il serait dans un autre endroit, et ainsi de suite. Par ce constant processus de division, une variété quasi infinie d'univers naîtrait. Certains univers ne se distingueraient du nôtre que par la position d'un seul électron dans un seul atome. D'autres différeraient davantage. Il y en aurait un où tu serais parti te promener au lieu de rester ici à parler avec moi. D'autres univers existeraient où le Tibet n'aurait pas été envahi par la Chine et où l'homme n'aurait pas marché sur la Lune. D'autres encore différeraient de façon plus fondamentale : ils auraient des constantes physiques, des conditions initiales et des lois physiques différentes. À chaque dédoublement de l'univers, toi et moi nous nous dédoublerions. Ces univers parallèles seraient déconnectés les uns des autres, de sorte qu'il n'y aurait aucune communication possible entre eux.

M. – Dans le cas des êtres conscients, cette hypothèse impliquerait que notre flux de conscience se divise en deux à chaque fois qu'une pensée surgit dans notre esprit ou qu'un atome bouge dans notre cerveau. La notion de flux individuel de conscience n'aurait plus de sens.

T. – C'est un argument intéressant contre les univers parallèles ! Moi-même, je trouve très bizarre l'idée que l'univers se divise en deux chaque fois qu'il y a choix ou décision. Il n'est pas du tout évident que de telles divisions de notre corps et de notre esprit puissent se produire sans que nous en soyons conscients.

M. – Chacune de nos décisions, de nos pensées, aurait alors la faculté de créer un univers entier. Il y aurait un univers dans lequel j'aurais décidé d'aller à droite, ce que j'ai fait dans « mon » univers, et un autre univers dans lequel j'aurais décidé d'aller à gauche, ce qui, pour moi, n'est pas le cas. Cela reviendrait à dire que la simple idée « j'aurais pu tourner à gauche » pourrait, elle aussi, sécréter un autre univers. Ce dernier ne semble-t-il pas aussi irréel que le fils d'une femme stérile ?

Le bouddhisme conçoit une pluralité de mondes ou d'états d'existence, mais il n'est pas d'accord sur la notion d'univers parallèles avec lesquels il n'y aurait aucune communication possible, parce que ces fractures vont à l'encontre de l'interdépendance globale des phénomènes. Qu'est-ce qui pourrait « sortir » de l'infinité des phénomènes reliés entre eux depuis toujours et pour toujours ? Si les phénomènes n'existent que sur le mode de l'interdépendance, il est impossible de les séparer sans les faire disparaître. Des univers incompatibles ne peuvent cohabiter au sein de cette globalité infinie.

Cette théorie implique également la coexistence d'univers mutuellement incompatibles : je pourrais être au même instant vivant dans un univers et mort dans l'autre. Cette incompatibilité diviserait irréversiblement la globalité de l'univers.

De plus, si, à chaque instant, il se créait autant d'univers que de particules dans l'univers (ces particules changeant continuellement d'état, à chaque changement devraient correspondre au moins deux univers), ce processus détruirait toute notion de causalité. En effet, les mêmes causes et les mêmes conditions initiales pourraient conduire *simultanément* à deux résultats opposés.

T. – C'est bien le cas en mécanique quantique. Les univers parallèles expriment ce qu'on appelle le « hasard vrai », c'est-à-dire l'absence supposée de cause[7]. Tous les choix devant se réaliser, il n'y aurait plus de véritable choix. La notion de responsabilité morale n'aurait plus lieu d'être. Ainsi, un criminel dans ce monde d'univers parallèles aurait beau jeu pour plaider la clémence du jury : même s'il a commis un crime dans cet univers, un de ses doubles ne l'aurait pas commis dans un univers parallèle.

M. – Si les phénomènes pouvaient ainsi se manifester en l'absence de cause, tout pourrait naître de n'importe quoi. En revanche, si les phénomènes sont régis par l'interdépendance globale, il n'y a pas de hasard vrai et la liberté elle-même ne peut s'exprimer qu'au travers des lois de cause à effet. Cela n'implique pas pour autant un déterminisme absolu car le nombre des causes et des conditions est illimité.

T. – Je suis d'accord avec toi ; je ne trouve pas cette notion d'univers parallèles très plausible. Mais la notion d'univers multiples surgit dans d'autres contextes. J'ai déjà mentionné l'idée d'univers cycliques, ceux qui ont la faveur du bouddhisme, dans lequel un big bang serait suivi d'un big crunch, qui serait suivi d'un autre big bang, et ainsi de suite.

Ces univers existeraient non pas parallèlement dans le temps, mais en succession (en admettant que le temps possède une continuité à travers les multiples big bangs). Chaque fois que l'univers renaîtrait de ses cendres, il repartirait avec une nouvelle combinaison de constantes physiques et de conditions initiales. La quasi-totalité des cycles produirait des univers infertiles, c'est-à-dire incompatibles avec l'apparition de la vie et de la conscience, sauf un de temps à autre, qui, comme le nôtre, posséderait par hasard une combinaison gagnante. Mais pour l'instant, comme nous l'avons vu, les observations astronomiques semblent plutôt indiquer que l'univers ne possède pas la quantité de matière nécessaire pour que sa gravité renverse le mouvement de fuite des galaxies et mène à un big crunch. De plus, une mystérieuse « énergie noire » semble s'opposer à l'action de freinage de la gravité et accélérer ce mouvement de fuite. Jusqu'à nouvel ordre, l'expansion de l'univers est éternelle.

Mais les physiciens, jamais à court d'imagination, ont proposé un scénario où un nouveau big bang peut surgir sans big crunch. L'Américain Lee Smolin, inspiré par le fait que le big bang et le centre d'un trou noir[8] sont tous deux caractérisés par une extrême densité de matière, a spéculé qu'un nouvel univers peut surgir des entrailles d'un trou noir, dans une fantastique explosion créant un nouveau domaine de temps et d'espace à la manière de notre big bang. Ce nouvel univers serait totalement déconnecté du nôtre, car aucune information ne peut sortir du cœur du trou noir pour rentrer dans notre univers. Pour l'instant, ce scénario n'a aucun support expérimental et relève de la science-fiction plutôt que de la science.

M. – Ce nouvel univers serait peut-être déconnecté du nôtre du point de vue de la *transmission d'informations*, mais pas du point de vue causal, puisque le trou noir provient bien de notre univers. Il y aurait donc bien une continuité et une relation entre ces deux univers.

T. – La théorie du big bang permet également de concevoir une variante de la théorie des univers multiples : le physicien russe Andreï Linde a décrit un scénario dans lequel chacune des fluctuations infinies de la mousse quantique originelle donne naissance à un univers, si bien que notre monde ne serait qu'une petite bulle dans un méta-univers composé d'une infinité d'autres bulles qui n'abriteraient pas de vie consciente, la combinaison de leurs constantes et leurs conditions initiales ne le permettant pas.

Aussi intrigantes ces notions soient-elles, je trouve l'idée des univers multiples difficile à accepter. Qu'ils soient inaccessibles à l'observation, et donc invérifiables, fait violence à ma sensibilité d'observateur de l'univers. Sans vérification expérimentale, la science a tôt fait de s'enliser dans la métaphysique.

M. – Et pourtant les thèses métaphysiques ne cessent de jouer un rôle dans la pratique des scientifiques ! Lorsque plusieurs hypothèses incompatibles entre elles mais également aptes à rendre compte de faits expérimentaux se présentent, ce sont bien souvent des préférences d'ordre métaphysique qui font pencher le physicien d'un côté ou de l'autre. Déclarer que tout ce qui est inaccessible à l'observation n'existe pas est, par exemple, une position métaphysique. Encore faudrait-il prouver cette inexistence.

Après tout, quand on aborde le problème des origines, il est impossible de ne pas passer au plan métaphysique, car quelles que puissent être les découvertes concernant le big bang, l'avant-big bang, ou d'autres formes de commencement de l'univers, seule la métaphysique peut poser la question suivante : « Y a-t-il jamais eu un début ? » ou : « Pourquoi un début ? » Cette opinion est d'ailleurs partagée par nombre de scientifiques. François Jacob écrit : « Un domaine entier est totalement exclu de toute enquête scientifique, celui qui concerne l'origine du monde, la signification de la condition humaine, la "destinée" de la vie humaine. Non que ces questions soient futiles. Chacun de nous, tôt ou tard, se les pose. Ces questions, que

Karl Popper appelle finales (*ultimate*), relèvent de la religion, de la métaphysique, voire de la poésie [9]. »

T. – Je t'accorde que c'est un parti pris métaphysique de ma part. Mais, en science, c'est toujours l'observation qui a, en fin de compte, décidé du sort des théories. Par exemple, la théorie de la gravité d'Einstein a remplacé celle de Newton parce que la relativité expliquait des observations que la théorie de Newton était incapable de décrire. Aussi belle et harmonieuse soit la théorie de la relativité, elle ne se serait pas imposée sans vérifications expérimentales. C'est en quelque sorte mon pari pascalien, pari qui est en partie motivé par le principe d'économie qu'on appelle aussi « rasoir d'Occam », du nom du théologien et philosophe Guillaume d'Occam qui vécut au XIVe siècle. Ce principe consiste à éliminer systématiquement toutes les hypothèses qui ne sont pas nécessaires à l'explication d'un fait et considérer qu'une explication simple d'un phénomène a plus de chances d'être vraie qu'une explication compliquée. Pourquoi, dans ce cas, créer une infinité d'univers infertiles juste pour en avoir un qui soit conscient de lui-même ?

M. – Tu parles comme si un créateur avait fait un certain nombre de ratés avant de produire le bon univers, celui qui nous abrite. Cela supposerait à nouveau que la création de la vie et celle de la conscience constituent un but. Mais le but de qui ? D'un être conscient ? D'où vient-il ? D'un créateur de créateur ? Sinon, n'a-t-il d'autre cause que lui-même ? Mais un effet ne peut être sa propre cause. A-t-il toujours été, étant lui-même sans cause ? Mais si la cause n'a pas de commencement, comment l'effet en aurait-il un ? La seule solution à ces impasses est non pas d'imaginer une volonté première, mais d'envisager un univers sans début.

T. – Une autre raison pour laquelle je m'insurge contre l'hypothèse du hasard est que je ne puis concevoir que toute la beauté, l'harmonie et l'unité du monde soient le seul fait de la chance. L'univers est beau : les couchers de soleil rougeoyants, les délicats contours d'un pétale de rose, les images somptueuses des pouponnières stellaires ou les tracés élégants des bras spiraux d'une galaxie nous touchent au plus profond de l'âme. L'univers est harmonieux parce que les lois qui le régissent ne varient ni dans le temps ni dans l'espace.

M. – L'argument de la beauté ne tient pas debout. La notion de beauté est entièrement relative. Le pétale de rose est beau pour le poète, nourriture pour l'insecte, et rien du tout pour la baleine. Les spirales galactiques n'étaient belles pour personne jusqu'à ce qu'une minorité d'êtres humains aient pu les contempler au XXe siècle. Si l'univers avait été réglé pour que surgisse un observateur capable d'apprécier sa beauté et son harmonie, il suffirait que cette beauté s'étale devant les yeux des quelques êtres intelligents dispersés ici et là dans l'univers. À quoi peut servir la beauté des planètes inhabitées ou inhabitables, des galaxies que personne ne contemplera jamais et qui se languiraient dans l'attente d'admirateurs ?

T. – C'est vrai qu'au premier abord cela semble aller à l'encontre du « rasoir d'Occam ». Mais, en principe, ces planètes et galaxies peuvent un jour être observées par nous ou par une intelligence extraterrestre.

Il y a encore un argument pour mon pari contre le hasard : il existe une profonde unité dans l'univers. À mesure que la physique a progressé, des phénomènes que l'on croyait totalement distincts ont pu être unifiés. Au XVIIe siècle, Newton unifie le ciel et la Terre : c'est la même force universelle, la gravitation, qui dicte la chute d'une pomme dans le verger et le mouvement de la Lune autour de la Terre. Au XIXe siècle, Maxwell montre que l'électricité et le magnétisme ne sont que deux aspects différents d'un même phénomène. Il comprend ensuite que les ondes électromagnétiques sont des ondes de lumière. Au début du XXe siècle, Einstein unifie le temps et l'espace, et, à l'aube du XXIe siècle, les physiciens travaillent avec acharnement pour unifier les quatre forces fondamentales de la Nature en une seule superforce. L'univers tend vers l'Un. J'ai donc peine à croire que cette profonde unité soit le fruit du pur hasard.

M. – Le fait que l'univers, et notre propre existence, aient évolué simplement selon les lois de causalité, sans l'intervention d'une intention créatrice, n'exclut pas l'harmonie de l'univers et n'implique pas que « l'homme soit perdu dans l'immensité indifférente de l'univers », ou que l'univers soit vide de sens. L'interdépendance du monde et de la conscience permet d'utiliser cette conscience pour progresser vers la connaissance et donne, pour sûr, une signification à l'ensemble.

T. – Je dois te préciser que je ne pense pas que l'homme soit la finalité de l'univers. L'univers va continuer à évoluer, et l'homme avec. La vie n'a certainement pas terminé son ascension vers la complexité. Néanmoins, il reste bien difficile pour moi de penser que toute l'évolution cosmique menant à l'homme n'a été qu'une succession d'heureuses coïncidences, de coups de dés chanceux qui auraient tout aussi bien pu ne jamais se produire. Le hasard dont je parle est différent de celui qu'évoquait Jacques Monod. Quand le biochimiste parlait de hasard, il pensait aux rencontres de hasard entre les quarks pour former les noyaux d'atome, entre les atomes au cœur des étoiles pour alimenter leurs feux, entre les atomes, produits de la combustion stellaire, pour former les molécules interstellaires et les planètes, entre les molécules organiques de l'océan primitif pour engendrer les hélices enchevêtrées de l'ADN. Pour moi, le vrai hasard réside dans le choix des constantes physiques et des conditions initiales, et non dans les rencontres de particules et de molécules. Une fois les constantes fixées, la matière contient déjà en elle les germes de l'éclosion de la conscience et la gestation cosmique mène inexorablement jusqu'à nous.

Ce disant, je ne prône nullement un univers complètement déterministe comme celui de Newton et de Laplace. Il serait absurde de penser que le fait que nous soyons là en train de discuter ait été déterminé dès les premiers instants de l'univers. Je dis seulement qu'une fois les lois physiques fixées, celles-ci fournissent une trame sur laquelle la Nature peut broder. Le flou quantique dans le monde des atomes, le chaos dans le monde macroscopique et les phénomènes contingents (comme l'astéroïde qui est venu frapper la Terre il y a soixante-cinq millions d'années et a tué les dinosaures, permettant ainsi l'émergence de nos ancêtres les mammifères) ont libéré la Nature de son carcan déterministe et lui permettent de se montrer inventive en fabriquant la complexité. Comme le jazzman brode autour d'un thème général pour improviser de nouvelles phrases mélodiques au gré de son inspiration et de la réaction du public, la Nature se montre spontanée et ludique en jouant avec les lois physiques fixées dès le début de l'univers, et en créant la nouveauté [10]. Mais je ne peux accepter l'idée que le choix des constantes physiques et des conditions initiales soit livré au pur hasard. Dès que ces constantes sont fixées, la matière contient les graines de la conscience, et la gestation cosmique conduit inévitablement à nous.

En fin de compte, si on écarte le hasard et les théories des univers multiples et si on postule qu'il y a un seul univers, le nôtre, je pense qu'il faut parier, comme Pascal, sur l'existence d'un principe créateur.

M. – Fort bien. Examinons ce principe. Tout d'abord, suppose-t-il une volonté de créer ?

T. – Il aurait réglé les constantes et les conditions initiales pour qu'elles aboutissent à un univers conscient de lui-même. Libre à nous de l'appeler Dieu ou non. Pour moi, ce n'est pas un Dieu personnifié, mais un principe panthéiste omniprésent dans la Nature.

Einstein l'a décrit ainsi : « Il est certain que la conviction, apparentée au sentiment religieux, que le monde est rationnel, ou au moins intelligible, est à la base de tout travail scientifique un peu élaboré. Cette conviction constitue ma conception de Dieu. C'est celle de Spinoza. »

La science moderne a d'ailleurs éclairé d'un jour nouveau certains arguments utilisés par les philosophes et les théologiens occidentaux du passé pour démontrer l'existence d'un Dieu « classique ». L'argument de la complexité, tout d'abord, affirme que seul un créateur peut être responsable d'un univers si complexe et structuré : une montre ne peut être que l'œuvre d'un horloger, elle ne s'assemble pas toute seule. Un livre ne peut être écrit en jetant sur une table un encrier, une plume et des feuilles de papier. Mais cet argument est mis à mal par la science contemporaine qui montre que des systèmes très complexes peuvent résulter d'une évolution tout à fait naturelle selon des lois physiques et biologiques connues, et que nul n'a besoin de faire appel à un Dieu horloger.

Vient ensuite l'argument « cosmologique » utilisé par Platon, Aristote, saint Thomas d'Aquin et Kant : tout a une cause. Or il ne peut y avoir une chaîne infinie de causes contingentes. Celle-ci doit nécessairement s'arrêter à une cause première, qui est Dieu. La mécanique quantique a remis en question l'affirmation que « toute chose a une cause ». Avec son fameux « principe d'incertitude », Werner Heisenberg démontra en 1927 que l'incertitude et le flou sont inhérents au monde subatomique. Ce flou nous empêche de connaître simultanément l'énergie et la durée de vie d'une particule. Pour une particule de très courte durée de vie (dite « virtuelle »), l'incertitude liée à sa quantité d'énergie est immense, ce qui lui permet d'emprunter de l'énergie à la banque Nature et de se matérialiser spontanément et de façon imprévisible, sans avoir besoin d'aucune cause. De même qu'une particule, l'univers peut théoriquement surgir spontanément du vide, sans cause première, par la grâce d'une fluctuation quantique.

M. – Pour quelle raison la chaîne des causes ne serait-elle pas infinie dans le temps et la complexité ? Cela contredit-il quelque loi de la nature ? À quel nombre de causes devrions-nous nous arrêter pour dire : « Ça suffit, je ne vais pas continuer à remonter dans le temps *ad infinitum*, passons à un créateur sans cause ? »

T. – Certes, l'argument cosmologique repose sur un concept linéaire du temps. D'autres ont invoqué un temps circulaire pour évacuer le problème d'une cause première. Ainsi, au lieu du schéma linéaire où un événement A se produit, qui cause B, provoquant à son tour C, et ainsi de suite, on aura le schéma cyclique de certaines philosophies où A cause B qui provoque C, qui à son tour est responsable de A. Le serpent se mord la queue et la boucle se referme sur elle-même. Il n'y a plus besoin de cause première.

M. – Autre idée bizarre ! Tout comme la notion d'une cause première, celle d'un cercle fermé n'est qu'une échappatoire pour ceux qui ne supportent pas l'idée de l'infini. Dire qu'une particule se matérialise sans cause, c'est se limiter au schéma simplifié de la causalité linéaire : A donne B. Il se peut fort bien que le A de B soit insaisissable parce qu'il ne se limite pas à un nombre de facteurs aisément analysables. Aucun phénomène ne peut être totalement disjoint de l'ensemble des autres. Si, par le jeu de l'interdépendance des phénomènes, B résulte de la présence de l'univers tout entier – d'une infinité de causes et de relations fluctuantes –, on ne saurait dire qu'il a surgi spontanément et simplement parce qu'on ne peut épingler une cause précise.

T. – Un autre argument scientifique contre l'existence de Dieu est que la notion même de cause à effet perd son sens habituel quand il s'agit de l'univers.

Cette notion présuppose l'existence du temps : la cause précède l'effet. Or, selon la théorie du big bang, le temps et l'espace sont apparus en même temps que l'univers. Que veut dire : « Et Dieu créa l'univers » si le temps n'existait pas ? L'acte de création de l'univers n'a de sens que dans le temps. Dieu est-il dans le temps ou en dehors du temps ? Le temps n'est pas absolu comme nous l'a dit Einstein. Il est élastique. Un Dieu dans le temps ne serait plus tout-puissant, car il serait soumis aux variations du temps causées par des mouvements d'accélération ou par des champs de gravité intenses comme ceux qui existent aux abords des trous noirs. Un Dieu en dehors du temps serait omnipotent mais ne serait plus à même de nous secourir, car nos actions se situent dans le temps. Si Dieu transcende le temps, il connaît déjà le futur. Pourquoi se préoccuperait-il du progrès de la lutte des hommes contre le mal, puisque tout lui est connu d'avance ?

M. – Soit Dieu est immuable, et alors il ne peut créer, soit il est dans le temps, et il n'est pas immuable. C'est bien là l'une des contradictions auxquelles conduit la notion de cause première. Comment justifier cet argument ?

Premièrement, s'il y *a* une cause première, elle doit être immuable. Pourquoi ? Parce que, par définition, elle n'a d'autre cause qu'elle-même et n'a donc aucune raison de changer. Le changement implique l'intervention d'une autre cause qui ne fait pas partie de la cause première.

Deuxièmement, comment une entité immuable pourrait-elle créer quelque chose ? S'il y a un acte de création, le créateur est-il ou non impliqué dans cet acte ? S'il ne l'est pas, à quoi bon l'appeler « créateur » ? S'il l'est, du fait que la création survient inévitablement par étapes, le quelque chose ou l'être impliqué dans ces étapes n'est pas immuable. On peut accepter l'idée de saint Augustin que Dieu créa le temps avec l'univers, mais même dans ce cas, la création reste un processus, et tout processus, temporel ou non, est incompatible avec l'immuabilité. Ce point n'a pas échappé à saint Thomas d'Aquin qui affirme : « Que le monde ait commencé, c'est là un objet de foi ; ce n'est pas un objet de démonstration ou de science[11]. » Le bouddhisme avance, quant à lui, qu'un tel acte de foi n'est pas nécessaire à condition de ne pas s'attacher à la position qu'il *doit* y avoir un début.

T. – Il y a certes de nombreux arguments contre l'existence de Dieu. Mais le principe organisateur auquel je crois est assez différent du Dieu « classique ». Je parle d'un principe qui règle l'univers à son début, non d'un Dieu personnifié.

M. – Si l'on parle de principe créateur, on ne peut pas le laisser dans un vague total. Il faut pouvoir en dire quelque chose.

T. – Ces questions ont préoccupé théologiens et philosophes de tout bord et de tout temps, et je n'ai évidemment pas de réponse à y apporter. C'est un pari métaphysique. La science n'a rien à dire sur ce sujet.

M. – Mais on ne peut pas postuler l'existence de quelque chose sans rien avoir à en dire. Si le principe créateur n'a aucune caractéristique, qu'il existe ou non ne fait aucune différence. On peut l'éliminer à l'aide du rasoir d'Occam. Ce principe créateur est-il né de lui-même ? Résulte-t-il de causes ? Est-il permanent ? tout-puissant ?

T. – L'omniscience, l'omnipotence... tu viens d'énumérer les qualités d'un Dieu. C'est vrai qu'on est amené à identifier ce principe organisateur à un Dieu créateur. En fait, les physiciens ne parlent pas de Dieu, mais plutôt de lois physiques. Et ces lois possèdent des propriétés qui rappellent étrangement celles généralement attribuées à Dieu. Elles sont universelles et s'appliquent partout dans le temps et l'espace, de notre petite Terre jusqu'aux immenses galaxies. Elles sont absolues, car elles ne dépendent pas de celui qui les découvre. Elles sont intemporelles : bien qu'elles décrivent un monde soumis au temps et des phénomènes constamment changeants, elles-mêmes ne changent pas avec le temps. Nous vivons dans un univers temporel qui est décrit par des lois intemporelles. Elles sont omnipotentes, car elles s'appliquent à tout et partout. Enfin, elles sont omniscientes, car elles « savent » à l'avance et agissent sur les objets matériels sans que ceux-ci aient à les « informer » de leurs états particuliers. Elles « savent » à l'avance. Par conséquent, les caractéristiques des lois physiques sont celles de Dieu.

M. – Je ne vois pas en quoi ces lois indiquent ou exigent l'existence d'un principe créateur ou organisateur. Il n'y a aucune raison pour qu'elles aient une finalité quelconque. Elles reflètent simplement la nature de l'interdépendance.

T. – J'admets que le concept d'interdépendance peut expliquer le réglage extrêmement précis des lois physiques et des conditions initiales qui permet à l'univers d'héberger la vie et la conscience. Mais je ne vois pas comment il répond à la question existentielle de Leibniz : pourquoi y a-t-il quelque chose plutôt que rien ?

M. – Postuler l'existence d'un principe créateur ne répond pas plus à cette question. Elle ne fait que déplacer le problème. Pourquoi y aurait-il un principe créateur plutôt que rien ? Et qu'entends-tu par principe organisateur ? S'agit-il d'une entité, d'une forme de conscience qui a conçu cet ensemble pour qu'il fonctionne ? Ce principe *décide*-t-il de créer ? A-t-il une intention ?

T. – Je pense que oui, le principe a voulu créer un univers qui possède un observateur. Je crois que c'est la raison pour laquelle notre univers a été réglé pour évoluer comme il l'a fait.

M. – Mais si ce principe décide de créer, il faut admettre qu'il n'est pas tout-puissant, car il est influencé par le désir de créer. Si, à l'inverse, il ne décide pas de créer, il n'est pas non plus omnipotent, car il crée sans l'avoir décidé. Il n'est donc pas libre de créer ou de ne pas créer. Son omnipotence est ainsi réfutée.

Ce principe ne peut être non plus immuable, car, comme nous l'avons vu, dans le processus de création il a nécessairement changé. Il est passé du désir de créer à la création. La création implique le changement : il y a un acte créateur. Après avoir créé, il ne serait plus le même : avant, il n'était pas créateur, après il l'est devenu. Il perd donc son immuabilité.

Autre question, un tel principe est-il né sans cause, ou est-il sa propre cause ?

T. – Selon moi, il est sa propre cause. Mais, de nouveau, nous sortons de la science.

M. – Si ce principe est sa propre cause, ici encore, le bouddhisme en conclut qu'il devrait être immuable. Une entité qui ne dépend de rien d'autre et existe par elle-même n'a aucune raison de changer. Seul ce qui est produit par autre chose peut changer. On butte alors sur une autre contradiction, car si ce principe est immuable, il ne peut créer. Quelque chose de permanent ne peut pas produire quelque chose d'éphémère. Et, comme nous l'avons dit, s'il crée il perd son immuabilité, car la création implique le changement. Tout créateur doit être modifié en retour par sa création, car toute action implique une interaction. Aucune cause ne peut être unidirectionnelle. La causalité est nécessairement réciproque.

De plus, ce qui n'a pas d'autre cause que soi-même ne peut interagir avec quoi que ce soit, car il ne participe pas à l'interdépendance des phénomènes.

T. – Il faut donc une cause à chaque événement, mais alors on régresse à l'infini...

M. – Cette infinité va certes à l'encontre des croyances métaphysiques traditionnelles de l'Occident, religieuses aussi bien que scientifiques, qui veulent à tout prix assigner un « début » aux choses. De l'avis du philosophe Bertrand Russell, « il n'y a aucune raison de penser que le monde a un début. L'idée que les choses doivent avoir un début est due à la pauvreté de notre imagination[12] ». Ce désir de trouver un début est fondé sur la conviction que toutes les choses existent aussi réellement et solidement que notre esprit ordinaire les perçoit.

T. – J'ai expliqué auparavant que la mécanique quantique permet de contourner la notion d'une cause première de l'univers. Le « début » des choses n'est plus absolument nécessaire.

M. – Si le début n'est pas nécessaire – et je suis d'accord là-dessus –, le principe organisateur ne l'est pas non plus. Comment pourrait-il organiser des phénomènes sans début ? Il ne pourrait tout au plus qu'en modifier le cours au fur et à mesure.

Il y a encore un autre argument contre ce principe créateur : s'il organise la totalité du monde des phénomènes, il doit contenir en lui toutes les causes de ce monde. Sinon, il existerait quelque chose en dehors de sa création.

T. – C'est logique.

M. – Or, le fondement de la loi de causalité est que, si un événement ne se produit pas, c'est parce que certaines causes ou conditions font défaut. Si une graine ne germe pas, c'est parce qu'elle est défectueuse ou qu'elle manque d'humidité, de chaleur, etc. Il est impossible qu'un effet se produise tant que toutes les causes et les conditions ne sont pas réunies. À l'inverse, quand elles sont *toutes* présentes, l'effet *doit* nécessairement être produit[13]. S'il ne se produit pas, cela veut dire qu'il manque encore quelque chose. Donc, si un principe créateur porte en lui toutes les causes et les conditions de l'univers, il doit sans cesse créer la totalité de l'univers. Un big bang permanent, en quelque sorte.

T. – Tu veux dire qu'il ne pourrait pas s'arrêter un seul instant ?

M. – Exactement : s'il s'arrêtait, cela signifierait qu'il cesserait de contenir dans son essence toutes les causes de la création. Il lui faudrait donc l'aide soit d'un autre principe qui détiendrait une partie des causes et dont il serait dépendant, soit d'un principe régulateur qui mettrait un frein à la création. Dans tous les cas, il perdrait sa toute-puissance. Il n'y a donc que deux possibilités : ou bien il ne détient pas toutes les causes et les conditions, et il ne peut *jamais* créer ; ou bien il les possède toutes, et il crée *tout continuellement*.

T. – Ce qui est également absurde.

M. – Certains répondent à cette objection en disant que le créateur pourrait créer le monde progressivement. Ici encore, cela impliquerait que les causes de l'univers soient multiples et que le créateur ne dispose pas de toutes ces causes au début de la création. Mais d'où tiendrait-il ces causes par la suite ?

D'autres encore soutiennent que l'acte du créateur est intemporel, qu'il crée le monde maintenant, tout autant qu'il l'a créé et le créera. Nous nous représenterions la création sous l'aspect d'une succession d'événements qui sont en fait simultanés du point de vue du créateur. Cette position n'échappe pas à la réfutation d'un principe créateur qui porterait en lui toutes les causes de l'univers et devrait par conséquent créer continuellement la totalité de cet univers. De plus, si tous les événements de l'univers, passés, présents et futurs, étaient simultanés du point de vue du créateur, cela entraînerait un déterminisme absolu. Ce point de vue rendrait vaine toute quête de transformation personnelle visant à dissiper l'ignorance et à atteindre l'Éveil.

À l'inverse, l'apparition des phénomènes par le jeu de relations interdépendantes sans début ni fin échappe au déterminisme absolu, car les causes et les conditions qui participent de ces relations sont en nombre illimité et ne peuvent être ramenées à une cause première et unique.

Un argument final contre la notion d'un début ou de création est que si non seulement toutes les causes, mais tous leurs effets étaient présents chez le créateur, on ne pourrait même plus parler de création, puisque tout serait déjà là. De plus, tous les arguments précédents s'appliqueraient ici au processus d'actualisation ou de manifestation de ces effets dans notre monde.

Certains philosophes hindous disaient qu'à chaque étape de la création le créateur devient la cause correspondante, tout en conservant immuablement son identité, comme un danseur qui exécute diverses chorégraphies, vêtu de costumes différents, tout en restant la même personne. Cela contredit l'idée que le créateur est la cause unique de l'univers, car une cause unique ne peut donner des résultats divers. D'autre part, une unité aux aspects changeants ne peut être considérée ni comme une véritable unité, ni comme immuable. Si l'effet est intermittent, il est impossible que sa cause soit éternelle.

En résumé, selon l'alternative proposée par le bouddhisme, qui ne requiert aucun principe organisateur, dans le monde relatif des apparences, chaque instant est une cessation et un commencement perpétuels en raison de l'impermanence fondamentale des phénomènes qui s'enchaînent suivant les lois de cause à effet. Du point de vue de la vérité absolue, tous les événements passés, présents et futurs sont identiques dans la mesure où ils sont dénués d'existence propre. Ils sont donc sans début ni fin véritables. Si rien ne s'est véritablement « produit », il n'y a pas lieu de s'interroger sur la réalité de la cessation. Il n'est donc pas nécessaire de faire intervenir la notion d'un principe créateur qui ferait tout et ne serait lui-même fait par rien.

T. – Le bouddhisme nie donc catégoriquement la notion d'un Dieu créateur, ce qui va à l'encontre des religions monothéistes. N'est-ce pas incompatible avec l'image de tolérance que le bouddhisme projette habituellement ? Comment concilier cette position avec le respect des autres croyances ?

M. – La tolérance, aussi grande soit-elle, n'implique

pas une adhésion à des points de vue métaphysiques qu'on ne partage pas, mais le respect des voies de transformation personnelle qui correspondent aux natures et aux dispositions diverses des êtres. Tout dépend également de la conception qu'on se fait de Dieu. Citons le Dalaï-Lama : « Si on envisage Dieu moins en termes de divinité personnelle qu'en tant que fondement de l'être, des qualités telles que la compassion peuvent aussi être attribuées à ce fondement divin de l'être. Si on doit donc comprendre Dieu en ces termes, il devient possible d'établir des rapprochements avec certains éléments de la pensée et de la pratique bouddhistes [14]. » Mais il ne s'agit pas non plus de faire un amalgame de toutes les religions, spiritualités, sciences, de tous les humanismes et agnosticismes existant sur la planète ! Ce n'est pas le but de la tolérance. « Je ne suis pas favorable à la recherche d'une religion universelle. Je ne pense pas que cela soit judicieux. Et si nous poussons trop loin la recherche des parallèles en ignorant les différences, c'est exactement ce à quoi nous allons aboutir [15] ! » poursuit le Dalaï-Lama.

Les positions métaphysiques doivent être clairement exprimées ; il n'y a aucune raison de cultiver l'ambiguïté à leur sujet. Si elles sont erronées, qu'on le prouve, et le bouddhisme sera prêt à accepter ses propres erreurs. L'intolérance consiste à être tellement convaincu d'une vérité qu'on veut l'imposer à tous, de gré ou – hélas – de force. Il faut avoir l'esprit suffisamment ouvert pour comprendre que ce qui nous convient ne convient pas nécessairement à tout le monde. « On ne peut pas, parce qu'on s'est régalé d'un plat, dire "puisque c'est délicieux pour moi, tout le monde doit en manger". Chacun doit se nourrir de ce qui lui apportera la meilleure santé physique en fonction de sa propre constitution [16]. »

Sur le plan de la pratique spirituelle, la croyance en Dieu peut donner à certains un sentiment d'intimité avec leur créateur et les encourager à cultiver l'amour et l'altruisme, pour exprimer leur gratitude et pour participer à l'amour de Dieu envers tous les êtres. Pour d'autres, la compréhension profonde de l'interdépendance et des lois de cause à effet ainsi que la volonté d'atteindre l'Éveil pour devenir capable de mieux aider les autres sont des sources d'inspiration plus puissantes pour développer l'amour et la compassion. En conclusion : « Quand on s'engage sur une voie spirituelle, il est important que la pratique soit celle qui convienne le mieux à son développement mental, ses dispositions et ses penchants spirituels. [...] Grâce à cela, il parviendra à la transformation intérieure, à la tranquillité intérieure qui fera de lui un être spirituellement mature et une personne bonne, bienveillante, unifiée, et au cœur épanoui. Tel est le critère à considérer quand on cherche une nourriture spirituelle [17]. »

4

L'UNIVERS DANS UN GRAIN DE SABLE

Interdépendance et globalité des phénomènes

Le concept d'interdépendance va au cœur de la vision bouddhiste de la réalité et il a, pour lui, d'immenses implications sur la manière de vivre notre vie. Ce concept d'interdépendance ressemble de façon frappante au concept de non-séparabilité en physique quantique. Ces deux concepts conduisent à une question simple et fondamentale : une « chose », ou un « phénomène », peut-elle exister de façon autonome ? Si tel n'est pas le cas, de quelle manière et jusqu'à quel point les phénomènes de l'univers sont-ils interconnectés ? Si les choses n'existent pas « en elles-mêmes », quelles conclusions pouvons-nous en tirer au niveau du vécu ?

THUAN : Comme nous l'avons appris dans le chapitre précédent, le bouddhisme rejette l'idée d'un principe créateur, ainsi que la notion d'univers parallèles, bien qu'il admette l'existence d'une multiplicité d'univers. Il explique le réglage si précis des constantes physiques et des conditions initiales qui permettent à l'univers d'héberger la vie et la conscience par ce qu'il appelle l'« interdépendance des phénomènes ». Je pense que le moment est venu d'expliciter cette notion.

MATTHIEU : Pour ce faire, nous devons tout d'abord revenir à la notion dc « vérité relative ». Selon le bouddhisme, la perception que nous avons du monde comme étant composé de phénomènes distincts issus de causes et de conditions isolées est appelée « vérité relative » ou « vérité trompeuse ». L'expérience du quotidien nous porte à croire que les choses ont une réalité objective indépendante, comme si elles existaient de leur propre chef et possédaient une identité intrinsèque. Mais ce mode d'appréhension des phénomènes est une simple construction de notre esprit. Même si cette vision de la réalité est entérinée par le sens commun, elle ne résiste pas à l'analyse.

Le bouddhisme adopte plutôt la notion que les choses – mieux vaudrait dire les phénomènes – n'existent qu'en relation avec d'autres, l'idée de causalité réciproque. Un événement ne peut survenir qu'en relation et en dépendance avec d'autres événements [1]. Le bouddhisme voit le monde comme un vaste flux d'événements reliés les uns aux autres et participant tous les uns des autres. Notre mode d'appréhension de ce flux cristallise certains aspects de cette globalité de manière purement illusoire et nous fait croire qu'il s'agit d'entités autonomes dont nous sommes entièrement séparés.

Dans l'un de ses sermons, le Bouddha décrit la réalité comme un entrelacs de perles : dans chacune des perles, toutes les autres sont reflétées, ainsi que le palais dont elles ornent la façade et l'univers tout entier. Ce qui revient à dire que dans chaque élément de la réalité, tous les autres sont présents. Cette image illustre bien la notion d'interdépendance selon laquelle il ne peut exister, où que ce soit dans l'univers, une seule entité dissociée de l'ensemble.

T. – Cette notion de « flux d'événements » rejoint la vision de la cosmologie moderne : du plus petit atome à l'univers entier, en passant par les galaxies, les étoiles et les hommes, tout bouge et évolue, rien n'est immuable.

M. – Non seulement les choses bougent, mais nous les percevons comme des « choses » parce que nous regardons les phénomènes sous un certain angle. Il faut donc se garder d'attribuer au monde des propriétés qui ne sont que des apparences. Les phénomènes sont de simples événements qui se manifestent en fonction des circonstances. Le bouddhisme ne nie pas la vérité conventionnelle, celle que l'homme ordinaire perçoit ou que le savant détecte. Il ne conteste pas les lois de cause à effet, ni les lois physiques ou mathématiques. Il affirme simplement que, si on va au fond des choses, il y a une différence entre la façon dont le monde nous apparaît et sa nature ultime, qui est dénuée d'existence intrinsèque.

T. – Comment cette nature ultime des choses est-elle reliée à l'interdépendance ?

M. – Le mot interdépendance est une traduction du mot sanskrit *pratitya samutpada* qui signifie « être par co-émergence » et peut s'interpréter de deux façons complémentaires. La première est « *ceci* surgit parce que *cela* est », ce qui revient à dire que les choses existent d'une certaine façon mais que rien n'existe en soi. La deuxième est « *ceci*, ayant été produit, produit *cela* », ce qui signifie que rien ne peut être sa propre cause. En d'autres termes, tout est d'une façon ou d'une autre interdépendant avec le monde.

Une chose ne peut surgir que parce qu'elle est reliée, conditionnée et conditionnante, co-présente et co-opérante, et en transformation continuelle. L'interdépendance est intimement liée à l'impermanence des phénomènes et fournit un modèle de transformation qui n'implique pas l'intervention d'une entité organisatrice. L'interdépendance explique aussi ce que le bouddhisme entend par la vacuité des phénomènes, une vacuité qui signifie absence de « réalité » intrinsèque.

Le septième Dalaï-Lama a résumé cette idée dans un verset :

Comprenant l'interdépendance, on comprend la
[vacuité,
Comprenant la vacuité, on comprend
[l'interdépendance.
Telle est la Vue du Milieu
Qui échappe aux terrifiants abysses du nihilisme et
[du réalisme[2].

Une autre façon de définir l'idée d'interdépendance est résumée par le mot « tantra », qui indique une notion de continuité et « le fait que tout soit lié en un ensemble, tel que rien ne puisse venir séparément[3] ».

Ironiquement, bien que l'idée d'interdépendance mine la notion de réalité autonome, c'est également elle qui permet la manifestation des phénomènes. Considérons la notion d'une entité qui existerait indépendamment de toutes les autres. Immuable et autonome, cette entité ne pourrait agir sur rien et rien ne pourrait agir sur elle. L'interdépendance est nécessaire à la manifestation des phénomènes.

Cet argument réfute tout aussi bien la notion de particules autonomes qui construiraient la matière, que celle d'une entité créatrice qui n'aurait aucune autre cause qu'elle-même. De plus, cette interdépendance inclut naturellement la conscience : un objet dépend d'un sujet pour être objet. Schrödinger avait remarqué ce problème lorsqu'il écrivait : « Sans en être conscients, nous excluons le Sujet de la Connaissance du domaine de la nature que nous entreprenons de comprendre. Entraînant la personne que nous sommes avec nous, nous reculons d'un pas pour endosser le rôle d'un spectateur n'appartenant pas au monde, lequel par là même devient un monde objectif[4]. »

L'interdépendance, c'est encore celle des relations

entre les parties et le tout : les parties participent du tout, et le tout est présent dans les parties.

Enfin, l'aspect le plus subtil de l'interdépendance est celui de la dépendance entre la « base de désignation » et la « désignation » d'un phénomène. La localisation, la forme, la dimension, la couleur ou toute autre caractéristique apparente d'un phénomène ne sont que des bases de désignation, leur ensemble ne constitue pas une « entité » ou un objet autonome. Cette désignation est une construction mentale qui attribue une réalité en soi au phénomène. Dans notre expérience de tous les jours, quand un objet se présente à nous, ce n'est guère son existence nominale qui nous apparaît, mais son existence en soi [5]. Mais lorsqu'on analyse cet « objet » issu de causes et de conditions multiples, on est incapable d'isoler une identité autonome. On ne peut pas dire que le phénomène n'existe pas, puisque nous en faisons l'expérience, mais on ne peut pas dire non plus qu'il correspond à une réalité en soi. La conclusion est que l'objet existe (on ne tombe pas dans une vision nihiliste des choses), mais que son mode d'existence est purement nominal, conventionnel (on évite ainsi l'autre extrême, celui d'entités autonomes, donc éternelles). Un phénomène qui n'a pas d'existence autonome mais qui n'est pas non plus purement inexistant peut avoir une action, une fonction obéissant à la causalité et conduisant à des effets positifs ou négatifs. Il est donc possible d'anticiper les résultats de nos actes et donc d'organiser notre relation avec le monde. Un verset tibétain explique :

La vacuité n'est pas une absence de fonctionnalité,
Mais l'absence de réalité, d'existence absolue.
La production en dépendance n'implique pas une
[réalité intrinsèque
Mais un monde semblable à une illusion.
Lorsqu'on comprend le sens de la vacuité et de la
[production dépendante,

On peut poser sur cette base unique,
Simultanément et sans contradiction,
Les notions d'apparence et de vacuité.

T. – Tout ce que tu dis sur l'interdépendance a de fortes résonances pour moi, car la science, elle aussi, a découvert par des techniques qui lui sont propres que la réalité est globale et interdépendante, à la fois dans le monde subatomique et dans le monde macroscopique. L'évidence que les phénomènes subatomiques sont interdépendants repose sur la célèbre expérience de pensée qu'Einstein et deux de ses collaborateurs à Princeton, Boris Podolsky et Nathan Rosen, proposèrent en 1935. On appelle cette expérience le paradoxe EPR d'après les initiales de ses trois auteurs. Elle n'est paradoxale que parce que Einstein concevait la réalité comme morcelée et assise sur les particules, et non pas comme interconnectée. Le paradoxe disparaît dès qu'on interprète la réalité comme étant globale.

Pour comprendre cette expérience, il faut savoir que la lumière, de même que la matière, possède une nature duelle, c'est-à-dire que, dans le monde physique interdépendant, ce qu'on appelle « photon », « électron », « matière », manifeste, comme Janus, tantôt un visage de particule, tantôt un visage d'onde. C'est l'une des découvertes les plus déconcertantes de la mécanique quantique. Mais plus étrange encore est la découverte que ce qui fait la différence entre l'état particule et l'état onde d'un phénomène est la présence d'un observateur. Si j'essaie d'observer un photon par exemple avec un appareil de mesure, il apparaît comme une particule. Mais tant qu'il n'est pas observé, il demeure dans son aspect d'onde.

Cette onde se propage dans toutes les directions de l'espace, comme les ondes circulaires créées par une pierre qu'on jette dans un étang se propagent jusqu'à en couvrir toute la surface. On peut donc dire que le photon est partout à la fois dans l'espace. La mécanique quantique dit que, sans faire d'observation, je ne pourrai jamais prédire où sera le photon à un moment déterminé. Tout au plus pourrai-je évaluer la probabilité qu'il soit à tel ou tel endroit. Comme les vagues d'un océan, l'onde de probabilité associée au photon (calculée en 1926 par le physicien autrichien Erwin Schrödinger) possède des amplitudes variées à différents endroits. Les chances de rencontrer le photon sont maximales aux fortes amplitudes, et minimales aux faibles. Mais, même aux fortes amplitudes, on n'est jamais certain que le photon sera au rendez-vous. Il pourra y être par exemple trois fois sur quatre, ou neuf fois sur dix. La probabilité ne sera jamais de 100 %. Avant l'acte d'observation, la réalité du monde subatomique n'est donc que probabilités. Déterministe convaincu, Einstein ne pouvait accepter le rôle primordial que la mécanique quantique attribuait au hasard. « Dieu ne joue pas aux dés », disait-il aussi. Il n'eut de cesse de trouver une faille dans la théorie de la mécanique quantique et dans l'interprétation probabiliste qu'elle donnait de la réalité. C'est à cette fin qu'il conçut l'expérience EPR.

L'expérience se déroule de la façon suivante : imaginez tout d'abord que vous utilisez un appareil de mesure qui permet d'observer le comportement des particules de lumière qu'on appelle « photons ». Considérons maintenant une particule qui se divise spontanément en deux photons A et B. En raison des lois de symétrie, ces derniers partent toujours dans des directions opposées. Si A part vers le nord, nous détectons B au sud. Jusque-là, apparemment, rien d'extraordinaire. Mais c'est oublier les bizarreries de la mécanique quantique : avant d'être capturé par le détecteur, A ne présentait pas un aspect de particule, mais celui d'une onde. Cette onde n'étant pas localisée, il existe une certaine probabilité pour que A se trouve dans n'importe quelle direction. C'est seulement quand il est capté que A se métamorphose en particule et « apprend » qu'il se dirige vers le nord. Mais si, avant d'être capturé, A ne « savait » pas à l'avance quelle direction il allait prendre, comment B aurait-il pu « deviner » le comportement de A et régler le sien de façon à être capté au même instant dans la direction opposée ? Cela n'avait aucun sens, à moins d'admettre que A pouvait informer instantanément B de la direction qu'il avait prise. Or, la théorie de la relativité, si chère à Einstein, implique qu'aucun signal ne peut voyager plus vite que la lumière. « Dieu n'envoie pas de signaux télépathiques », disait-il, ajoutant qu'il ne pouvait y avoir de mystérieuse action à distance.

Sur la base de cette expérience de pensée, Einstein a donc conclu que la mécanique quantique ne donnait pas une description complète de la réalité. Selon lui, A devait savoir quelle direction il allait prendre, et communiquer cette information à B avant de s'en séparer. Les propriétés de A devaient donc avoir une réalité objective indépendante de l'acte d'observation. L'interprétation probabiliste de la mécanique quantique, selon laquelle A pourrait se trouver dans n'importe quelle direction, devait être erronée. Sous le couvert de l'incertitude quantique devait se cacher une réalité intrinsèque et déterministe. Selon Einstein, la vitesse et la position qui définissent la trajectoire d'une particule sont bien *localisées* sur la particule, indépendamment de l'acte d'observation. Il souscrivait à ce qu'on appelle le « réalisme local ». La mécanique quantique ne pouvait rendre compte d'une trajectoire définie de la particule, car elle ne prenait pas en considération des paramètres supplémentaires appelés « variables cachées ». Elle était donc incomplète.

Pourtant, Einstein avait tort. En fin de compte, les physiciens ont montré que ce qui, selon Einstein, ne pouvait se produire dans l'expérience EPR, se produisait bel et bien. Depuis qu'elle a été conçue, la mécanique quantique – et son interprétation probabiliste de la réalité – n'a jamais révélé la moindre faille. Les expériences lui ont invariablement donné raison et, jusqu'à nouvel ordre, elle demeure la meilleure théorie permettant de rendre compte du comportement du monde atomique et subatomique.

M. – Quand l'effet EPR a-t-il été vérifié expérimentalement ?

T. – Pendant longtemps, le schéma EPR resta à l'état d'expérience de pensée. On ne savait pas comment la réaliser pratiquement. En 1964, John Bell, un physicien irlandais du CERN, conçut un théorème mathématique connu sous le nom d'« inégalité de Bell » qui aurait dû être vérifié par les mesures expérimentales s'il existait des variables cachées, localisées sur les particules, comme le pensait Einstein. Ce théorème permettait enfin d'amener le débat du plan métaphysique à celui de l'expérience concrète. En 1982, à l'université d'Orsay, le Français Alain Aspect et son équipe effectuèrent une série d'expériences sur des paires de photons afin de tester l'effet EPR. Ils trouvèrent que l'inégalité de Bell était systématiquement violée. Einstein s'était trompé, et la mécanique quantique avait raison. Dans l'expérience d'Aspect, les photons A et B étaient séparés par douze mètres, et pourtant B « savait » toujours *instantanément* ce que faisait A.

M. – Comment sait-on que ce phénomène est instantané et qu'un signal lumineux transportant des informations de A à B n'a pas eu le temps de couvrir cette distance ?

T. – Des horloges atomiques, associées aux détecteurs qui captent A et B, permettent de mesurer très précisément le moment d'arrivée de chaque photon. La différence entre les deux temps d'arrivée est inférieure à quelques dixièmes de milliardième de seconde (elle est probablement nulle, mais la précision des horloges atomiques actuelles ne permet pas de mesurer des temps inférieurs à 10^{-10} seconde). Or, en 10^{-10} seconde, la lumière ne peut franchir qu'une distance de trois centimètres, bien inférieure aux douze mètres qui séparent A de B. De plus, le résultat reste le même lorsqu'on augmente la distance qui sépare les deux photons. Bien qu'il soit certain que la lumière ne peut pas avoir eu le temps de parcourir cette distance pour transmettre une information, les comportements de A et de B sont toujours corrélés instantanément [6].

Dans une expérience plus récente réalisée en 1998 par le Suisse Nicolas Gisin et ses collaborateurs à Genève, on commence par fabriquer une paire de photons. Puis on en envoie un par une fibre optique vers le nord de Genève, et l'autre vers le sud. Dix kilomètres séparent les appareils de mesure. Arrivé au bout des fibres optiques, chacun des photons doit choisir au hasard entre deux itinéraires possibles, l'un court et l'autre long. Or, on a observé que, dans tous les cas, les photons faisaient exactement le même choix. Ils choisissaient, en moyenne, une fois sur deux l'itinéraire long, et une fois sur deux le court, mais leurs choix étaient toujours identiques. Les physiciens suisses étaient certains que les deux photons ne pouvaient pas communiquer par la lumière, car la différence entre leurs temps de réponse était inférieure à trois dixièmes de milliardième de seconde. Pendant ce laps de temps infinitésimal, la lumière n'aurait pu parcourir que neuf centimètres sur les dix kilomètres qui séparaient les deux photons.

La physique classique nous dit que les choix de A et de B devraient être totalement indépendants parce qu'ils ne peuvent pas communiquer. Or ce n'est pas le cas. La corrélation est toujours parfaite. Comment expliquer le fait que B « sait » toujours instantanément ce que fait A ? Le paradoxe n'en est un que si nous supposons, comme Einstein, que la réalité est morcelée et localisée sur chacun des photons. Il est résolu si nous admettons que A et B font partie d'une réalité globale, quelle que soit la distance qui les sépare. A n'a pas besoin d'envoyer un signal à B, car les deux grains de lumière (ou tout au moins les phénomènes que l'appareil de mesure perçoit comme des grains de lumière) restent constamment en relation par une interaction mystérieuse. Où qu'elle soit, la deuxième particule continue à faire partie de la même réalité que la première.

M. – Même si les deux particules se trouvaient à deux bouts de l'univers ?

T. – Oui. La mécanique quantique élimine toute idée de localisation. Elle confère un caractère holistique à l'espace. Les notions d'« ici » et de « là » n'ont plus de sens, car « ici » est identique à « là ». Les physiciens appellent cela la « non-séparabilité ».

M. – Cette constatation devrait avoir des conséquences immenses sur la compréhension qu'ont les physiciens de la réalité et de notre perception ordinaire du monde.

T. – Certainement. Mais, certains physiciens ont eu du mal à accepter cette notion d'une réalité non séparable et ont tenté de trouver une faille dans les expériences ou dans le théorème de Bell. Jusqu'ici, ils ont échoué. La mécanique quantique n'a jamais été prise en défaut et le phénomène EPR nous suggère que la réalité est globale, ou « interdépendante », pour reprendre le terme bouddhique[7].

Une autre expérience fascinante et fameuse montre que l'interdépendance ne se limite pas au monde des particules, mais s'étend à l'univers tout entier, au macrocosme comme au microcosme. C'est l'expérience du pendule de Foucault.

Le physicien français Léon Foucault voulait démontrer que la Terre tournait sur elle-même. En 1851, dans une expérience restée célèbre et qui est maintenant reproduite dans nombre de musées des sciences du monde, il attacha un pendule à la voûte du Panthéon, à Paris. Une fois lancé, le pendule a un comportement remarquable : son plan d'oscillation pivote au fil des heures. Si on le lance dans la direction nord-sud, au bout de quelques heures il oscillera dans la direction est-ouest, et si nous étions aux pôles, le pendule ferait un tour complet en exactement vingt-quatre heures. À Paris, à cause d'un effet de latitude, le pendule n'accomplit qu'une fraction de tour en une journée.

Pourquoi la direction du pendule change-t-elle ? Foucault répondit que ce mouvement n'était qu'apparent : le plan d'oscillation du pendule reste fixe et c'est la Terre qui tourne. Ayant mis en évidence la rotation de la Terre, il en resta là. Mais la réponse de Foucault était incomplète, car un mouvement ne peut être décrit que par rapport à un repère fixe : le mouvement absolu n'existe pas. Galilée avait déjà compris que : « Le mouvement est comme rien. » Le mouvement n'existe pas en soi, mais *relativement* à autre chose. La Terre doit « tourner » par rapport à quelque chose qui ne tourne pas. Mais comment trouver ce quelque chose ? Afin de tester l'immobilité d'un point de repère, un astre, par exemple, il suffit de lancer le pendule dans sa direction. Si l'astre est immobile, il restera dans le plan d'oscillation du pendule, dont on sait qu'il est fixe. Si l'astre bouge, il dérivera lentement en dehors du plan.

Essayons des objets astronomiques connus, des plus proches aux plus lointains. Si nous orientons le plan de notre pendule vers le Soleil, ce dernier sort perceptiblement du plan d'oscillation après quelques semaines. Les étoiles les plus proches, situées à quelques années-lumière, font de même après quelques années. La galaxie Andromède, située à deux millions d'années-lumière, dérive moins, mais finit par sortir du plan. Le temps passé dans le plan s'allonge et la dérive tend graduellement vers zéro au fur et à mesure que les objets testés sont plus éloignés. Seuls les amas de galaxies les plus lointains, situés à des milliards d'années-lumière, aux confins de l'univers connu, ne dérivent pas par rapport au plan d'oscillation initial du pendule.

La conclusion à tirer de ces expériences est extraordinaire : le pendule de Foucault ajuste son comportement non pas en fonction de son environnement local, mais en fonction des galaxies les plus éloignées, ou plus exactement de l'univers tout entier, puisque la quasi-totalité de la masse visible de l'univers se trouve non pas dans les étoiles proches, mais dans ces galaxies lointaines. En d'autres termes, ce qui se trame chez nous se décide dans l'immensité cosmique. Ce qui se passe sur notre minuscule planète dépend de la totalité des structures de l'univers.

Pourquoi le pendule de Foucault se comporte-t-il ainsi ? On ne connaît pas la réponse pour l'instant. Le philosophe et physicien autrichien Ernst Mach (qui a donné son nom à l'unité de mesure des vitesses supersoniques) y voyait une sorte d'omniprésence de la matière et de son influence. Selon lui, la masse d'un objet – la quantité qui mesure son inertie, c'est-à-dire sa résistance au mouvement – est le résultat de l'influence de l'univers tout entier sur cet objet. C'est ce qu'on appelle le principe de Mach. Lorsqu'on peine à pousser une voiture, la résistance qu'elle exerce au mouvement émane de la totalité de l'univers. Mach n'a jamais formulé en détail cette influence universelle mystérieuse, qui est distincte de la gravité, et personne n'a su le faire depuis. Tout comme l'expérience EPR, l'a établi pour le monde subatomique, celle du pendule de Foucault, nous force à admettre qu'il existe dans le monde macroscopique une interaction d'une tout autre nature que celles décrites par la physique que nous connaissons : une interaction qui ne fait intervenir ni force ni échange d'énergie, mais qui relie l'univers tout entier. Chaque partie porte en elle la totalité, et de chaque partie dépend tout le reste.

M. – Pour le bouddhisme, c'est une bonne définition de l'interdépendance, qui n'est ni le fait de la proximité dans l'espace ou dans le temps, ni celui de la vitesse de communication ou de forces physiques dont l'influence diminue avec la distance. Les phénomènes sont interdépendants parce qu'ils *coexistent* au sein d'une réalité globale, laquelle fonctionne sur le mode de la causalité réciproque. Nous revenons au « *ceci* ne peut être que si *cela* est, *ceci* ne peut changer que si *cela* change ». Ainsi, de proche en proche, on s'aperçoit que, d'une manière ou d'une autre, tout est nécessairement relié à tout. Ce sont ces relations qui constituent notre réalité et qui déterminent les conditions de notre existence, des particules et des galaxies.

T. – Cette vision de l'interdépendance est certainement en accord avec les résultats des expériences que j'ai décrites précédemment. Ni l'expérience EPR, ni le pendule de Foucault, ni l'inertie de Mach ne peuvent s'expliquer en termes des quatre forces fondamentales connues en physique. Pour les physiciens, c'est très troublant.

M. – Je crois qu'on trouve ici un exemple révélateur de la différence entre l'approche scientifique et celle du bouddhisme. Pour nombre de scientifiques, même si, comme tu le dis, la mise en évidence de la globalité des phénomènes est troublante, ce n'est finalement qu'une information de plus qui, aussi stimulante soit-elle intellectuellement, a peu de répercussions sur le cours de leur existence. Pour le bouddhiste, en revanche, l'interdépendance des phénomènes a des répercussions beaucoup plus vastes.

La notion d'interdépendance nous pousse à remettre fondamentalement en cause notre perception du monde et à avoir continuellement recours à cette nouvelle perception pour réduire nos attachements, nos peurs et nos aversions. La compréhension de l'interdépendance doit mettre à bas le mur illusoire que notre esprit a dressé entre « moi » et « autrui ». Elle rend absurdes l'orgueil, la jalousie, l'avidité, la malveillance. Si non seulement toutes les choses inertes, mais tous les êtres sont reliés, nous devons nous sentir intimement concernés par le bonheur et la souffrance des autres. Vouloir construire son bonheur sur la souffrance d'autrui est non seulement amoral, mais irréaliste. Les sentiments d'amour universel (défini dans le bouddhisme comme le désir que tous les êtres connaissent le bonheur et les causes du bonheur) et de compassion (le désir que tous les êtres soient délivrés de la souffrance et des causes de la souffrance) sont des conséquences directes de l'interdépendance. Prendre conscience de l'interdépendance engendre ainsi un processus de transformation intérieure qui se poursuivra tout au long du chemin de l'Éveil spirituel. Sinon, ne pas mettre nos connaissances en pratique, c'est ressembler à un musicien sourd ou au nageur qui meurt de soif par crainte de se noyer en buvant.

T. – Interdépendance des phénomènes = responsabilité universelle. Quelle belle équation ! Elle fait écho à ces paroles d'Einstein : « L'être humain est une partie du tout que nous appelons univers, une partie limitée par le temps et l'espace. Il fait l'expérience de lui-même, de ses pensées et de ses sentiments comme des événements séparés du reste, c'est là une sorte d'illusion d'optique de sa conscience. Cette illusion est une forme de prison pour nous, car elle nous restreint à nos désirs personnels et nous contraint à réserver notre affection aux quelques personnes qui sont les plus proches de nous. Notre tâche devrait consister à nous libérer de cette prison en élargissant notre cercle de compassion de manière à y inclure toutes les créatures vivantes et toute la nature dans sa beauté. »

En vérité, le langage de la physique ne sait pas encore comment exprimer le caractère global et holistique de la réalité. Certains parlent même d'une autre réalité, d'un « réel voilé », dans les termes du physicien français Bernard d'Espagnat[8].

M. – À condition de ne pas penser que ce « réel voilé » serait enfin la réalité solide qui se cache derrière les apparences, ce qui équivaudrait à réifier à nouveau le monde des phénomènes. En revanche, si

« voilé » est synonyme d'« inaccessible aux concepts », le bouddhisme est d'accord.

Un point important que nous devons garder à l'esprit concernant l'interdépendance est qu'elle n'est pas une simple interaction entre les phénomènes, mais la condition même de leur manifestation.

T. – Heisenberg rejoint cette notion lorsqu'il écrit : « Le monde apparaît donc comme un tissu complexe d'événements, dans lequel des relations de diverses sortes alternent, se superposent ou se combinent, déterminant par là la trame de l'ensemble[9]. » Que l'interdépendance soit la loi fondamentale, je ne peux qu'être d'accord. Mais la science ne sait pas encore la décrire.

Mais même si les scientifiques ont du mal à saisir toute l'ampleur de l'interdépendance, ils n'ont pas de mal à constater toutes sortes d'interconnections dans notre monde. L'interconnection cosmique du big bang par exemple. Nous sommes tous faits des produits de l'explosion primordiale. Les atomes d'hydrogène et d'hélium qui constituent 98 % de la masse totale de la matière ordinaire dans l'univers ont été fabriqués pendant les trois premières minutes de son existence. Les atomes d'hydrogène de l'eau des océans ou de notre corps proviennent tous de cette soupe primordiale. Nous partageons donc tous la même généalogie. Quant aux éléments lourds qui sont essentiels à la complexité et à l'émergence de la vie et constituent les 2 % restants de la matière de l'univers, ils sont le produit de l'alchimie nucléaire au cœur des étoiles, et de l'explosion des supernovae.

Nous sommes tous faits de poussière d'étoiles. Frères des bêtes sauvages et cousins des fleurs des champs, nous portons tous en nous l'histoire cosmique. Le simple acte de respirer nous relie à tous les êtres qui ont vécu sur le globe. Par exemple, nous inhalons encore aujourd'hui des millions de noyaux d'atomes partis en fumée lors du supplice de Jeanne d'Arc en 1431, et quelques molécules provenant du dernier souffle de Jules César. Quand un organisme vivant meurt et se décompose, ses atomes sont libérés dans l'environnement, puis intégrés dans d'autres organismes. Nos corps contiennent environ un milliard d'atomes qui ont appartenu à l'arbre sous lequel le Bouddha a atteint l'Éveil.

M. – Cela permet également de considérer l'effet EPR d'une autre manière : puisque toutes les « particules » – quelle que soit leur signification – ont été intimement connectées dans la singularité du big bang (et peut-être à l'occasion d'autres big bangs), elles doivent l'être encore. La globalité est donc depuis toujours et à jamais la condition naturelle des phénomènes.

Mais pour le bouddhisme, ce n'est pas tant nos liens moléculaires qui importent – car finalement ceux-ci n'influent guère sur notre bonheur ou notre souffrance –, mais le fait que tous les êtres, avec qui nous sommes *tous* reliés par l'interdépendance, éprouvent le même désir que nous d'être heureux et d'échapper à la souffrance.

T. – Une autre sorte d'interconnection découverte par la science est que nous sommes tous liés les uns aux autres génétiquement. Nous descendons tous de l'*Homo habilis* apparu en Afrique il y a environ un million huit cent mille ans, quelles que soient notre race ou notre couleur de peau. Enfant des étoiles, l'homme moderne a peut-être ressenti le plus intensément sa filiation cosmique quand il a vu, pour la première fois, les images émouvantes de notre planète bleue flottant dans l'immensité noire de l'espace, si belle et pourtant si fragile. Cette globalité fait que nous sommes tous responsables de notre Terre et devons la préserver de la dévastation écologique que nous lui infligeons. William Blake a exprimé magnifiquement la globalité cosmique par ces vers :

Voir un univers dans un grain de sable,
Et un paradis dans une fleur sauvage,

Tenir l'infini dans la paume de la main,
Et l'éternité dans une heure[10].

L'univers tout entier est effectivement contenu dans un grain de sable, car l'explication des phénomènes les plus simples fait intervenir l'histoire entière de l'univers.

M. – En entendant ces vers de Blake, je ne peux m'empêcher de penser au quatrain d'un soutra du Bouddha :

Voir dans un atome,
Et dans chaque atome,
La totalité des mondes,
Tel est l'inconcevable[11].

Les écritures bouddhiques disent aussi que le Bouddha connaît à chaque instant la nature et la multiplicité de tous les phénomènes de l'univers, dans l'espace et dans le temps, aussi clairement que s'il les tenait dans le creux de sa main ; et qu'il peut transformer un instant en une éternité et une éternité en un instant. C'est à se demander si William Blake a lu ces textes ou si leur inspiration a traversé les âges ! Si on réfléchit bien au sens de ces phrases, on peut assimiler l'omniscience du Bouddha à une perception parfaite de la globalité. On n'a nul besoin de concevoir le Bouddha comme un Dieu. Il suffit de comprendre que l'Éveil embrasse la globalité et connaît à chaque instant l'ensemble des choses ainsi que leur nature. C'est cette globalité même qui rend possible l'omniscience. Le philosophe et poète bouddhiste indien Asvaghosa écrivait : « Dans la contemplation parfaite, on atteint la clairvoyance qui permet de percevoir l'unité absolue de l'univers[12]. » À l'opposé, l'ignorance fondamentale se manifeste par une fragmentation, et donc une limitation, de la connaissance. Nous n'appréhendons plus que certains aspects de la réalité, et nous perdons de vue sa nature ultime.

T. – L'infinité des mondes m'amène à penser aux autres formes d'intelligence qui existent probablement dans le cosmos. L'univers observable contient quelque cent milliards de galaxies contenant chacune des centaines de milliards d'étoiles. Si la plupart de ces étoiles possèdent, comme notre Soleil, un cortège d'une dizaine de planètes, la population totale des planètes dans l'univers est de quelque cent mille milliards de milliards de planètes. Il paraît inconcevable que, parmi un si grand nombre de planètes, la nôtre soit la seule à héberger la vie et la conscience. L'existence de civilisations extraterrestres soulèverait des questions théologiques fort intéressantes. Par exemple, du point de vue de la religion chrétienne, Dieu a envoyé son Fils Jésus-Christ sur Terre pour sauver les hommes. Y aurait-il une multitude de Jésus-Christ visitant chaque planète où se trouvent la vie et la conscience pour sauver les vivants qui s'y sont développés ?

M. – Le bouddhisme parle de milliards de mondes où évoluent différentes formes d'êtres. Dans la plupart de ces mondes se trouve, dit-on, un Bouddha qui enseigne aux êtres comment atteindre l'Éveil. Un Bouddha ne sauve pas les êtres comme on lancerait un caillou vers le sommet d'une montagne, mais il leur donne les moyens d'identifier les causes de la souffrance et de s'en délivrer.

T. – Le philosophe italien Giordano Bruno avait déjà soulevé ces questions à la fin du XVIe siècle lorsqu'il avançait l'idée d'un univers infini contenant une infinité de mondes habités par une infinité de formes de vie. Il paya de sa vie cette témérité, car l'Église le condamna à mourir sur le bûcher il y a environ quatre siècles, en 1600. Il est intéressant de voir que le bouddhisme a soulevé ce genre de questions il y a plus de deux mille ans...

M. – On dit encore que sur chaque brin d'herbe et

chaque grain de poussière, dans chaque atome et dans chaque pore de la peau de chacun des Bouddhas, il y a une infinité de mondes, sans qu'il soit nécessaire que ces mondes rapetissent ni que les pores de la peau s'agrandissent. Autrement dit, par l'interdépendance, chaque élément inclut tous les autres sans que, pour cela, il ait à changer de dimension.

T. – C'est une image étonnante. Au cours de nos entretiens, j'ai admiré l'aptitude du bouddhisme à utiliser des images poétiques pour exprimer des concepts difficiles qui vont parfois à l'encontre du sens commun et ne rentrent pas dans le cadre du langage familier.

Selon le bouddhisme, le monde existe-t-il lorsqu'il n'est pas perçu par une conscience ?

M. – Certes, le monde qui nous entoure ne disparaît pas lorsque nous n'en sommes pas conscients. Toutefois, c'est une fausse question puisque, d'une part, la conscience existe et fait partie de l'interdépendance, et, d'autre part, on ne peut concevoir ou décrire ce que serait la réalité en l'absence de la conscience. S'interroger sur ce qu'elle pourrait être est voué à l'échec, car dès l'instant où la conscience se penche sur cette nature, elle fait déjà partie de l'interdépendance, du conditionnement mutuel : la réalité devient à nouveau *notre* réalité. Cette position n'est donc pas nihiliste ou idéaliste, puisqu'elle ne nie pas la réalité conventionnelle, celle que nous percevons, et elle n'est pas non plus réaliste ou matérialiste, puisqu'une réalité existant par elle-même n'a pour nous aucun sens. C'est ce que le bouddhisme appelle la Voie médiane. Comme l'explique un commentateur tibétain :

Ainsi, comme le feu né du frottement de deux morceaux de bois les consume, le feu de la connaissance transcendante, dont le discernement atteint l'irréalité de toutes choses, consume sans reste l'épaisse forêt de toutes les références conceptuelles tant de réalité que d'irréalité. Alors, quand toutes les constructions du concept trouvent leur fin dans la sagesse, il s'agit de la grande Voie médiane, libre de toutes propositions [13].

Ce que Nagarjuna résume dans ce verset de son ouvrage majeur, le *Traité de la Voie médiane* [14] :

Être ou éternalisme,
Néant ou nihilisme :
Le Sage ne se tient donc
Ni dans l'être ni dans le néant.

Le *Soutra requis par Sagara* [15] rapporte ces paroles du Bouddha :

Le sage connaît directement la production inter-
[dépendante
Et ne prend plus appui sur aucune vue extrême.
Il sait que les choses ont des causes,
Dépendent de circonstances,
Et que rien n'existe sans causes ni circonstances.

Et Nagarjuna poursuit :

Ce qui apparaît en fonction d'autre chose
N'est en rien cette chose
Mais n'en est pas non plus différent.
Ainsi cela n'est-il ni éternel ni néant.

Selon le Bouddha, la nature ultime des phénomènes est donc l'union des apparences et de la vacuité :

Comme dans un miroir
Parfaitement pur
Apparaissent d'insubstantiels reflets,
Sache qu'il en est ainsi pour toute chose.

5

LES MIRAGES DU RÉEL

De l'existence des particules élémentaires

Pourquoi le bouddhisme s'intéresse-t-il aux particules élémentaires, alors que leur analyse ne semble pas avoir une grande incidence sur notre vie quotidienne ? Pourtant, si l'on s'interroge sur la réalité, ou l'irréalité, du monde qui nous entoure, il importe d'élucider la nature de ce qui en constituerait les « briques fondamentales ». Le bouddhisme n'est pas le seul à remettre en question la vision « réaliste » des phénomènes. L'interprétation de la physique quantique selon l'école de Copenhague nous conduit également à penser que les atomes ne sont pas des « choses » mais des « phénomènes observables ». Débat passionnant entre tous, puisqu'il nous place d'emblée au cœur de ce que l'on nomme la matière et la « réalité objective ». Si cette dernière est remise en question, bien d'autres barrières conceptuelles peuvent et doivent à leur tour tomber.

MATTHIEU : Penchons-nous un peu plus sur la nature de la réalité et de ses constituants, en examinant la nature duelle des particules telle que la comprend la physique quantique. L'expérience EPR, nous venons de le voir, est fondée sur la nature duelle du photon lumineux, qui se manifeste parfois comme une onde, parfois comme une particule : deux aspects aussi différents que peuvent l'être une pierre et les ondes circulaires qu'elle crée lorsqu'elle tombe à la surface d'un lac. Dans le monde ordinaire, la lumière est ce qui nous permet de voir les formes et les couleurs ; pour celui qui s'assied au soleil, les yeux fermés, la lumière est perçue comme de la chaleur ; pour le physicien qui la capte avec ses instruments, la lumière est une fonction mathématique, un ensemble de nombres et d'équations. Autant d'approches, autant de descriptions différentes. Où se trouve la réalité ? N'est-il pas plus juste de dire qu'on a simplement affaire à un ensemble d'interactions qui engendrent des phénomènes transitoires et que, derrière ce flux de transformations incessantes, nous n'avons aucune raison de postuler l'existence d'une réalité intrinsèque qui se définisse par elle-même ?

THUAN : La physique quantique accepte l'idée que la lumière ne possède pas de réalité intrinsèque, car elle n'est exclusivement ni onde ni particule, mais elle prend l'apparence de l'une ou de l'autre selon les circonstances.

Reprenant les exemples que tu as cités, on peut expliquer les couleurs en invoquant l'aspect particulaire de la lumière. Ta robe de moine est teintée des couleurs rouge et jaune parce que les atomes qui la constituent absorbent le bleu et le vert et reflètent le jaune et le rouge. Les photons réfléchis par ta robe pénètrent donc dans nos yeux avec une énergie et une fréquence qui nous donnent la vision du jaune et du rouge. Si ta robe ne faisait que réfléchir la lumière solaire sans la modifier, elle devrait avoir la couleur blanche du soleil. En ce qui concerne la chaleur du soleil, elle peut aussi s'expliquer en termes de grains de lumière. Chaque grain de lumière est caractérisé par une énergie et, lors d'une journée ensoleillée, d'innombrables grains de lumière viennent frapper notre peau et lui communiquent leur énergie qui est convertie en chaleur.

Quant au physicien, il voit la lumière soit comme une onde, soit comme une particule, selon l'appareil de mesure qu'il utilise. Si la lumière se manifeste comme une onde, on peut la caractériser par sa longueur d'onde et par sa fréquence. Si elle se montre comme une particule, on peut la caractériser par son énergie.

M. – On ne fait ainsi que décrire un certain nombre de propriétés observables[1], mais on ne s'attaque pas à la question de la nature ultime de la lumière. Le photon n'est *jamais* à la fois onde et particule. Il y a mille trois cents ans, Shantidéva écrivait : « Ce qui apparaît par le concours d'autres éléments et qui disparaît s'ils sont absents, ce phénomène artificiel, pareil à un reflet, comment aurait-il le caractère de la réalité[2] ? » Il faut donc approfondir la question de la réalité intrinsèque de ces particules. Peut-on dire que l'on connaît la nature même de la lumière ? En fait, une telle nature existe-t-elle ? Les « caractéristiques » de la particule ne se réduisent-elles pas à des modes d'appréhension d'un phénomène impermanent ? L'électron est-il sa charge, son spin (un mouvement de rotation), sa masse ? L'ensemble des propriétés se confond-il avec l'électron ? Celui-ci existe-t-il en dehors de ses propriétés ? S'il *n'est* ni l'une ni l'autre de ses propriétés, que reste-t-il de l'électron ? En bref, ces propriétés sont-elles constitutives de l'électron ou n'apparaissent-elles qu'en dépendance avec le reste du monde, y compris nous-mêmes[3] ?

L'une des questions classiques du bouddhisme est : « Est-ce qu'une particule possède ses propriétés comme un fermier possède une vache ou comme quelqu'un possède son propre corps ? » Dans le premier cas, cela voudrait dire que l'électron et ses propriétés sont des entités distinctes ; dans le deuxième cas, que les propriétés font partie de l'électron : prétendre qu'il les possède reviendrait à dire que quelqu'un aurait deux corps, le corps qu'il est et le corps qu'il possède. Si l'électron est chacune de ses propriétés, il y aurait autant d'électrons que de propriétés. Dans ce cas, l'entité électron devient multiple.

Pour élaborer un peu ce point, je voudrais transposer ici un raisonnement du philosophe bouddhiste Chandrakirti, qui vécut en Inde au VIIIe siècle et enseigna à la fameuse université bouddhique de Nalanda, qui comptait plus de vingt mille étudiants. Il était l'un des plus grands philosophes de la Voie du Milieu et s'appliqua brillamment à déconstruire la notion de l'« existence véritable » des phénomènes, ce que nous appelons maintenant le « réalisme matérialiste ». Il prend pour exemple la réalité d'un chariot. Ici, nous remplacerons cet exemple par celui de l'électron. Chandrakirti se livre à un raisonnement très détaillé [4], mais l'essence de ce raisonnement explique que l'électron n'existe pas réellement comme une entité séparée parce que : 1) l'électron n'est pas ses propriétés, parce que celles-ci sont multiples et l'entité électron deviendrait elle aussi multiple ; 2) il n'est pas autre chose que ses propriétés, car on pourrait alors le percevoir séparément de ses propriétés ; 3) il n'est pas le fondement de ses propriétés ; 4) ses propriétés ne constituent pas son fondement ; 5) il n'est pas le propriétaire réel de ses propriétés ; 6) il n'est pas le simple ensemble de ses propriétés ; et 7) il n'est pas la forme de ses propriétés. S'il ne se confond pas avec ses propriétés et s'il n'est pas non plus séparé d'elles, alors celles-ci ne sont autres que des étiquettes mentales, et leur existence est de nature conventionnelle. Alan Wallace écrit : « Elles n'ont aucune existence intrinsèque, ce qui ne veut pas dire qu'elles n'existent pas du tout. Les entités que nous identifions existent par rapport à nous et elles accomplissent les fonctions que nous leur attribuons. Mais, telle que nous la définissons, leur existence dépend des désignations verbales et conceptuelles que nous leur apposons[5]. »

T. – Je suis d'accord avec ce point de vue, car la théorie quantique lui donne raison. La découverte de la nature duelle de la lumière a certainement été une grande surprise pour les physiciens. Mais il est encore plus étonnant de constater que la matière partage cette même dualité. Ce que nous appelons électron, ou toute autre particule élémentaire, peut également prendre l'aspect d'une onde. Ainsi, les aspects d'onde et de particule ne peuvent être dissociés ; on dira plutôt qu'ils se complémentent. Niels Bohr a appelé ce concept le « principe de complémentarité ». Il voyait dans la complémentarité une conséquence de l'inévitable interaction entre un phénomène et l'appareil qui le mesure. Pour lui, ce n'est donc pas la « réalité » qui est duelle, mais les résultats d'interactions expérimentales[6].

L'acte d'observation est également responsable du flou quantique dont j'ai parlé et qui est exprimé par le principe d'incertitude de Heisenberg, c'est-à-dire de l'impossibilité de définir précisément à la fois la position et la vitesse d'un électron. Pour localiser ce qu'on suppose être un électron, il faut l'éclairer. L'énergie de la lumière dépend de sa longueur d'onde, et cette dernière détermine le degré de précision avec lequel on peut localiser cet électron. Si l'énergie de la lumière augmente, sa longueur d'onde diminue et les contours de l'électron se précisent. Mais les photons de cette lumière communiquent leur énergie à l'électron et perturbent d'autant plus son mouvement que cette énergie grandit. Nous nous trouvons ainsi face à un dilemme : plus nous réduisons le flou de la position de l'électron en l'éclairant avec des photons à haute énergie, plus nous le perturbons et augmentons le flou de son mouvement. À l'opposé, si nous l'éclairons avec une lumière moins énergétique, nous perturbons moins son mouvement mais augmentons le flou de sa position.

L'acte même de déterminer engendre l'indétermination. Parler d'une réalité « objective » qui existerait en l'absence de toute observation n'a donc pas de sens, car on ne peut jamais l'appréhender. On ne peut percevoir qu'une réalité subjective de l'électron qui dépend de l'observateur et de ses instruments de mesure. La forme que prend cette réalité est inextricablement liée à notre présence. Nous ne sommes plus des spectateurs passifs devant le drame tumultueux du monde des atomes, mais des acteurs à part entière.

M. – Cela ne nous renseigne toujours pas sur la nature ultime de cette particule, si tant est qu'une telle réalité existe. Ni la particule ni l'onde ni aucune autre entité de l'univers n'existent en soi. On ne peut affirmer, n'est-ce pas, que la particule était présente avant l'observation ?

T. – Avant l'acte de mesure, on ne peut parler que d'une onde de probabilité.

M. – Si on entend par « particule » quelque chose qui pourrait avoir une réalité intrinsèque, voire permanente, et si elle n'existait pas avant l'observation, rien ne pourrait l'amener à exister. Comment une entité qui contient en elle-même toutes les qualités réelles qu'on attribue généralement à une particule pourrait-elle passer soudain du néant de l'inexistence à l'existence ? Lorsqu'une particule apparaît, soit elle n'a pas d'existence propre, soit il y a création *ex nihilo*.

T. – Pourtant, il y avait bien une onde. Il y avait quelque chose. Ce n'était pas le vide complet !

M. – Le bouddhisme ne parle pas de vide complet – ce serait adopter un point de vue nihiliste – mais de « vide d'existence propre ». C'est pour cela que, selon les circonstances, selon le contexte expérimental, un phénomène irréel peut apparaître tantôt comme une particule, tantôt comme une onde. On peut très bien faire l'expérience d'un phénomène sans lui allouer pour autant une existence propre.

T. – Notre débat est en fait celui que menait Einstein

contre l'interprétation de l'école de Copenhague de la physique quantique. Cette interprétation, proposée par Niels Bohr, Werner Heisenberg et Wolfgang Pauli, est ainsi appelée car l'institut de physique que dirigeait Bohr, et où Heisenberg et Pauli étaient de fréquents visiteurs, était situé à Copenhague. Elle dit en substance que « les atomes forment un monde de potentialités ou de possibilités, plutôt que de choses et de faits ». Elle s'éloigne ainsi profondément du réalisme dogmatique d'Einstein.

Heisenberg résume ainsi les critiques d'Einstein :

« Cette interprétation ne nous décrit pas ce qui se passe en fait, indépendamment des observations, ou pendant l'intervalle entre elles. Mais il faut bien qu'il se passe quelque chose, nous ne pouvons en douter ; [...]. Le physicien doit postuler qu'il étudie un monde qu'il n'a pas fabriqué lui-même et qui serait présent, essentiellement inchangé, si le scientifique en était lui-même absent. »

La réponse d'Heisenberg est complexe, mais je pense qu'il est important de citer ses propres mots :

L'on voit facilement que ce qu'exige cette critique, c'est encore une fois la vieille ontologie matérialiste. Mais quelle peut être la réponse du point de vue de l'interprétation de Copenhague ? [...] Demander que l'on « décrive ce qui se passe » dans le processus quantique entre deux observations successives est une contradiction in adjecto, *puisque le mot « décrire » se réfère à l'emploi des concepts classiques, alors que ces concepts ne peuvent être appliqués dans l'intervalle séparant deux observations. [...] L'ontologie du matérialisme reposait sur l'illusion que le genre d'existence, la « réalité » directe du Monde qui nous entoure, pouvait s'extrapoler jusqu'à l'ordre de grandeur de l'atome. Or cette extrapolation est impossible*[7].

M. – Un philosophe bouddhiste ne peut qu'être d'accord avec cette dernière interprétation.

T. – J'adhère moi-même au point de vue de Heisenberg. Je l'ai déjà dit, les expériences ont toujours donné raison à la mécanique quantique et elle n'a jamais été prise en défaut. Einstein faisait fausse route, et son réalisme matérialiste est intenable. D'après Bohr et Heisenberg, quand nous parlons d'atomes ou d'électrons, nous ne devons pas imaginer des entités réelles existant par elles-mêmes, avec des propriétés bien définies comme la position ou la vitesse, et traçant des trajectoires elles aussi définies. Le concept d'« atome » n'est qu'un moyen commode pour relier en un schéma logique et cohérent diverses observations. Bohr parlait ainsi de l'impossibilité d'aller au-delà des faits et résultats des expériences et mesures : « Notre description de la nature n'a pas pour but de révéler l'essence réelle des phénomènes, mais simplement de découvrir autant que possible les relations entre les nombreux aspects de notre existence[8]. »

M. – Il rejoint François Jacob lorsque celui-ci affirme : « Il paraît donc clair que la description de l'atome donnée par le physicien n'est pas le reflet exact et immuable d'une réalité dévoilée. C'est un modèle, une abstraction, le résultat de siècles d'efforts de physiciens qui se sont concentrés sur un petit groupe de phénomènes pour construire une représentation cohérente du monde. La description de l'atome paraît être autant une création qu'une découverte[9]. » Cela n'empêche pas la plupart des gens de s'imaginer les atomes comme des petites boules qu'ils pourraient saisir s'ils disposaient d'instruments suffisamment petits.

T. – Schrödinger nous met en garde contre une telle matérialisation de l'atome et de ses constituants : « Il vaut mieux ne pas regarder une particule comme une entité permanente, mais plutôt comme un événement instantané. Parfois ces événements forment des chaînes qui donnent l'illusion d'être des objets permanents[10]. »

M. – Le cercle de feu créé devant nos yeux par la rotation rapide d'une torche n'est pas un « objet ». Le monde des phénomènes est constitué d'événements qui ne peuvent demeurer identiques à eux-mêmes pendant deux instants consécutifs, faute de quoi ils seraient figés pour toujours. Ces instants, étant ponctuels, n'ont pas de durée, et ces événements ne peuvent donc avoir d'existence propre. Rien ne permet donc d'affirmer qu'on connaîtra un jour l'ensemble des caractéristiques de l'événement « particule », car celui-ci nous apparaît de telle ou telle façon par le jeu de l'interdépendance, synonyme de « vide d'existence propre ».

Le point important, ici, est que les caractéristiques apparentes des phénomènes ne leur appartiennent pas en propre. Lorsqu'on dit, par exemple, que la masse équivaut à l'énergie et peut se transformer en elle, cela revient bien à exprimer que la masse n'est pas une propriété indissociable de l'événement particule.

T. – Oui, la nature de la matière, comme celle de la lumière, n'est pas immuable. L'énergie peut être convertie en matière, comme cela se produit constamment dans les accélérateurs de particules. Cette énergie peut provenir d'une masse (d'après la fameuse formule d'Einstein $E = mc^2$) ou d'un mouvement. Dans le dernier cas, cela veut dire que la propriété d'un objet peut être convertie en objet. Inversement, la matière peut être convertie en énergie : c'est par exemple ce qui fait que le Soleil brille. C'est en convertissant une toute petite fraction de sa masse d'hydrogène (0,7 %) en lumière (des photons) que notre astre alimente et nourrit la vie sur Terre.

M. – Il ressort de tout cela que ni l'une ni l'autre de ces propriétés mutuellement exclusives ne constituent fondamentalement le phénomène qu'on appelle photon ou particule. Si c'était le cas, ces propriétés devraient *toujours* être présentes. Que penser de la réalité d'un animal qui serait un chat quand on le regarde d'un côté, un chien quand on le regarde de l'autre, et une onde quand on cesse de le regarder ?

La réalité ne correspond donc pas aux concepts solides que nous attachons aux choses. Pour qu'un phénomène se manifeste, il n'est pas nécessaire qu'il émane d'une réalité sous-jacente douée d'existence propre. Nous devons transcender les limitations conceptuelles qui nous font penser que quelque chose doit être soit intrinsèquement existant, soit totalement non existant. Il y a une voie médiane, symbolisée par l'image du mirage et du rêve. Le fait d'être illusoire n'empêche pas un phénomène de fonctionner. Un reflet dans un miroir peut apparaître et disparaître, se transformer de diverses façons et transmettre des informations variées, même si rien n'est vraiment « venu à l'existence » dans le miroir.

T. – Un platonicien te répondra que le monde du miroir n'est que le reflet d'un monde réel. Il n'en reste pas moins vrai que l'aspect particule n'est pas plus fondamental que l'aspect onde. Dans ce sens, on peut dire que ni la lumière ni la matière ne possèdent des propriétés intrinsèques et immuables. Ces propriétés dépendent de l'observateur et de son appareil de mesure et, dans ce sens, peuvent être considérées comme « illusoires », car impermanentes.

M. – La physique serait-elle prête à dire que l'électron n'est qu'un jeu de relations, et qu'il ne possède *aucun* aspect fondamental ?

T. – Si, par « relations », tu parles de l'interaction entre l'observateur et l'objet observé, des interactions et transformations entre particules élémentaires (par exemple, un proton et un électron s'assemblent pour donner un neutron et un neutrino) et de l'interaction entre la matière et la lumière, je suis d'accord.

M. – Par « relations », j'entends non pas des relations entre objets distincts et intrinsèquement existants, mais un réseau de relations infinies et mutuellement conditionnées dans lequel les propriétés apparentes d'un phénomène particulier découlent de l'ensemble des phénomènes, y compris la conscience. Le bouddhisme est sur ce point tout à fait en accord avec la pensée de certains philosophes de la physique quantique comme Michel Bitbol qui écrit : « Les relations précèdent (ou codéfinissent) les propriétés, au lieu que ce soient les propriétés qui précèdent les relations [11]. »

T. – Cela me rappelle également ces mots de Heisenberg : « Le monde apparaît donc comme un tissu complexe d'événements dans lequel des relations de diverses sortes alternent, se superposent ou se combinent, déterminant par là la trame de l'ensemble [12]. »

M. – Il parle bien d'*événements*, non d'entités objectives. Une particule semble isolée de la globalité des phénomènes uniquement parce que nous l'étudions et tentons de la cerner par un protocole expérimental, mais aucune des propriétés d'une partie quelconque de cette globalité n'est fondamentale, parce que rien ne la caractérise...

T. – Tes remarques me font venir à l'esprit une théorie qui était en vogue dans les années soixante et qui proclamait qu'il n'y avait *pas* de particules élémentaires. Chaque particule serait composée de toutes les autres et il y aurait un peu de toutes les particules dans chaque particule : A est composé de B et C, B de A et C, et C de A et B. Henry Stapp, par exemple, écrivait : « Une particule élémentaire n'est pas une entité analysable douée d'une existence indépendante. C'est, en essence, un jeu de relations qui s'étend à d'autres choses [13]. » Cette théorie, dite du Bootstrap, n'a plus le vent en poupe, faute de preuve expérimentale. Le schéma d'une hiérarchie de particules de plus en plus élémentaires – molécules, atomes, électrons et noyaux d'atome, protons et neutrons, quarks – semble mieux décrire nos observations des phénomènes atomiques et subatomiques.

M. – Pourtant, certains philosophes des sciences comme Bernard d'Espagnat et Michel Bitbol dénoncent ce schéma comme une généralisation abusive de nos perceptions grossières, associée à une tendance à réifier les phénomènes. Le second affirme que les phénomènes quantiques peuvent être expliqués « au moins aussi bien en se servant d'un modèle de substitution qui ne suppose *aucun* élément de type corpusculaire [14] ». Faisant écho à Schrödinger, qui disait que « la théorie atomique moderne a été précipitée dans une crise sans précédent [15] », Bitbol poursuit : « Ni les impacts sur les écrans ni les traces dans les chambres à bulles ni, je l'ajoute, les images si évocatrices fournies par le microscope à effet tunnel ne prouvent ce qu'ils paraissent prouver. [...] Nous ne devons pas oublier qu'en physique quantique au sens large, la possibilité d'individualiser des objets d'échelle atomique est restreinte à certaines situations expérimentales bien particulières, et qu'elle fait complètement défaut à partir du moment où ces conditions ne sont plus remplies. Dans certaines situations, la charge d'une particule, par exemple, *ne peut* être décrite comme si elle était localisée en un seul point [16]. » Il cite également Quine qui se demande si les théories quantiques n'ont pas imposé à la physique une volte-face assez complète pour « menacer non seulement une ontologie tendrement aimée de particules élémentaires, mais encore le sens même de la question ontologique, la question “qu'y a-t-il ?” [17] ».

Quant au physicien Laurent Nottale, il remarque :

Certains philosophes sont allés plus loin, concluant à l'inexistence en soi de toutes choses, de la matière comme de l'esprit. Si nous avons pu faire remonter l'histoire de la relativité à Copernic pour ce qui concerne la pensée occidentale et les sciences de la matière, son premier énoncé dans la pensée orientale semble remonter à Siddharta Gautama, il y a plus de deux mille cinq cents ans. On trouve dans la philosophie bouddhiste une authentique réflexion relativiste sur la vacuité de toutes choses, conséquence de leur non-être en soi, leur existence n'étant que dans les rapports entre elles. On ne peut qu'admirer une telle intuition, qu'on pourrait considérer comme une vision intérieure du but lointain, peut-être inaccessible, que se proposerait une science fondée sur le principe de la relativité. Il n'y a là aucun nihilisme, aucune négation de la réalité ni de l'existence, mais plutôt une vue profonde de la nature même de l'existence. Si les choses n'existent pas de manière absolue, mais existent néanmoins, leur nature est à rechercher dans les relations qui les unissent. Seuls existent les rapports entre les objets, non les objets par eux-mêmes. Ceux-ci sont donc vides en soi, et doivent se réduire à l'ensemble de leurs rapports avec le reste du monde. Ils sont ces rapports. [...] La physique du futur réussira-t-elle à mettre en équation ce qui relève actuellement d'une pure vision philosophique[18] *?*

T. – Seul le temps répondra à cette question. Mais pour progresser dans cette direction, la physique doit répondre à certaines questions épineuses soulevées par les phénomènes quantiques. L'une concerne les objets macroscopiques, tels que cette table ou ce livre, qui sont faits de particules soumises au flou quantique. Pourquoi alors le livre ne quitte-t-il pas soudainement la table pour se retrouver dans un coin du jardin ? Les lois de la mécanique quantique disent qu'en principe un tel événement peut survenir, mais que sa probabilité est si faible qu'il ne pourrait se produire que si l'on disposait d'une éternité. Pourquoi une si faible probabilité ? Parce que les objets macroscopiques sont faits d'un nombre d'atomes tellement grand (un livre en contient environ 10^{25} et la terre environ 10^{50}) que les effets du hasard se neutralisent. La probabilité que je trouve le livre dans le jardin est infiniment petite, car un grand nombre d'atomes implique une masse importante, et donc une grande inertie. Les objets ordinaires sont peu perturbés quand on les éclaire pour les observer, car l'impulsion donnée par la lumière est négligeable. Ce qui fait que la vitesse de ces objets peut être mesurée aussi précisément que possible en même temps que leur position. Le flou quantique s'estompe. Où se situe la frontière entre le monde microscopique où règne le flou quantique et le monde macroscopique où l'incertitude perd ses droits ? À l'heure actuelle, les physiciens sont encore incapables de définir cette frontière, bien qu'ils tentent de repousser les limites du monde quantique chaque jour. La molécule du fulerène composée de soixante atomes de carbone est l'objet le plus lourd et le plus complexe qui ait jusqu'à maintenant révélé un comportement ondulatoire[19].

M. – Peut-être cette frontière n'existe pas. L'incertitude ne disparaît pas, elle devient simplement imperceptible dans nos conditions macroscopiques. De la même façon, dans la vie courante, nous ne percevons pas les effets de la relativité de l'espace-temps parce que nous nous déplaçons les uns par rapport aux autres à des vitesses très inférieures à celle de la lumière, mais cette relativité ne cesse pas d'exister pour autant : notre bicyclette diminue de taille quand nous commençons à rouler, mais ce changement est trop infime pour qu'une personne immobile le remarque.

La *possibilité,* même infime, que ce livre disparaisse soudainement de la table montre bien qu'il n'y a pas de différence *fondamentale* entre le macrocosme et le microcosme. Même si, à notre échelle, nous sommes dans une situation particulière où l'incertitude est imperceptible pour nos sens, cela ne remet pas en cause la nature quantique du monde. Henry Stapp, le théoricien de la physique quantique dont tu parlais, a écrit : « Le point important du théorème de Bell est qu'il étend clairement au monde macroscopique le dilemme posé par le phénomène quantique. [...] Cela montre que les idées ordinaires que nous avons du monde sont profondément déficientes, même au niveau macroscopique[20]. »

Le problème majeur des réalistes est de concilier les découvertes de la physique quantique avec la réalité quotidienne du monde macroscopique. Les physiciens ne cessent d'osciller de l'un à l'autre, parlant tantôt de particules et d'objets réels, tantôt de complémentarité et de non-localisation, alors qu'il leur suffirait de tirer les conclusions de la mécanique quantique pour transformer leur vision personnelle du monde.

Pourquoi existerait-il une différence ontologique entre le macrocosme et le microcosme dont il est formé, l'un n'étant qu'une extension de l'autre ? Qu'est-ce qui émerge lorsque le microcosme devient le macrocosme ? Une structure, c'est-à-dire un ensemble de relations dont résultent des *fonctions* douées d'une certaine *continuité* et capables de *transformer* les phénomènes. Pourtant, ces fonctions ne confèrent pas une réalité supplémentaire à cette structure ni à ses éléments. Si les particules ne sont pas des « choses », la réalité grossière n'est pas non plus une « chose », quelle que soit son apparence.

T. – Dans ce cas, on peut se demander pourquoi et comment le macrocosme fonctionne. Nous sommes entourés d'objets macroscopiques avec des positions et des vitesses bien définies, qui ne sont pas soumises au principe d'incertitude de Heisenberg et ne possèdent pas la dualité onde-particule présente dans le monde atomique et subatomique. Le hasard est neutralisé au niveau macroscopique. Les objets macroscopiques ne peuvent pas être partout à la fois comme une onde. Comme je l'ai remarqué, je ne risque pas de retrouver ta montre dans ma poche (à moins de jouer au pickpocket !) ou de voir la Lune aller se balader du côté de Mars.

M. – Leur solidité n'est qu'un trompe-l'œil : une question d'échelle dans le temps et l'espace. Selon le bouddhisme, il ne s'agit que de la stabilisation momentanée d'un système de relations. Un rêve qui dure cent ans n'a pas plus de réalité qu'un rêve qui dure une minute.

Notre façon de décrire le monde est conditionnée par le fait que notre expérience quotidienne ne nous permet de l'observer qu'à l'échelle macroscopique, laquelle jouit d'une plus grande stabilité. Il est fort probable que si nous avions constamment le monde microscopique sous les yeux, nous n'attribuerions aucune solidité au monde extérieur. La perception que nous avons de ce monde dépend entièrement du point de vue selon lequel on se place. Selon certains physiciens comme Laurent Nottale, l'apparente incompatibilité entre la mécanique classique et les phénomènes quantiques n'est qu'une question de « relativité d'échelle[21] ».

Prenons un exemple utilisé dans l'analyse bouddhiste : celui d'une tente. Si l'on démantèle la tente en séparant la toile, les poteaux et les cordes, il n'y a plus de tente. Mais les matériaux sont toujours présents. Lacérons la toile. Il reste les fils qu'on peut ensuite décomposer en fibres, puis en molécules, lesquelles peuvent être divisées en atomes et en particules dont la masse est finalement équivalente à de l'énergie intangible décrite par des formules mathématiques qui confèrent à cette énergie une existence nominale.

Cette transition, de la tente à l'irréalité des particules ou, en sens inverse, des particules à la tente, ne présente aucune discontinuité qui justifierait l'établissement d'une distinction essentielle entre le microcosme et le macrocosme. Pourquoi alors percevons-nous la tente comme étant douée d'un plus grand degré de réalité ? Par suite d'une approximation et d'un simple manque d'investigation. Comme le disent les textes bouddhiques : « Faute d'examiner avec un esprit critique, nous acceptons allégrement les choses telles qu'elles nous apparaissent[22]. » Le nombre ne fait rien à l'affaire, et un milliard de particules n'a pas plus de réalité propre qu'une seule d'entre elles. La non-réalité des particules est une preuve suffisante de la non-réalité des phénomènes macroscopiques. Comme le dit Nagarjuna dans le *Ratnamala* : « Si la graine est irréelle, comment la plante pourrait-elle être réelle ? »

Dans le même texte, il observe : « Plus nous sommes loin du monde, plus il nous paraît réel. Plus nous nous en rapprochons, moins il est saisissable, comme un mirage dénué de réalité tangible. » La solidité des phénomènes nous semble évidente aussi longtemps qu'on ne la regarde pas en face, mais elle s'efface dès qu'on l'analyse. Si une particule élémentaire n'est ni toile ni piquet ni chaleur ni couleur, elle n'est ni « moi » ni « autre ». Elle échappe ainsi au mental qui cause notre inadéquation au monde et, en le réifiant, notre souffrance. C'est ce qu'exprime Shantidéva en parlant de la connaissance qui transcende la pensée discursive : « Quand ni la réalité ni la non-réalité ne se présentent plus à l'esprit, alors, en l'absence de toute autre démarche possible, l'esprit libéré des concepts s'apaise[23]. »

T. – Je ne vois donc pas de contradiction fondamentale entre les vues de la science et celles du bouddhisme concernant la réalité des particules élémentaires. La notion de particule élémentaire se rattache bien sûr à celle de l'atome. Le bouddhisme n'a-t-il pas aussi envisagé cette notion d'atome ?

M. – Plusieurs siècles avant l'ère chrétienne, à l'époque des philosophes grecs, le bouddhisme s'est livré à une analyse logique de cette notion d'atome, c'est-à-dire, étymologiquement, de « particule insécable ». Mais tu pourrais peut-être nous rappeler les idées de Leucippe et de Démocrite, les premiers Grecs à avoir formulé cette notion.

T. – Ce concept d'atome est l'un des fondamentaux de l'histoire de la science. Le physicien américain Richard Feynman a même proclamé que si toute la connaissance scientifique venait à disparaître dans un cataclysme, le concept unique qu'on devrait préserver pour les générations futures serait : « Toute chose est faite d'atomes, petites particules animées d'un mouvement incessant. »

Ce concept date environ du VIe siècle av. J.-C., quand les philosophes grecs Leucippe et Démocrite ont introduit l'idée révolutionnaire que toute matière est composée de particules insécables et éternelles qu'ils ont appelées atomes (du grec *atomos*, « qu'on ne peut diviser »). Faute de vérification expérimentale, cette idée est restée à l'état de proposition philosophique pendant vingt et un siècles et a été éclipsée par la fameuse quaternité élémentaire d'Aristote : l'eau, l'air, la terre et le feu. C'est seulement vers les années 1600 que l'idée d'atome a refait surface. En 1869, le Russe Dmitri Mendeleïev a eu l'intuition géniale d'ordonner les éléments chimiques selon leur poids atomique. Comme par magie, les éléments dotés des mêmes propriétés chimiques sont venus s'aligner par groupes de sept dans les mêmes colonnes, constituant ce qu'on appelle maintenant la table périodique des éléments. Un tel alignement ne peut se comprendre que si chaque élément chimique est fait d'un seul type d'atomes. Quand Mendeleïev a établi sa table, seuls soixante-trois éléments sur les quatre-vingt-douze actuellement répertoriés étaient connus. Mendeleïev avait une telle confiance en la justesse de sa table qu'il n'a pas hésité à laisser des cases vides. L'histoire lui a donné raison : ces cases vides furent remplies au fur et à mesure de la découverte de nouveaux éléments.

M. – La notion de particules indivisibles et permanentes qui seraient les constituants ultimes de la matière devait déjà exister en Inde à l'époque des premiers philosophes grecs, puisque les penseurs bouddhistes se sont attachés à la réfuter. Pour être indivisible, se sont-ils dit, une particule doit se réduire à un point sans dimension.

T. – Cela devait être une image, car ils ne connaissaient sans doute pas le concept de points mathématiques.

M. – Ce concept est sous-entendu dans leur analyse qui est la suivante : admettons que des particules indivisibles servent à construire la matière. Pour ce faire, disent-ils, il faut que ces particules s'associent. Deux particules supposées indivisibles peuvent-elles entrer en contact ? Il faut ici garder à l'esprit qu'il s'agit d'une expérience de pensée.

Imaginons donc que deux particules indivisibles entrent en contact. Est-ce que toutes les parties entrent en contact simultanément ou graduellement ? Dans ce dernier cas, le côté ouest d'une particule, par exemple, touchera tout d'abord le côté est d'une autre. Mais si ces particules ont un côté ouest et un côté est, elles ont des parties et on ne peut plus parler d'indivisibilité. Si l'on répond qu'elles n'ont ni côtés ni parties, il en découle qu'elles n'ont pas de dimensions. Dans ce cas, le seul moyen pour ces particules d'entrer en contact est de fusionner. Si deux particules peuvent fusionner, pourquoi pas trois ? Une montagne et l'univers tout entier pourraient fusionner avec une seule particule. La réalité grossière ne pourrait alors ni s'agréger ni se déployer. Ce raisonnement par l'absurde a conduit les philosophes bouddhistes à dire que des particules ponctuelles et indivisibles ne peuvent pas construire l'univers.

T. – On répondra que des particules n'ont pas besoin d'entrer en contact pour former de la matière.

M. – Dans ce cas, poursuivent ces philosophes, il y a un espace vide entre deux particules et, du fait qu'elles n'ont pas de dimension, une infinité de particules et finalement l'univers tout entier pourraient se loger entre deux particules. Réfuter ainsi la notion de particule indivisible brise dans notre esprit l'idée que des particules insécables, permanentes, indépendantes et n'ayant d'autre cause qu'elles-mêmes pourraient former la réalité.

T. – Les concepts sophistiqués que tu viens d'exposer sont d'autant plus étonnants qu'ils ont, semble-t-il, été développés indépendamment des Grecs. Avant ou après eux ?

M. – À peu près à la même époque, au VIe siècle av. J.-C. Ce point de vue a été ensuite élaboré jusqu'au VIIe siècle apr. J.-C. dans de nombreux traités philosophiques au cours de débats entre bouddhistes et hindous, ainsi qu'entre différentes écoles du bouddhisme. Le Bouddha a en effet enseigné en fonction de la diversité des facultés de compréhension et des natures d'esprit de son auditoire. À certains il a dit que la matière existait, à d'autres qu'elle était « irréelle bien qu'apparente ». Comme toujours, on en revient immédiatement à l'aspect thérapeutique de cette investigation qui vise à nous libérer des souffrances causées par notre attachement à la réalité et constitue donc une étape du chemin vers l'Éveil.

T. – Si l'idée d'atome a surgi à peu près à la même époque en Grèce et en Inde, sait-on s'il y a eu des contacts ou une influence entre les deux courants de pensée ? Qui sont les Leucippe et Démocrite de l'Inde ?

M. – Le Bouddha lui-même, il y a environ deux mille cinq cents ans, puis ses principaux exégètes, Nagarjuna et Aryadéva (IIe siècle), Vasubandhu (IVe) et Chandrakirti (VIIIe), discutèrent ces questions. Avant eux, l'hindouisme disait que la matière était composée d'éléments microscopiques disposés de façon contiguë. D'autres, dont certains bouddhistes plus matérialistes que ceux que je viens de citer, pensaient que les atomes étaient disposés comme les grains dans un tas de blé et n'avaient que quelques points de contact. Pour eux, le fait que la matière nous paraisse continue tenait simplement à ce qu'on ne pouvait pas l'examiner avec suffisamment de finesse, tout comme, vue de loin, une prairie apparaît comme une grande étendue verte alors qu'elle est constituée d'une multitude de brins d'herbe distincts.

T. – Ce concept d'atomes contigus constituant la

matière n'est pas si éloigné de ce que dit la physique moderne. Nous savons maintenant que l'atome n'est presque que du vide. Le noyau compte pour 99,9 % de la masse de l'atome mais n'occupe que le millionième de milliardième de son volume. Le reste est occupé seulement par une nuée virevoltante d'électrons. La matière nous paraît continue parce que nos yeux ne peuvent rien voir à l'échelle atomique du centième de millionième de centimètre.

M. – Pour ce qui est des échanges entre philosophes bouddhistes et grecs, il y en a certainement eu, comme en témoignent les discussions tenues de 163 à 115 av. J.-C. entre Ménandre, roi de Bactriane qui était de culture grecque, et le moine bouddhiste Nagaséna[24]. Mais il est difficile de préciser la nature et l'importance des influences réciproques. On remarquera toutefois que la conception de l'atome chez Démocrite est plus rudimentaire. Il parle notamment d'« atomes crochus » qui s'assemblent selon leurs affinités respectives. Le grand logicien bouddhiste du ve siècle, Dignaga, objecterait sans doute que s'ils ont des crochets, ils ont des parties et ne sont donc plus indivisibles !

T. – L'idée philosophique d'atome est donc devenue peu à peu un concept scientifique. Mais, vers le milieu du XIXe siècle, la science n'avait pas encore résolu le postulat fondamental de Leucippe et Démocrite, selon lequel les atomes sont les corpuscules élémentaires et insécables de la matière. En vérité, les travaux de Mendeleïev suggéraient le contraire : le fait même que les éléments chimiques puissent s'ordonner dans la table périodique selon leur poids atomique suggérait que ces atomes possédaient divers degrés de complexité, les plus lourds étant les plus complexes. Dans ce cas, l'atome devait posséder une structure interne composée de particules encore plus élémentaires. Les expériences qui suivirent confirmèrent ce point de vue. En étudiant les décharges électriques dans les gaz, l'Anglais Joseph Thomson découvrit en 1897 que l'atome contenait des particules ponctuelles qui portaient chacune une charge électrique négative et dont le nombre, dans chaque atome, était égal à son poids atomique. La nouvelle particule fut appelée « électron », qui signifie « ambre » en grec, les Grecs ayant découvert que l'ambre avait un mystérieux pouvoir d'attraction quand on le frottait avec de la laine.

Mais le plus étonnant fut le résultat obtenu par un autre physicien anglais, Ernest Rutherford, en 1910. En bombardant de minces feuilles d'or avec des particules très énergétiques, il s'aperçut que la grande majorité des particules traversait la feuille d'or comme si de rien n'était, mais qu'une très petite fraction (0,01 %) d'entre elles étaient réfléchies et revenaient à leur point de départ. C'était comme si une balle de fusil était renvoyée par une feuille de papier ! Avant l'expérience de Rutherford, les physiciens pensaient que les atomes occupaient presque tout l'espace d'un objet solide, à la manière des pommes entassées dans un cageot qui ne laissent entre elles que de petits interstices. Si c'était le cas, aucune des particules lancées vers la feuille d'or de Rutherford n'aurait dû être renvoyée. Il devait donc exister dans l'atome un noyau dur et dense capable de réfléchir les particules. Ce noyau devait occuper un volume minuscule par rapport au volume total de l'atome, puisque la majorité des projectiles le ratait et passait sans encombre. Nous savons aujourd'hui que le noyau, par rapport au volume de l'atome, occupe le même espace qu'un grain de riz dans un stade de football. Ainsi, toute la matière qui nous entoure, ce divan, cette chaise, ces murs, n'est quasiment que du vide. La seule raison pour laquelle nous ne pouvons pas traverser ces murs presque vides comme le passe-muraille de Marcel Aymé tient au fait que les atomes sont liés entre eux par la force électromagnétique.

Le concept de vide surgit donc de nouveau, non pas le vide primordial dont nous avons parlé, le vide qui aurait donné naissance à l'univers et à son contenu matériel, mais le vide des atomes. Le plus surprenant, c'est que Leucippe et Démocrite ont eux aussi parlé du vide en introduisant la notion d'atome.

M. – Mais ce vide est très différent du vide plein d'énergie de la physique moderne et de la vacuité dont parle le bouddhisme, qui n'est pas une absence de « quelque chose », mais une absence de « nature propre ».

T. – En effet, si la théorie atomique est généralement conçue comme ne décrivant qu'une seule réalité, celle des atomes, Démocrite et Leucippe l'ont toujours présentée dans un rapport de dualité : les corpuscules et le vide dénué de matière sont réunis complémentairement et indissociablement dans une même réalité. L'historien grec Simplicius décrit leur vision par cette formule : « Leucippe et Démocrite soutiennent que les mondes, en nombre illimité et résidant dans le vide illimité, sont formés à partir d'un nombre illimité d'atomes[25]. » Les philosophes grecs pensaient que le vide entourait les atomes, alors que Rutherford a découvert que le vide résidait à l'intérieur même des atomes.

M. – En fait, cela revient presque au même : il suffit de remplacer le mot « atome » par celui de « noyau ». Mais le noyau atomique lui-même n'est pas une entité indivisible.

T. – Non. Nous savons maintenant que les noyaux atomiques sont faits de protons et de neutrons liés ensemble par la force nucléaire forte. Le proton et le neutron sont des particules très semblables, à l'exception de leurs charges électriques. Le proton porte une charge électrique positive, égale et opposée à celle de l'électron. Comme son nom l'indique, le neutron n'a pas de charge électrique. Leurs masses sont presque identiques : environ deux mille fois celle de l'électron. Le neutron confère une stabilité à la matière et fait que les choses de la vie ne sont pas constamment en train de se désintégrer sous nos yeux. Si les noyaux atomiques étaient composés exclusivement de protons, ils éclateraient, car des particules de même charge se repoussent. Les livres sur les étagères derrière toi, la tasse de thé sur la table et les roses dans le jardin se décomposeraient immédiatement.

Pour en revenir à la réfutation de l'existence de particules insécables par le bouddhisme, elle rejoint certaines notions ou découvertes de la physique subatomique, mais elle en contredit d'autres. La « théorie standard », celle qui explique le mieux pour l'instant les propriétés des particules du monde subatomique, affirme l'existence de particules indivisibles [26] appelées « quarks », qui constitueraient les briques élémentaires des particules elles-mêmes. Leur inventeur, le physicien américain Murray Gell-Mann, les a baptisées ainsi en 1963 parce qu'il aimait la sonorité de la phrase *Three quarks for Muster Mark* de *Finnegans Wake*, le roman de James Joyce. Comme pour « Muster Mark », trois est le nombre de quarks nécessaires pour former un proton ou un neutron. Les charges électriques des quarks sont fractionnaires (± 1/3 ou ± 2/3) puisque leur somme doit égaler la charge du proton (+1) ou du neutron (0).

La théorie des quarks est généralement acceptée, car elle rend compte avec succès des propriétés des centaines de particules connues. La vaste majorité de ces particules ne vit qu'une infime fraction de seconde. Elles n'apparaissent pas dans la matière qui nous entoure, mais naissent lors des collisions de particules dans des accélérateurs. Tout comme Mendeleïev a mis de l'ordre dans les éléments chimiques avec sa table périodique, Gell-Mann a pu, avec sa théorie des quarks, expliquer le « zoo » de particules qui proliférait à vue d'œil dans les années soixante.

M. – Tout cela semble revenir à une vision réificatrice des particules, en dépit de la complémentarité onde/particule et de l'interprétation de Copenhague de la mécanique quantique.

T. – Exactement. Reste donc à savoir si les quarks existent vraiment ou s'ils ne sont que des entités théoriques inventées pour mettre de l'ordre dans le monde des particules. La chasse aux quarks battait son plein dans les années soixante, mais on n'a jamais pu mettre en évidence des particules possédant des charges fractionnaires. En 1968, des physiciens ont utilisé l'accélérateur linéaire de trois mille deux cents mètres de long de l'université de Stanford pour lancer des faisceaux de particules extrêmement énergétiques vers les protons, dans l'espoir de les faire éclater et de libérer ainsi les quarks. Mais sans aucun succès. Pourtant, la façon dont les particules ricochent sur les protons semble montrer que ceux-ci ont une structure et sont composés de trois entités ponctuelles.

Pourquoi est-il impossible d'observer des quarks à l'état libre ? Nous pouvons imaginer les trois quarks comme reliés ensemble dans le proton par des ficelles représentant la force nucléaire forte. Notre intuition nous dit que si nous tirons de plus en plus fort sur une des ficelles, celle-ci se cassera et un des quarks sera libéré. Mais c'est oublier qu'en tirant nous mettons dans la ficelle de l'énergie qui est libérée quand cette dernière se casse. En raison de l'équivalence entre l'énergie et la matière, l'énergie dégagée donne naissance à une paire quark/antiquark (l'antiquark possède les mêmes propriétés que le quark, excepté pour sa charge électrique qui est de signe opposé). Il se passe alors deux choses : 1) le nouveau quark ainsi produit remplace celui qui s'est détaché pour reformer immédiatement le proton ; et 2) l'antiquark se combine avec le quark qui s'est détaché pour former une nouvelle particule appelée « méson ». En fin de compte, nous n'avons pas réussi à libérer un quark, mais seulement à créer un méson. Les quarks ne pourront jamais être libres. Nous ne les verrons jamais. Tenter d'extraire des quarks d'un proton, c'est comme essayer d'isoler l'un des pôles d'un aimant : si on coupe l'aimant en deux, on se retrouve non pas avec un pôle Nord et un pôle Sud isolés, mais avec deux aimants dotés chacun d'un pôle Nord et d'un pôle Sud.

M. – Si un quark peut interagir avec un antiquark pour former un méson, il perd son identité. Peut-on alors continuer à le considérer comme le constituant fondamental de la matière ?

T. – C'est bien ce que Gell-Mann postule, parce qu'il n'est pas nécessaire d'envisager l'hypothèse que les quarks sont composés d'entités encore plus petites pour comprendre les propriétés des protons, des neutrons et de centaines d'autres particules et pour organiser le monde des particules suivant un schéma logique. C'est encore le « rasoir d'Occam ». La méthodologie scientifique consiste à expliquer le plus grand nombre de faits avec le minimum d'hypothèses. Une nouvelle hypothèse ne doit être introduite que s'il reste des phénomènes inexpliqués.

M. – Ne pas avoir besoin pour le moment de postuler que les quarks sont composés d'entités plus petites est une chose ; déclarer qu'ils sont les « briques » fondamentales de la matière et intrinsèquement indivisibles en est une autre. La classification périodique de Mendeleïev a permis d'expliquer suivant un schéma simple et logique les propriétés des éléments chimiques, mais cela ne signifiait pas pour autant que les atomes de ces éléments étaient indivisibles. Il semble que tout ce qu'on peut dire, c'est que le quark ne peut être fragmenté par l'énergie des bombardements que nous sommes capables d'effectuer pour le moment. Mais cela implique-t-il que le quark soit, par nature, indivisible ? A-t-il une dimension ?

T. – Du fait qu'ils ne pourront jamais être vus, on n'a aucune idée de leur dimension, mis à part qu'un quark doit être bien sûr plus petit qu'un proton, qui a une taille de un dix-millième de milliardième (10^{-13}) de centimètre. Quant à leur indivisibilité, c'est bien sûr un postulat de la théorie.

M. – Cette description de l'atome a sans doute un aspect très rassurant pour les tenants du « réalisme », et elle fournit des représentations commodes pour décrire la réalité à l'image de notre perception des phénomènes macroscopiques, mais il ne faut pas oublier que les quarks sont eux aussi soumis à la complémentarité onde/corpuscule. Nous en revenons donc à notre discussion première sur la réalité de ces particules.

Selon le bouddhisme, l'attitude réificatrice, liée à nos perceptions ordinaires et au sens commun, est à la source de l'inadéquation entre la nature des phénomènes et la manière dont nous les percevons. Nombre de scientifiques et de philosophes des sciences ont dit la même chose. Les mises en garde contre une représentation trop simpliste ou une généralisation absolutiste de l'atomisme abondent dans leurs écrits. Heisenberg disait que « les atomes ne sont pas des choses », et que « l'ontologie du matérialisme reposait sur l'illusion que ce genre d'existence, la "réalité" directe du monde qui nous entoure, pouvait s'extrapoler jusqu'à l'ordre de grandeur de l'atome. Or cette extrapolation est impossible[27] ».

Bitbol écrit quant à lui que « l'atomisme n'est pas le terme d'une procédure de remontée des phénomènes vers leur explication optimale ; il consiste en une grille de lecture anticipant sur les phénomènes et guidant l'activité expérimentale qui participe à leur définition[28] », et « l'atomisme est au fond un cas particulier d'une tendance plus vaste à vouloir fonder l'apparaître sur un univers de formes[29] ».

Je cite ces écrits afin de rappeler que, même si elle n'est pas majoritaire, la critique du réalisme est un courant de pensée significatif dans la science moderne, comme il l'a toujours été dans la philosophie bouddhiste. Il est clair que nombre de nos contemporains ont du mal à tirer toutes les conséquences de l'interprétation de l'école de Copenhague concernant la physique quantique et de la globalité des phénomènes démontrée par les expériences portant sur l'effet EPR. Si telle est la nature des phénomènes, sa compréhension devrait modifier profondément notre conception de la réalité grossière – nous-mêmes et le monde qui nous entoure.

C'est là une démarche fondamentale du bouddhisme. Pas seulement en tant qu'élément du savoir, mais également en tant que pratique de transformation personnelle. L'analyse qui conduit à la compréhension de la vacuité peut sembler à première vue très intellectuelle. Mais la réalisation directe qui en découle nous libère de nos attachements et entraîne donc de profondes répercussions sur la manière dont nous menons notre existence.

6

COMME UN ÉCLAIR DANS UN NUAGE D'ÉTÉ

L'impermanence au cœur de la réalité

L'impermanence des phénomènes n'est pas seulement un sujet de méditation qui doit nous inciter à faire bon usage du temps qui nous reste à vivre. C'est un point essentiel de notre compréhension de la réalité. C'est d'elle que dépendent et notre vision de la nature intime du monde et notre comportement. Existe-t-il ou non dans l'univers des entités permanentes ? Si rien n'est permanent, comme le montre l'analyse du bouddhisme, et comme la physique semble le confirmer, comment cette connaissance doit-elle influencer notre manière de vivre ?

MATTHIEU : Pour le bouddhisme, l'interdépendance est intimement liée à l'impermanence des phénomènes. On distingue l'impermanence grossière – le changement des saisons, l'érosion des montagnes, le passage de la jeunesse à la vieillesse, les fluctuations de nos émotions – et l'impermanence subtile, qui se produit au niveau de la plus petite unité de temps concevable. À chaque moment infinitésimal, tout ce qui semble exister se transforme. Reconnaître l'omniprésence et l'inévitabilité du changement nous amène à comprendre que l'univers n'est pas fait d'entités solides et distinctes, mais de flux dynamiques en constantes interactions. Nous avons vu que ce que nous appelons « matière » doit être envisagé sous des aspects multiples – onde, particule ou masse, énergie – qui ne peuvent coexister à un même moment donné. Cela semble impliquer qu'aucun élément de la réalité ne peut être qualifié d'entité permanente. Que dit la science de la pérennité des particules, des quarks, par exemple ? Les quarks sont-ils aussi fondamentaux et permanents qu'on le dit généralement ?

THUAN : Pour répondre à cette question, je dois d'abord introduire un peu plus en détail la science des quarks. Pour expliquer la variété ahurissante des particules, les physiciens ont dû envisager plusieurs types de quarks, chacun caractérisé par deux propriétés appelées poétiquement « saveur » et « couleur ». Ces deux mots désignent des qualités abstraites qui n'ont rien à voir avec la saveur d'un potage ou la couleur bleue du ciel. On aurait aussi bien pu les appeler « courage » ou « harmonie ». Il existe trois familles de quarks, et chacune d'elles peut avoir deux saveurs et trois couleurs, ce qui donne en tout dix-huit sortes de quarks. La matière ordinaire, celle des protons et neutrons des noyaux atomiques, celle qui compose nos corps ou les fleurs, est faite seulement de deux saveurs de quarks, dites *up* (haut) et *down* (bas). Les autres types de quarks n'apparaissent que dans des accélérateurs de particules à haute énergie. Pour répondre à ta question, les quarks d'une même famille peuvent effectivement changer de saveur. Un quark *up*, par exemple, peut se muer en quark *down* et vice versa. Les quarks peuvent aussi changer de famille, mais seulement s'ils changent également de charge électrique.

M. – Le quark peut donc se transformer. Son état n'est pas permanent.

T. – C'est exact. Et cela entraîne des changements dans les protons et les neutrons qu'ils constituent.

Ainsi, lorsqu'un quark *up* se mue en un quark *down*, le proton se transforme en neutron [1], avec émission d'un positon (antiparticule de l'électron) et d'un neutrino (particule de masse nulle ou négligeable qui interagit très peu avec la matière ordinaire. Au moment où je parle, des centaines de milliards de ces neutrinos issus des premiers instants de l'univers traversent notre corps de part en part à chaque seconde).

M. – Le quark n'est donc ni immuable de par sa nature, ni éternel de par son existence. On s'éloigne déjà considérablement de la notion de « particule ultime ». Cependant, les physiciens ne pensent-ils pas que certaines particules seraient éternelles si on les abandonnait à elles-mêmes (une situation qui est d'ailleurs purement théorique et irréalisable dans la nature) ?

T. – Parmi les centaines de particules dont on connaît l'existence, seules quelques-unes sont candidates à l'immortalité. La plupart des particules qui font leur apparition dans les accélérateurs sont instables et ne vivent pas même le temps d'un clin d'œil : un millionième de seconde ou moins. Si on libère un neutron, il ne vit qu'une quinzaine de minutes avant de se transformer spontanément en proton, tout en émettant un électron et un antineutrino. Mais, tant qu'il reste emprisonné dans des noyaux d'atome, il est lui aussi presque immortel. Heureusement pour notre santé, car, sinon, notre corps se désintégrerait en un quart d'heure !

Laissés à eux-mêmes, c'est-à-dire sans être bombardés par d'autres particules, seuls l'électron, le photon et le neutrino seraient éternels.

M. – Comment prouver cette éternité ?

T. – On ne peut certes mesurer l'éternité, mais on peut établir expérimentalement des bornes d'âge si longues que cela représenterait quasiment l'éternité. Connue parmi les physiciens sous la désignation de « théorie standard », la théorie physique qui décrit actuellement le mieux le monde des particules n'a pas besoin de l'hypothèse d'une mortalité de l'électron, du photon et du neutrino.

Quant au proton, des théories récentes lui prédisent une durée de vie estimée à des centaines de milliards de milliards de fois l'âge de l'univers. Pour vérifier cela, les physiciens ne peuvent pas, bien sûr, attendre 10^{30} ans avant de voir un proton mourir. Mais la mécanique quantique dit que les protons peuvent se désintégrer à n'importe quel moment. Si la durée de vie du proton est de 10^{30} ans, il suffirait de rassembler 10^{30} protons dans un même endroit pour en voir mourir un par an. Mieux encore, si on rassemble 10^{33} protons dans une même enceinte, on devrait voir plusieurs d'entre eux se désintégrer chaque jour. Pour ce faire, des physiciens japonais et américains ont rempli une vaste cuve de cinquante mille tonnes d'eau (l'eau est une excellente source de protons) pour observer la désintégration des protons. Cette cuve se trouve dans une mine à un kilomètre sous terre dans la ville japonaise de Kamioka (la cuve est nommée « Super-Kamiokande ») afin de filtrer les rayons cosmiques qui risquent de contaminer les mesures. Elle est en opération depuis avril 1996, mais, jusqu'ici, personne n'a encore vu un proton mourir. Cela signifie qu'il vit plus longtemps que la théorie standard ne le prédit. Comparé à une vie humaine, plus de 10^{30} ans, c'est presque l'éternité.

M. – Il n'en reste pas moins qu'il ne s'agit pas d'une véritable éternité. Même si l'électron et le neutrino sont théoriquement immortels et ne se désintègrent pas spontanément, cela ne les empêche pas de se transformer. De plus, il suffit de les bombarder avec d'autres particules possédant suffisamment d'énergie pour qu'ils changent de nature.

T. – C'est vrai. Jusqu'ici, j'ai parlé de la mort spontanée des particules. Mais on peut les faire disparaître en les bombardant et en les faisant interagir avec d'autres particules. Un proton interagissant avec un électron devient un neutron avec émission d'un neutrino. Imaginons un photon solaire : en interagissant avec la matière, le bois de cette table par exemple, il peut perdre une partie de son énergie (transformée en chaleur). Sa nature est alors modifiée. Il peut même perdre la totalité de son énergie et disparaître tandis que la table est réchauffée.

M. – Il disparaît ? Son immortalité en prend un coup ! Il est donc clair que toutes les particules sont impermanentes et disparaissent tôt ou tard.

T. – On peut le dire de cette façon. Soit les particules de matière sont instables et se désintègrent spontanément, soit elles sont stables, mais l'interaction avec d'autres particules change leur nature ou les fait disparaître. Toutefois, je le répète, la matière stable laissée à elle-même ne change pas. Tu ne verras pas ce pot de fleurs s'évanouir d'un coup sous tes yeux.

M. – Ce n'est qu'une question de temps et de finesse de perception. La matière que tu dis stable change à chaque instant de manière imperceptible, sans quoi elle ne vieillirait pas.

T. – C'est juste. Toute chose abandonnée à elle-même s'use et se dégrade avec le temps : le vernis d'un meuble perd de son lustre, un château non entretenu tombe en ruine. C'est la fameuse seconde loi de la thermodynamique selon laquelle la quantité *totale* de désordre dans l'univers doit toujours augmenter, ou tout au moins ne jamais diminuer.

M. – Ce changement continu est ce que nous appelons l'impermanence subtile. En son absence, les choses ne pourraient changer ni maintenant ni dans le futur. Si une chose pouvait demeurer identique à elle-même, ne serait-ce que pour un court instant, elle serait figée dans son état présent pour toujours. Rien ne pourrait se produire. La cause de la destruction d'une chose est sa naissance même. L'impermanence est donc au cœur du processus de causalité. Ce qui compte, c'est le fait que *rien*, aucune particule ni aucune autre entité dans l'ensemble de l'univers, n'a de permanence *absolue*. Cela est un point essentiel pour élucider la nature des phénomènes.

La question centrale, c'est de savoir si la réalité est ou non faite d'éléments immuables qui existeraient par eux-mêmes. Si le quark, que tu considères comme l'élément fondamental de la matière – quoiqu'il en existe déjà dix-huit espèces –, était permanent, il n'aurait besoin d'aucune cause autre que lui-même pour exister. Mais, comme le remarque Nagarjuna : « Si les phénomènes étaient indépendants, ils ne pourraient pas dépendre de causes et de conditions. S'ils ne dépendaient pas de causes et de conditions, la loi de causalité ne pourrait pas fonctionner[2]. » Quelque chose ne peut être sa propre cause, et ce qui résulte d'une cause extérieure est nécessairement impermanent. Le bouddhisme conclut que la réalité est en perpétuel changement, non seulement sur le plan du monde visible, mais aussi au niveau de l'infiniment petit, dans l'espace et dans le temps. Le caractère de « briques fondamentales immuables » de la matière qu'on attribue aux quarks n'est donc qu'une construction mentale, les quarks étant tout aussi impermanents que les agrégats qu'ils sont supposés constituer.

T. – J'irai même jusqu'à dire que les quarks peuvent être considérés comme des constructions de l'esprit afin d'expliquer le comportement des particules subatomiques.

M. – Par conséquent, la réalité n'a pas la solidité qu'on lui attribue.

T. – Pour compléter notre débat, je voudrais revenir sur la théorie des supercordes. Cette théorie décrit les quarks non comme des points mathématiques, mais comme des cordes de taille infinitésimale, qui vibrent. Elle a pour ambition d'unifier les deux grands monuments scientifiques du XXe siècle : la relativité générale, qui décrit l'infiniment grand, et la mécanique quantique, qui décrit l'infiniment petit. L'incompatibilité apparente de ces deux théories est l'un des principaux obstacles à notre compréhension de l'univers. Si on pouvait les concilier, on détiendrait une théorie de la gravité quantique qui permettrait d'unifier les quatre forces fondamentales de la nature (la force électromagnétique, les deux forces nucléaires forte et faible et la force de gravité) en une superforce. La théorie des « supercordes » a été proposée comme la théorie ultime, qui permettrait de décrire tous les phénomènes de l'univers.

Selon cette théorie, ce ne sont pas les particules qui constituent les éléments fondamentaux de la matière, mais des bouts de corde infiniment petits, d'une longueur minuscule de 10^{-33} centimètre qui n'est autre que la longueur de Planck. La longueur d'une corde, par rapport à la taille d'un atome, est comparable à la taille d'un arbre par rapport à celle de l'univers. Les particules de matière et de lumière qui transmettent les forces relient les éléments du monde entre eux (le photon, par exemple, transmet la force électromagnétique, tandis que le graviton transmet la force de gravité) et font que ce monde change : tout cela ne représenterait que les diverses manifestations de ces cordes. Tout comme les vibrations des cordes d'un violon produisent des sons variés et leurs harmoniques, les sons et harmoniques des cordes apparaissent dans la nature et pour nos instruments de mesure sous la forme de protons, de neutrons, d'électrons, etc.

L'énergie de la vibration détermine la masse de la particule. Plus la vibration est énergétique, plus la masse est grande. De même, la charge électrique et le spin d'une particule sont déterminés par la façon dont la corde vibre. Les cordes sont toutes fondamentalement identiques. Seules leurs vibrations diffèrent. Ainsi le proton n'est qu'un trio de cordes qui vibrent, chacune correspondant à un quark. Comme des musiciens nous enchantent en interprétant un morceau de Brahms, les vibrations conjuguées des trois cordes produisent la musique du proton. Quand cette musique est captée par nos instruments de mesure, cela se traduit par une masse, une charge électrique positive et un spin. L'atome, qui est une combinaison de protons, de neutrons et d'électrons, dispose, pour créer sa musique, de plus de musiciens dans son orchestre. Ainsi, les cordes chantent et vibrent tout autour de nous, et le monde n'est qu'une vaste symphonie.

M. – Ces changements indiquent clairement que les cordes ne sont en elles-mêmes ni protons ni neutrons ni électrons. Cela rejoint la conclusion du bouddhisme à propos de la matière : les caractéristiques des objets ne leur appartiennent pas en propre. Il n'y a rien d'autre qu'un flux en constante transformation qui se manifeste de diverses façons.

T. – Les particules perdent leur existence propre, car une même corde peut nous montrer plusieurs visages selon qu'elle vibre à différentes fréquences. En vibrant d'une certaine façon, elle nous apparaît comme un photon. Qu'elle change son mode de vibration, et la voilà qui revêt l'habit d'un graviton.

M. – Si les particules ne sont que les vibrations de cordes, est-ce que les cordes elles-mêmes ont une existence permanente ?

T. – Les cordes remplacent les quarks comme entités fondamentales mais, selon les conditions expérimentales, elles devraient elles aussi présenter tantôt un aspect d'onde, tantôt un aspect de corde. Au lieu d'être de simples points mathématiques sans dimension, elles ont la forme de cordes infiniment minces se déployant dans une seule dimension apparente, un peu comme des spaghettis extrêmement fins. Elles sont tellement petites qu'elles apparaissent comme des points à nos instruments de mesure les plus performants. Mais elles ont aussi des dimensions « cachées ». Selon une version de la théorie, les cordes habitent un univers à dix dimensions, avec neuf dimensions spatiales et une dimension temporelle. Dans une autre version, l'univers possède vingt-six dimensions avec vingt-cinq dimensions spatiales et une dimension temporelle. Puisque nous ne percevons que trois dimensions spatiales, il faut supposer que les six ou vingt-deux dimensions supplémentaires sont enroulées sur elles-mêmes jusqu'à atteindre une taille si petite (10^{-33} centimètre) qu'elles ne sont plus perceptibles.

M. – Quelle serait alors la nature de ces cordes qui vibrent ?

T. – On peut considérer qu'une corde est caractérisée par son énergie (sa fréquence) et sa tension (comme la tension d'une corde d'un violon). Deux cordes qui *vibrent* de la même façon donnent lieu à des particules différentes si leurs tensions sont différentes, car leurs énergies ne sont plus les mêmes.

M. – Ces cordes sont-elles indivisibles, ou peuvent-elles se couper et se raccorder ?

T. – Les cordes ne vivent pas des vies placides et isolées. Elles bougent, interagissent, se connectent ou se subdivisent, mais leur longueur ne peut être inférieure à 10^{-33} centimètre, la longueur de Planck. Les deux bouts d'une corde peuvent rester libres ou se connecter pour former une boucle. Deux cordes peuvent aussi se combiner pour former une seule boucle.

M. – Les cordes sont-elles alors véritablement des entités individuelles ? Selon le bouddhisme, en fin d'analyse, l'objet s'évanouit nécessairement dans la non-réalité des entités isolées. Pourtant, la théorie des cordes continue à refléter l'idée de la localisation d'une réalité tangible, existant en soi, séparée.

T. – Absolument. Alors que les particules perdent leur substance intrinsèque, c'est au tour des cordes de l'acquérir.

M. – N'accorde-t-on pas là, par désir de réification des phénomènes, une valeur substantielle aux outils mathématiques de la théorie des cordes ? Récemment, j'ai eu l'occasion de converser avec Brian Greene [3], un spécialiste de la théorie des « cordes ». Je lui ai demandé si une corde pouvait exister par elle-même sans être liée à l'ensemble de l'univers. Selon lui, « il n'y a sans doute aucune notion de séparation entre les cordes et l'univers qu'elles habitent, le deuxième étant un reflet des premières ».

T. – Si la théorie est exacte, on ne peut en effet concevoir un univers sans cordes.

M. – On peut également se demander pourquoi les cordes vibrent.

T. – Selon l'incertitude quantique, une corde ne peut jamais être au repos complet, sinon on pourrait connaître avec une précision parfaite à la fois sa position et sa vitesse, ce qui est impossible.

M. – Comment se fait-il alors que le mode de vibration des cordes puisse changer ? La façon dont elles vibrent étant leur seule caractéristique, il semblerait donc qu'elles ne possèdent aucune propriété immuable ? Toujours selon Brian Greene, « les cordes peuvent agir les unes sur les autres, et ces interactions affectent leur mode vibratoire ». Les propriétés d'une particule (charge, masse, spin) dépendent uniquement du mode de vibration de la corde et ne sont donc pas inhérentes à la particule. Mais il semble que ces propriétés ne puissent pas non plus être inhérentes à la corde, puisque sa vibration peut changer. À cela Brian répondit : « Peut-être que tu as raison. La corde est comme un caméléon. Elle peut prendre l'apparence de n'importe quelle particule, puisque cette particule n'est autre que le mode de vibration de sa corde interne. »

Une réalité constituée d'éléments qui n'ont d'autre cause qu'eux-mêmes, qu'il s'agisse de cordes ou de particules, impliquerait l'existence d'entités immuables. Mais il apparaît que si les cordes simplifient la situation en éliminant la notion de propriétés intrinsèques attribuables aux diverses particules, ces cordes ne sont pas des entités principielles incapables d'être autre chose. Elles ont certes la longueur de Planck, mais, selon Brian Greene, il n'y a aucune raison que la longueur de Planck ne puisse pas être différente dans un autre univers.

Il me semble que la réfutation bouddhiste d'une réalité séparée, localisée et fragmentaire, s'applique aussi bien aux cordes qu'aux particules indivisibles ponctuelles, et met en valeur l'échec de toute tentative pour trouver un « roc ultime » de la réalité.

T. – N'oublions pas que la théorie des supercordes n'est encore qu'une idée superbe, qui pourrait se révéler fausse. Pour l'instant, elle n'a que très peu de chances d'être vérifiée expérimentalement, car il faudrait pour cela mobiliser des énergies beaucoup plus grandes que celles que nous pouvons produire avec les accélérateurs de particules les plus puissants. D'autre part, elle est enveloppée d'un voile mathématique qui s'épaissit de jour en jour, si bien qu'elle s'éloigne de plus en plus de la réalité. Or, tant que la physique n'est pas ancrée dans l'expérience, elle n'est que métaphysique.

Mais je ne nie pas que je suis intrigué par l'idée que l'impermanence est au cœur de la nature de la réalité. En vérité, en plus de l'impermanence que l'on observe au niveau subatomique, on constate aussi l'impermanence au niveau de l'univers tout entier. Cette notion de changement perpétuel se retrouve dans toute la cosmologie moderne.

Pourtant l'idée d'évolution cosmique qui est inhérente à la théorie du big bang ne s'est vraiment imposée qu'à partir de 1965, après la découverte du rayonnement fossile. Dans les années cinquante, la théorie de l'univers stationnaire qui prétendait qu'en moyenne l'univers était immuable, ne changeant ni dans l'espace ni dans le temps, avait le vent en poupe[4].

Il est intéressant de noter que cette opposition entre l'idée d'un monde immuable et celle d'un monde changeant et impermanent vit le jour au ve siècle av. J.-C., dans la Grèce antique, avec Héraclite qui maintenait que l'univers est en perpétuel devenir et que tout n'est que mouvement et écoulement sans commencement ni fin, et Parménide qui soutenait que le changement est incompatible avec l'Être qui lui est Un, continu et éternel.

M. – Pour Parménide, si quoi que ce soit changeait, l'apparition de quelque chose qui n'existait pas auparavant deviendrait possible. Or rien de ce qui n'existe pas ne peut commencer à exister. Le changement est donc impossible. Ce point de vue est typique d'une pensée qui s'attache à l'existence véritable des choses. Selon ce raisonnement, tous les effets devraient préexister dans leurs causes, puisque rien de neuf ne peut surgir. La réponse du bouddhisme (telle qu'elle fut adressée aux philosophes hindous défendant un point de vue semblable à celui de Parménide) est : « Si les effets existent dans les causes et sont indistinguables de ces causes, mieux vaut utiliser votre argent pour acheter des graines de coton pour vous en vêtir ! Elles vous protégeront tout aussi bien du froid, puisque vous maintenez que l'aspect du vêtement existe dans la graine. »

T. – Aristote incorpore à la fois les idées de changement et de non-changement dans son système cosmogonique. Selon lui, le changement est associé à la Terre et à la Lune où règnent l'imperfection, la vie, l'usure et la mort, et le non-changement au monde des autres planètes, du Soleil et des étoiles, un monde parfait, immuable et éternel. Au XVIIe siècle, Newton fait table rase de la distinction aristotélicienne entre ciel et Terre en introduisant sa théorie de la gravitation universelle : la même loi de gravité dicte aussi bien le mouvement de chute d'une pomme dans le verger que le mouvement des planètes autour du Soleil. Le ciel est aussi changeant que la Terre.

M. – Ce qui n'a pas empêché Newton d'écrire dans son *Optique* : « Il me semble probable que Dieu, au commencement, a formé la matière à l'aide de particules solides, massives, dures, impénétrables, mobiles, dotées de formes et de tailles et d'autres propriétés [...] si dures qu'elles ne peuvent jamais être usées ou cassées ; aucun pouvoir ordinaire n'étant capable de diviser ce que Dieu lui-même a fait unique dans la création initiale[5]. » Il maintenait donc bien l'idée de permanence au cœur même de la réalité.

T. – Il est vrai que les initiateurs de la science occidentale, de Galilée à Newton en passant par Kepler, étaient imprégnés de l'idée d'un Dieu créateur responsable d'un univers parfait, immuable et éternel. Mais à mesure qu'elle a progressé, la science nous a révélé que l'univers est en perpétuel changement et que l'idée d'un univers immuable n'a plus droit de cité. Les étoiles naissent, vivent leur vie en brûlant leur carburant d'hydrogène et d'hélium, puis meurent en expulsant dans le milieu interstellaire leur gaz enrichi en éléments chimiques provenant de leur alchimie nucléaire. Ce gaz s'effondre sous l'effet de la gravité pour donner naissance à une nouvelle génération d'étoiles, et ainsi de suite. Ce sont des cycles de vie et de mort qui se succèdent sur des millions, voire des milliards d'années. Le Soleil qui est apparu il y a quatre milliards et demi d'années, soit onze milliards et demi d'années après le big bang, est déjà un astre de la troisième génération. Les galaxies, qui sont des groupes de centaines de milliards d'étoiles en évolution, doivent donc aussi changer au cours du temps.

De plus, rien n'est immobile dans l'espace. La gravité fait que toutes les structures de l'univers, étoiles et galaxies, s'attirent et « tombent » les unes vers les autres. Ces mouvements de chute s'ajoutent au mouvement de l'expansion de l'univers. La Terre, de fait, participe à un fantastique ballet cosmique. Elle nous entraîne d'abord à travers l'espace à trente kilomètres par seconde dans son voyage annuel autour du Soleil. Celui-ci emmène à son tour la Terre dans son périple autour de la Voie lactée à deux cent trente kilomètres par seconde. La Voie lactée tombe à quatre-vingt-dix kilomètres par seconde vers sa compagne Andromède. Et ce n'est pas fini. Le groupe local qui contient notre galaxie et Andromède tombe à quelque six cents kilomètres par seconde vers l'amas de la Vierge, ce dernier tombant lui-même vers une grande agglomération de galaxies appelée le « Grand Attracteur ». Le ciel statique et immuable d'Aristote est bien mort. Tout autour n'est qu'impermanence, changement, transformation.

M. – Quelles sont les implications d'une telle compréhension pour nos vies ? Le but du bouddhisme est différent de celui de la physique. La physique s'arrête à la description des phénomènes. Le but du bouddhisme est de dissiper notre attachement à la réalité de ce qui apparaît devant nous : les êtres, les événements, les choses, nous-mêmes. Car à partir du moment où nous nous attachons aux choses comme permanentes et solides, nous pensons qu'elles ont par elles-mêmes la faculté de nous causer du plaisir ou de la souffrance. C'est ainsi que nous attribuons aux objets et aux êtres des caractéristiques – à moi ou à autrui, beau ou laid, plaisant ou déplaisant – qui ne sont que des étiquettes conceptuelles. Comme l'explique Dharmakirti [6] :

Quand il y a soi il y a conscience de l'autre.
Du soi et de l'autre naissent attachement et
[répulsion,
Et de la combinaison des deux
Proviennent tous les maux.

Dans ce contexte, la démarche bouddhiste ne vise pas à déterminer la masse et la charge des particules, mais à briser la notion de solidité et de permanence des choses, afin que nous ne soyons plus pris dans l'engrenage des illusions qui causent nos souffrances.

L'étape suivante consiste donc, dans le bouddhisme, à intégrer cette notion d'impermanence dans notre manière de voir les choses. Le Bouddha disait : « De même que les empreintes de l'éléphant sont les plus remarquables, l'impermanence est l'idée la plus importante sur laquelle un bouddhiste puisse méditer. » L'impermanence du monde macroscopique est évidente aux yeux de tous, mais la réflexion sur l'impermanence subtile a des conséquences encore plus profondes. Les phénomènes portent naturellement en eux-mêmes le ferment de leur propre transformation et aucune entité immuable ne peut exister dans l'univers. C'est d'ailleurs cette malléabilité des phénomènes et de la conscience qui permet le processus de transformation qui, finalement, mène à l'Éveil.

7

À CHACUN SA RÉALITÉ

Quand fond la neige du savoir

Il est aisé de comprendre que nous puissions voir une même chose de différentes façons. Mais quelle est la nature de la « chose » qui se cache derrière le voile des apparences ? Nous est-elle accessible ? Quelle est sa réalité ? En dépit des découvertes radicales de la mécanique quantique, de nombreux physiciens continuent à adhérer au « matérialisme réaliste », selon lequel il y a bien une réalité « pure et dure », descriptible en termes de particules élémentaires ou de supercordes. D'autres, qui ont approfondi les implications philosophiques de la mécanique quantique, pensent que la nature de la réalité demeurera à jamais voilée. Mais cette notion de « réel voilé » est-elle si différente du réalisme ? Pour le bouddhisme, si l'on veut appréhender la nature ultime de la réalité, il faut s'engager encore plus loin dans les interrogations philosophiques que la physique quantique a révélées.

MATTHIEU : La plupart des gens pensent que pour expliquer la cohérence du monde des phénomènes, il est nécessaire de postuler un monde extérieur totalement indépendant de nous qui sous-tend les apparences. Supposer qu'il existe un tel substrat derrière les apparences peut sembler raisonnable à première vue, mais cette supposition est principalement fondée sur des habitudes mentales que nous n'avons pas pris la peine d'examiner soigneusement. Cette attitude entraîne une perception fondamentalement fausse de la réalité. Elle est également source de frustration et de souffrance. Même si la mécanique quantique dément l'existence d'une réalité indépendante qui existe en elle-même, de nombreux scientifiques continuent à y ramener toutes leurs interprétations du monde des phénomènes.

Beaucoup de paradoxes, que l'on attribue habituellement à la mécanique quantique, sont simplement dus au fait que nous essayons coûte que coûte de plaquer sur cette mécanique quantique des concepts de notre philosophie occidentale. Comme l'a écrit Wojciech Zurek : « Le seul échec de la mécanique quantique est de ne pas avoir fourni de cadre pour la mise en œuvre de nos préjugés[1]. » Il faut ici encore distinguer la nature ultime des phénomènes et la façon dont nous les percevons, qui est leur nature relative. La nature ultime est l'absence d'existence propre, l'interdépendance. L'expérience montre que les choses ne sont pas totalement non existantes. C'est la façon dont elles existent que nous devons examiner plus attentivement. À ce stade, l'intellect atteint ses limites, car il ne peut pas appréhender conceptuellement cette nature ultime, à la fois existante et non existante. Du point de vue intellectuel, la nature de la réalité est donc « indécidable ». Parce qu'elle transcende tout concept, l'expérience de l'Éveil peut appréhender la réalité directement, de façon non duelle et non conceptuelle. Dans *La Connaissance transcendante*, on lit : « Les phénomènes ne naissent ni ne cessent, ne sont ni existants ni non existants, ne vont ni ne viennent, ne sont ni un ni multiples : ils sont au-delà de toute définition conceptuelle. »

La vision du monde selon le bouddhisme adopte

ainsi une voie médiane entre réalité et néant. Cette conception du monde qui éclaire les rapports entre vérité relative et vérité ultime est apte à résoudre cette opposition, à faire disparaître bien des paradoxes typiques de la physique contemporaine, et donc à offrir un cadre de vie, de pensée et d'action cohérent pour notre temps.

THUAN : Le scientifique accomplit ses recherches dans un certain contexte social et culturel. Même s'il s'en défend, il ne peut s'empêcher de partager, de manière consciente ou inconsciente, les préjugés métaphysiques de la société dont il fait partie. La science étant née en Occident, il était inévitable qu'elle soit dominée par le parti pris métaphysique d'une réalité solide réifiée à tout prix. Je ne pense pas que ce soit par accident que les fondateurs de la physique quantique, tels Bohr et Schrödinger, aient plaidé pour une unité de pensée entre la science occidentale et la pensée philosophique de l'Orient. Ils percevaient dans la pensée orientale une issue possible permettant de sortir des nombreux paradoxes inhérents à la mécanique quantique appréhendée selon un schéma occidental. Pour Heisenberg, « l'importante contribution du Japon à la théorie de la physique depuis la dernière guerre indique peut-être une certaine parenté entre les idées philosophiques traditionnelles de l'Extrême-Orient et la substance philosophique de la théorie quantique [2] », tandis que pour Bohr, « parallèlement aux leçons de la théorie atomique [...] nous devons nous tourner vers les problèmes épistémologiques auxquels des penseurs comme le Bouddha et Lao-tseu ont été déjà confrontés, en essayant d'harmoniser notre situation de spectateurs et acteurs dans le grand drame de l'existence [3] ».

Peu de physiciens se sont penchés sérieusement sur les conséquences philosophiques de la mécanique quantique. Pour la vaste majorité des chercheurs, la mécanique quantique est simplement une théorie physique qui marche extrêmement bien. Elle rend compte avec une précision inégalée du comportement de la matière au niveau subatomique et de son interaction avec la lumière. La mécanique quantique est donc considérée comme un outil efficace permettant de construire des transistors, des lasers, des puces et des ordinateurs, et d'autres instruments plus extraordinaires les uns que les autres qui ont considérablement modifié nos modes de vie. La plupart des chercheurs ne vont pas plus loin et ne se préoccupent pas des fondements philosophiques de leur science.

M. – J'ai récemment noté des commentaires du physicien Jean-Marc Levy-Leblond, qui vont dans le même sens :

Le large accord qui existe aujourd'hui entre les physiciens sur la plupart de leurs théories, qu'il s'agisse de cosmologie, de physique des particules ou de mécanique statistique, ne doit pas faire illusion. Il concerne avant tout la machinerie théorique, c'est-à-dire l'ensemble des formalismes mathématiques utilisés pour rendre compte de notre expérience du monde, et les procédures de calcul qui permettent d'en déduire les explications ou les prédictions concernant nos observations. [...] Mais ce consensus laisse ouvertes bien des questions sur l'interprétation de ces théories et la signification de leurs concepts. [...] Derrière l'unité de façade de la communauté scientifique on trouve de sérieuses divergences intellectuelles, d'autant plus profondes d'ailleurs qu'elles sont rarement explicitées. [...] Cette multiplicité de conceptions reste le plus souvent masquée par l'indifférence ou la prudence dont font montre la plupart des chercheurs en dehors du champ de leurs travaux spécialisés[4].

T. – Cette situation n'est certes pas très saine. Alors que la mécanique quantique est extrêmement avancée sur le plan du calcul des phénomènes, elle n'a pas beaucoup progressé au niveau de son fondement philosophique. Cela dit, une poignée de physiciens se sont penchés sur la question, parmi lesquels les Français Bernard d'Espagnat et Michel Bitbol. Afin d'expliquer certaines bizarreries de la mécanique quantique comme la notion de « non-séparabilité » (que nous avons abordée lors de la discussion du phénomène EPR), d'Espagnat parle, ainsi que je l'ai déjà mentionné, d'un « réel voilé[5] ». Selon lui, la science décrit bien la réalité empirique, mais elle ne nous donne que des aperçus d'une réalité indépendante qui ne s'inscrit pas dans l'espace-temps ordinaire. Ce réel voilé est indescriptible par la physique que nous connaissons et échappe à tous les cadres conceptuels que nous pouvons élaborer. La non-séparabilité condamne toute tentative pour décrire la réalité indépendante en termes d'objets localisés, et jette un doute sérieux sur l'idée de l'existence « en soi » de notre espace-temps.

M. – Cette notion d'un substrat réel qui existe par lui-même derrière le voile de nos perceptions est un sujet sur lequel la philosophie bouddhiste a beaucoup débattu. Elle conclut que nos concepts ne peuvent appréhender la réalité, car le fait que cette dernière ne soit ni non existante ni douée d'existence propre échappe nécessairement à l'intellect ordinaire. Nous supposons toujours qu'il existe bien « quelque chose » – nos perceptions concordantes du monde phénoménal en sont des quasi-preuves – et que les différentes expérimentations auxquelles se livrent les scientifiques sont autant d'étapes qui nous permettront de découvrir les caractéristiques propres de ce « quelque chose ». De là à conclure qu'il existe une réalité solide, du fait qu'on observe de façon répétitive telle ou telle de leurs propriétés, il n'y a qu'un pas.

T. – En fait, la neurobiologie a montré que la « réalité » n'apparaît la même qu'aux êtres de la même espèce, dotés du même système neuronal. D'autres espèces perçoivent le monde de façon différente. Par exemple, des recherches sur les poissons, les oiseaux et les insectes ont montré que ces êtres voient les couleurs et les formes des choses d'une tout autre manière que les humains. La réalité est inévitablement modifiée par le système neuronal qui la perçoit.

M. – Si on analyse l'un quelconque de ces modes de perception, celui des humains par exemple, on constate simplement que, dans certaines conditions, on observe et mesure certains phénomènes de manière reproductible. Mais ce faisant, la réalité de la « chose » n'a pas dépassé son statut initial d'étiquette mentale. Ce processus expérimental n'a jamais montré que ce qu'on observe existe en soi et possède des caractéristiques intrinsèques. Ce ne sont que des événements. Nous pouvons voir mille fois deux Lunes en appuyant mille fois les doigts sur nos globes oculaires, sans que cette vision confère la moindre parcelle d'existence à cette double Lune !

T. – Bernard d'Espagnat compare cette réalité à un arc-en-ciel que verraient les habitants d'une île située au milieu d'une rivière. Cette arche multicolore leur semble aussi réelle que toutes les choses qu'elle surplombe. À l'une des extrémités de l'arche se trouve un peuplier, à l'autre le toit d'une ferme. Les habitants de l'îlot ne doutent pas de la réalité de l'arc-en-ciel : ils croient qu'il serait là, exactement au même endroit, même s'ils fermaient les yeux ou venaient à disparaître. Pourtant, s'ils pouvaient quitter leur îlot et circuler en voiture sans quitter l'arc-en-ciel des yeux, ils s'apercevraient que la position de ce dernier n'est pas fixe, et que ses deux extrémités ne se situent pas toujours aux emplacements du peuplier et de la ferme : la position de l'arc dépend de celle de l'observateur. Cette comparaison illustre le fait que même les objets macroscopiques ne possèdent pas d'existence propre et que l'observateur joue un rôle primordial dans la façon dont ils nous apparaissent. La réalité indépendante de l'observateur est voilée, elle nous échappe.

M. – Il est vrai qu'aucune théorie ne peut rendre

compte d'une réalité qui existerait de façon totalement indépendante de la perception et de la pensée. Quelle que soit la base de nos perceptions, elle ne peut être identique à ce que l'on perçoit. Dans ces conditions, postuler l'existence d'une *vraie* réalité relève de la pure métaphysique. À jamais inaccessible à la pensée, son existence est aussi irréelle qu'une figure géométrique qui serait simultanément un cercle et un carré.

L'exemple de l'arc-en-ciel est souvent utilisé dans le bouddhisme. On dit que les êtres ordinaires qui s'attachent à l'existence solide de la réalité sont comparables à des enfants qui courent après un arc-en-ciel dans l'espoir de l'attraper pour s'en vêtir. L'arc-en-ciel, lumineux mais intangible, symbolise aussi l'union de la vacuité et des phénomènes, ainsi que l'interdépendance : il résulte de la coïncidence entre un rideau de pluie et les rayons du Soleil, sans qu'une entité « arc-en-ciel » ne vienne réellement à l'existence. Il disparaît dès que l'un de ces éléments vient à manquer, sans que rien n'ait véritablement cessé d'être. Les conditions d'apparition d'un arc-en-ciel ne nécessitent pas le support d'un « réel voilé » propre à cet arc-en-ciel. Mon maître, Khyentsé Rinpotché, reliait cette compréhension de la nature des phénomènes à la pratique contemplative de la manière suivante :

Tous les phénomènes sont semblables à un arc-en-ciel : exempts de toute réalité tangible. Une fois réalisée la vraie nature du réel, qui est d'être vide et pourtant de se manifester sous la forme du monde des phénomènes, l'esprit se libère de l'emprise de l'illusion. Quand vous saurez laisser vos pensées se dissoudre par elles-mêmes à mesure qu'elles surgissent, elles traverseront votre esprit de la même façon qu'un oiseau parcourt le ciel : sans laisser de trace.

La « réalité » est-elle à jamais soustraite à notre connaissance ? Oui, si nous persistons à vouloir faire émerger du monde phénoménal des « choses » qui existent en elles-mêmes. Non, si nous nous attachons à connaître leur nature ultime, leur vide d'existence propre.

T. – Un fait me dérange : s'il n'y a aucune réalité derrière le monde phénoménal, comment expliquer que nous percevions tous plus ou moins la même chose ?

Quand j'observe l'univers, les galaxies et les étoiles avec mon télescope, je vois et mesure la même réalité, les mêmes propriétés de la lumière, la même valeur de la vitesse de fuite des galaxies, la même brillance et la même couleur des étoiles que tout autre observateur de l'univers. Les constantes physiques semblent ne changer ni dans l'espace ni dans le temps. Parce que les télescopes sont également des machines à remonter le temps, je peux m'assurer que la masse et la charge des électrons dans les galaxies que j'observe aujourd'hui ont exactement les mêmes valeurs que celles mesurées ici sur notre petit coin de Terre, alors que leur lumière a commencé son voyage intergalactique il y a quelque dix milliards d'années.

Si les propriétés des objets macroscopiques – comme la position de l'arc-en-ciel dans l'espace – sont en partie une construction de notre esprit, comment comprendre que les diverses expérimentations auxquelles nous procédons paraissent toutes coïncider et que nous sommes d'accord sur leur nature ? Si la position dans l'espace est partiellement un reflet de notre subjectivité, le temps doit l'être également, puisque Einstein nous a appris que le temps et l'espace sont intimement liés. Comment rendre compte de l'accord subjectif de différentes personnes sur le fait qu'un objet dans le monde de tous les jours a une position bien déterminée, position qui est la même aux yeux de tous ?

M. – C'est exactement ce que le bouddhisme appelle la « vérité relative admise par consensus ». Le monde n'est certainement pas livré au hasard ni à l'arbitraire.

Même si les phénomènes n'ont pas une réalité autonome, ils existent sous la forme de « simples apparences » qui peuvent faire l'objet de désignations diverses et, n'étant pas pur néant, peuvent exercer une action obéissant aux lois de causalité. Ces lois expliquent les nombres, constantes et propriétés qui sont révélés par nos mesures et nos calculs. Dans ce contexte, il est certain que la masse du phénomène que nous définissons comme un électron est invariable. Il est donc normal que les êtres humains la mesurent de la même façon. Par contre, ce qui est loin d'être certain, c'est que les caractéristiques qu'on attribue à l'électron soient des propriétés intrinsèques qui seraient perçues de manière identique par des êtres intellectuellement très différents de nous.

La façon dont nous percevons les phénomènes fait intervenir la conscience, puisque celle-ci fait partie de l'interdépendance générale. Pourquoi des êtres faisant partie d'une même espèce perçoivent-ils les phénomènes de manière quasiment identique ? Lorsqu'on se dit : « Chaque fois que je regarde telle chose, je la vois de la même façon et tout le monde la voit de cette façon », cela ne prouve en rien que les propriétés perceptibles de cette chose fassent partie intégrante de sa nature. L'apparente stabilité d'une perception résulte d'une interaction continue de la conscience et d'un groupe de phénomènes particuliers. Selon le bouddhisme, la façon dont *nous* percevons le monde est très spécifique. Le fait que les humains perçoivent tout le monde de façon à peu près identique est dû au fait que leur conscience et leur corps ont, pour ainsi dire, une configuration similaire. Le monde d'un être humain diffère considérablement de celui d'un insecte, lequel diffère de celui d'un oiseau.

T. – Les neurobiologistes te diront effectivement que le monde est perçu différemment par les diverses espèces animales. Par exemple, leurs yeux sont sensibles à des lumières de couleur différente ou à des rayonnements invisibles aux humains. Ainsi un chien peut voir dans l'obscurité, car ses yeux sont plus sensibles à la lumière infrarouge que ceux des humains. Un pigeon peut appréhender des rayons ultraviolets que nous ne percevons pas. Les chauves-souris ne se repèrent pas par la vue, mais en écoutant l'écho des ultrasons qu'elles émettent. Leur représentation du monde est donc certainement très différente de la nôtre. Comme le fait remarquer Thomas Nagel [6], en dépit de certaines tentatives de reconstitution du monde tel que le perçoivent les animaux, l'être humain doit tout simplement renoncer à se faire une idée de ce que peut être, par exemple, le monde d'une chauve-souris, même s'il est capable de décrire le fonctionnement de son système de perception dans ses moindres détails. La compréhension théorique de la façon dont la chauve-souris navigue aux ultrasons ne nous donne pas plus d'informations sur son expérience que la description des couleurs par un physicien ne peut en faire partager l'expérience à un aveugle. Les biologistes pensent que ces différences résultent de la sélection naturelle : chaque espèce a développé les modes de perception les plus adaptés à son environnement, et les plus utiles à sa survie, sa reproduction et sa prolifération [7].

M. – La relative similarité de fonctionnement des sens et des consciences des êtres donne lieu à des perceptions du monde qui sont parfois semblables, parfois très différentes, sans qu'aucune de ces perceptions ne puisse être considérée comme ultime. Dans le *Samadhiraja Soutra*, le Bouddha dit :

Les yeux, les oreilles et le nez ne sont pas des
[moyens de connaissance valides,
Pas plus que la langue et le corps.
Si les facultés sensorielles pouvaient nous fournir une
[connaissance authentique,
Que pourrait apporter la sublime Voie ?

De plus, selon le bouddhisme, la conscience n'appréhende jamais le réel, ou plus exactement ce que nous appelons le réel, faute de l'avoir correctement examiné. Au premier instant d'une perception, le système sensoriel capte un objet. Au deuxième instant, il crée une image mentale non conceptuelle d'une forme, d'un son, d'une saveur, d'une odeur ou d'une chose touchée. À partir du troisième instant, les mécanismes mentaux s'enclenchent, se mêlent à la mémoire et aux tendances acquises, et une multitude d'instants de conscience consécutifs identifient l'image de l'objet comme étant ceci ou cela ; ils l'interprètent et éprouvent à son égard des sentiments positifs, négatifs ou neutres. Entre-temps, l'objet, qui est tributaire de l'impermanence, a déjà changé. La conscience conceptuelle ordinaire ne perçoit donc *jamais* une réalité qui lui est simultanée, elle ne perçoit que les images mentales de phénomènes disparus.

De plus, l'image mentale, celle d'une fleur par exemple, est trompeuse, car en percevant la fleur nous ne pensons généralement pas qu'elle est impermanente et dénuée d'existence intrinsèque. Le bouddhisme parle alors de « perception incorrecte ». Il est cependant possible de la remplacer par une perception correcte qui appréhende le mode d'être véritable de la fleur (la vacuité) et n'est pas influencée par les concepts ordinaires. L'une des caractéristiques de celui qui a atteint l'Éveil est, dit-on, qu'il peut distinguer la perception pure, non conceptuelle, de l'image mentale.

T. – Ainsi, deux mille ans avant Kant et les sciences cognitives, le bouddhisme avait compris que le monde que nous percevons est une reconstruction mentale de la réalité extérieure, avec en plus l'idée que la « réalité » elle-même n'est jamais totalement indépendante de la conscience.

M. – Le physicien David Bohm disait :

La réalité est ce que nous tenons pour vrai. Ce que nous tenons pour vrai est ce que nous croyons. Ce que nous croyons prend appui sur nos perceptions. Ce que nous percevons est lié à ce que nous cherchons. Ce que nous cherchons dépend de ce que nous pensons[8].

Quelle que soit la complexité de l'instrumentation, la sophistication des théories et la subtilité des calculs utilisés, c'est donc la conscience, et elle seule, qui interprète les observations. Elle le fait selon ses connaissances et ses conceptions de l'événement qu'elle perçoit. On ne peut séparer le mode de fonctionnement de la conscience des conclusions qu'elle tire de son observation. Les différents aspects que nous distinguons dans les phénomènes sont déterminés non seulement par les moyens d'observation, mais aussi par les concepts que nous projetons sur ces phénomènes.

De plus, une réalité indépendante de nos sens et de nos concepts n'aurait aucune signification pour nous. Quelle théorie pourrait représenter une réalité qui existerait de façon totalement étrangère à notre intellect ? Comment les caractéristiques de cette réalité pourraient-elles nous apparaître sans être affectées par l'acte même de les chercher ? Ce point de vue se retrouve chez Henri Poincaré qui écrivait : « Une réalité complètement indépendante de l'esprit qui la conçoit, la voit ou la sent est une impossibilité. Même s'il existait, un monde aussi extérieur nous serait à jamais inaccessible[9]. »

Alan Wallace résume bien ce problème :

Pour souscrire en toute connaissance de cause au réalisme scientifique, il faut en effet accepter plusieurs prémisses, à savoir : 1) le monde de la matière existe indépendamment de l'expérience humaine ; 2) il est accessible aux concepts humains (mathématiques ou autres) ; 3) parmi le nombre potentiellement infini de systèmes conceptuels susceptibles de rendre compte des phénomènes observés, un seul et unique est vrai en réalité ; 4) la science devrait bientôt découvrir cette unique théorie tenue pour vraie ; 5) les scientifiques ne manqueront pas de la reconnaître pour telle[10].

Les descriptions que fournissent les sciences naturelles relient les observations effectuées, les organisent et prédisent leur évolution, mais n'établissent pas la présence d'un réel autonome. Il est donc légitime de se demander s'il existe vraiment une réalité qui se définisse par elle-même. On ne peut pas dire qu'il n'y a « rien », puisque les phénomènes apparaissent et que nous ne pouvons pas nier la réalité observable. On ne peut pas dire non plus que les phénomènes ont une réalité immuable derrière le voile des apparences.

T. – Mais ma question demeure : quelle est la base de ces perceptions variées ?

M. – Ni un objet doué d'existence propre ni une pure vacuité ne peuvent servir de base à l'apparition des phénomènes. Seule une « simple apparence », ne se limitant ni à l'objet extérieur ni à la conscience intérieure, représente une base irréfutable par l'analyse[11]. Nous en revenons ainsi à l'union indissociable des apparences et de la vacuité, qui transcende les extrêmes conceptuels de l'existence réelle et du néant. L'inséparabilité des deux vérités – la vérité relative des phénomènes et la vérité ultime de leur vacuité – est la seule réalité possible, celle que perçoit tout être possédant la connaissance parfaite d'un Bouddha.

Il est indiscutable que l'objet extérieur perçu dans le moment présent n'est pas une pure fabrication de l'esprit. Cependant, l'ensemble de notre « paysage », c'est-à-dire notre représentation du monde, est le résultat de l'actualisation de tendances accumulées par la conscience depuis des temps immémoriaux. Du fait de cette actualisation, les êtres appartenant à une même espèce perçoivent un ensemble de phénomènes plus ou moins semblables. Du fait que rien n'existe en soi, ces phénomènes disparates ne sont pas incompatibles et peuvent coexister sans s'exclure.

On donne dans les textes bouddhiques l'exemple d'un verre d'eau. Nous le percevons comme une boisson ou un liquide servant à nous laver, alors qu'il sera perçu comme un ensemble de molécules pour un physicien utilisant un microscope électronique, et un habitat pour le poisson. Les différentes espèces d'êtres vivent donc en parallèle différentes « irréalités » qui induisent divers modes de perception de ce que nous appelons un « même verre d'eau ». Il faut comprendre toutefois que « même » ne veut pas dire qu'il y a un « vrai » verre d'eau posé derrière l'écran semi-transparent de nos sens. « Même » signifie ici que le fonctionnement des diverses consciences au cours de nombreuses générations ou existences passées a entraîné des cristallisations semblables, mais non identiques, de phénomènes interdépendants. Bien que dénuées d'existence propre, ces cristallisations, qui reflètent un processus de fixation des conceptualisations issues des perceptions, se ressemblent plus ou moins selon la manière dont ces consciences ont fonctionné et évolué depuis un passé très lointain.

Je disais que ni un objet doué d'existence propre ni une pure vacuité ne peuvent servir de base à l'apparition des phénomènes. Considérons le premier cas, celui d'une base douée d'existence réelle. Écartons tout d'abord la possibilité absurde que deux perceptions différentes de l'eau correspondent à deux objets autonomes distincts. Si c'était le cas, ces perceptions n'auraient aucun fondement commun et aucun rapport entre elles – pas plus que notre perception d'un vase n'a de rapport avec celle d'un pilier. Une propriété de l'eau, sa fluidité par exemple, pourrait-elle constituer cette base ? Si l'eau pouvait se définir par elle-même, sans aucune participation de la conscience, ses propriétés devraient s'imposer à tous de la même façon. (La réciproque n'est pas vraie, car même si nous percevons tous une chose de la même façon, cela n'implique pas qu'elle existe par elle-même.)

Dans le deuxième cas, si la base de nos perceptions était totalement vide, ces perceptions seraient dépourvues de cause, et n'importe quoi, y compris l'espace vide, pourrait se manifester de n'importe quelle façon. Rien n'empêcherait une fleur d'apparaître au milieu du ciel.

Pour un être éveillé, un Bouddha, l'eau est perçue comme l'union de la vacuité et des apparences. Seule cette dernière vision est considérée comme correcte, car aucune autre ne résiste à l'analyse. En effet, toute autre perception de l'eau résulte de nos tendances habituelles qui relèvent de l'ignorance et de la confusion. Lorsque cette confusion est dissipée, on reconnaît que les aspects infiniment variés des phénomènes sont dénués d'existence propre et que leur nature ultime est la vacuité[12]. Cela va certes à l'encontre du sens commun qui s'accroche à l'idée d'un monde dont l'existence serait totalement extérieure à nous.

T. – Tu ne veux pas dire que si nous n'étions pas là, le monde n'existerait pas ?

M. – Non, bien sûr ! Même si l'école bouddhiste idéaliste dénommée « l'Esprit seul » (*Cittamatra*) soutient que seul l'esprit a une réalité ultime et que les phénomènes ne sont que des projections mentales, sa position a été réfutée par la philosophie de la Voie médiane (*Madhyamaka*), considérée comme la plus profonde. Selon l'école du Madhyamaka, la vision correcte de la réalité est celle de l'interdépendance des phénomènes conscients et inconscients, les uns et les autres dépourvus d'existence absolue. Il est certain que le monde en général ne disparaît pas quand on s'endort ou quand on s'évanouit. Pourtant l'interaction de notre conscience et des phénomènes « extérieurs » définit un réseau de relations particulières qui constituent « notre » monde. Or ce monde particulier s'évanouit lorsqu'un élément, la conscience notamment, vient à manquer.

En bref, la branche d'arbre se casse bien lorsque nous ne sommes pas là pour la regarder. Mais le monde des phénomènes doit être conçu dans une perspective plus vaste. Il est le produit d'une longue maturation due à la coexistence de la conscience des êtres et du potentiel infini de manifestation des phénomènes qui est inhérent à leur vacuité. Comme le disait mon maître Khyentsé Rinpotché :

Lorsqu'un reflet apparaît dans un miroir, on ne peut pas dire qu'il fait partie du miroir ni qu'il se trouve ailleurs. De même, les perceptions des phénomènes extérieurs ne se trouvent ni dans l'esprit, ni en dehors de lui. Les phénomènes ne sont en vérité ni existants ni non existants. La réalisation de la nature ultime des choses se situe donc au-delà des concepts d'être et de non-être[13].

C'est pourquoi Nagarjuna prenait la précaution de dire : « Puisque je ne postule aucun concept, personne ne peut réfuter mon point de vue. » Ne rien affirmer n'est pas une dérobade de la raison, mais la reconnaissance du fait que la nature ultime des phénomènes ne peut pas être fixée par des concepts, limitée par des définitions, enfermée dans les catégories de la réalité solide ou du néant.

On rejoint ici les notions de vérité relative et de vérité absolue. La vérité relative correspond à la manière dont les phénomènes nous apparaissent, avec des caractéristiques identifiables. La vérité absolue correspond à l'absence d'existence propre de ces caractéristiques, ce qui implique que la nature ultime des phénomènes, la vacuité, est au-delà de toute description et de tout concept. La *Prajnaparamita* dit : « Comprendre parfaitement que les choses n'ont pas d'être en soi, c'est la pratique de la suprême connaissance transcendante. »

T. – La connaissance scientifique ressemble plus à la vérité relative que tu décris. C'est la similarité de la perception de la réalité phénoménale, l'accord entre diverses personnes qui rendent possible la méthode expérimentale en science. Les observations et les expériences doivent pouvoir être répétées et confirmées par différentes équipes de chercheurs à l'aide d'instruments et de techniques variés. C'est seulement alors que les résultats sont considérés comme valables. Le but de la physique n'est donc pas la description de la réalité en soi, mais la description de l'« expérience humaine communicable », c'est-à-dire celle des observations et mesures.

M. – C'est un point très important, car il crée une brèche dans la vision matérialiste selon laquelle il y a une différence essentielle entre la réalité objective et la réalité subjective. Cela permet aussi de remettre la science à sa juste place, celle d'une simple entreprise d'évaluation et d'organisation des *rapports* qui constituent les phénomènes au niveau conventionnel, et de création d'ouverture de possibilités d'action croissantes sur ces phénomènes. Le bouddhisme considère les phénomènes comme des « événements ». *Samskara*, le mot sanscrit qui désigne les « choses » ou « agrégats », signifie dans son sens premier « événement » ou « acte ».

T. – Cette étymologie va tout à fait dans le sens de l'interprétation de la mécanique quantique qui relativise radicalement la notion d'objet en la subordonnant à celle de mesure et donc d'événement.

M. – C'est l'opinion du bouddhisme qui affirme que la réalité est toujours déterminée par l'interaction de l'observateur et de l'observé. La complémentarité entre le tout et les parties fait que c'est parfois l'aspect « partie » qui se révèle, parfois l'aspect global. L'observateur ne fait qu'isoler un certain spectre d'aspects qui n'ont d'autre réalité que celle d'une interaction particulière entre l'observation et la globalité, c'est-à-dire entre une conscience et l'ensemble dont elle fait partie. Ce que nous appelons réalité n'est donc qu'un certain « regard » de la conscience.

Pour un esprit ordinaire, il y a une différence entre la façon dont les choses apparaissent et leur nature véritable, ce qui se traduit du point de vue de notre expérience personnelle par un mélange de souffrance et de bonheur. Au terme du chemin de la connaissance, on perçoit directement la nature ultime des phénomènes, ce qui conduit à la sagesse immuable dans laquelle toute disparité entre apparences et réalité a disparu. De cette sagesse surgit spontanément une compassion illimitée pour les êtres que l'ignorance plonge dans des souffrances sans fin.

8

QUESTIONS DE TEMPS

La physique moderne est passée du temps absolu et universel de Newton au temps relatif et malléable d'Einstein qui peut ralentir ou accélérer selon le mouvement de l'observateur ou l'intensité du champ de gravité dans lequel il se trouve. Le temps n'est plus universel : le passé de l'un peut être le futur de l'autre. Quelle est la différence entre ce temps physique et le temps psychologique dont nous faisons l'expérience ? Comment le bouddhisme réfute-t-il la notion de temps absolu et se sert-il du temps psychologique comme d'un aiguillon pour stimuler la pratique spirituelle ? Absente au niveau des atomes, omniprésente au niveau du cosmos, la « flèche » du temps n'est-elle qu'une étiquette mentale ?

THUAN : « La méditation du temps est la tâche préliminaire à toute métaphysique », disait Gaston Bachelard. Le temps n'est certes pas une notion facile à cerner, comme le constatait saint Augustin au IVe siècle : « Qu'est-ce que le temps ? Si personne ne me le demande, je le sais. Mais qu'on m'interroge là-dessus et que je veuille l'expliquer, et je ne sais plus [1]. »

Le temps joue un rôle important non seulement en métaphysique, mais aussi en physique. Au cours de leurs études de la nature, les physiciens sont sans cesse confrontés à la question du temps. Cela peut paraître paradoxal à première vue, car le temps mesure l'éphémère alors que les physiciens sont à la recherche de lois, c'est-à-dire de rapports invariants et immuables qui échappent au changement. Pourtant, la notion de temps revient sans cesse en physique.

Galilée fut le premier, au XVIe siècle, à introduire le temps comme une dimension physique fondamentale afin d'ordonner et de relier mathématiquement ses mesures du mouvement des objets. Mais c'est Newton qui avec ses lois de la mécanique donna, au XVIIe siècle, une définition explicite du temps. Il définit le mouvement des corps dans l'espace en précisant leurs positions et leurs vitesses à des instants successifs. Le temps newtonien était unique, absolu et universel. Il s'écoulait de la même façon pour chacun, et chaque observateur dans l'univers partageait le même passé, le même présent et le même futur. L'espace et le temps étaient rigoureusement distincts : le temps s'écoulait sans subir aucune interaction avec l'espace.

En 1905, ce concept d'un temps absolu fut remis en question par Einstein avec la publication de sa théorie de la relativité restreinte. Avec Einstein, le temps perd la rigidité et le caractère universel que lui avait attribués Newton. Il n'est plus indifférent à l'univers dans lequel il est censé s'écouler invariablement mais devient élastique quand il se révèle tributaire du mouvement de l'observateur. Plus on va vite et plus le temps ralentit. Ainsi, une personne qui se déplacerait à bord d'un vaisseau spatial à 87 % de la vitesse de la lumière verrait son temps ralentir de moitié. Elle vieillirait deux fois moins vite que son jumeau resté sur Terre. Cette différence d'âge serait bien réelle. Le jumeau aurait plus de rides et de cheveux blancs. Son cœur aurait battu davantage et il aurait mangé plus de repas, bu plus de vin et lu plus de livres. C'est le paradoxe des jumeaux de Langevin (d'après le nom du physicien français qui l'a exposé). Ce n'est un paradoxe que pour notre bon sens, qui est souvent trompeur. La théorie de la relativité rend parfaitement compte de ce ralentissement du temps : plus la vitesse augmente, plus le temps ralentit. Imperceptible quand il s'agit des vitesses pratiquées dans la vie quotidienne, ce ralentissement devient important à des vitesses proches de celles de la lumière (trois cent mille kilomètres par seconde). À 99 % de la vitesse de la lumière, le temps ralentit de 7 fois. À 99,9 % de la vitesse de la lumière, il ralentit de 22,4 fois. Ce ralentissement du temps n'est pas un jeu de l'esprit. Il a notamment été observé dans le cas de particules lancées à de très grandes vitesses dans des accélérateurs : elles vivent plus longtemps (avant de se désintégrer) que lorsqu'elles sont au repos, et ce, toujours dans la proportion prévue par Einstein.

Autre révolution : le temps et l'espace ne vivent plus des vies séparées. Einstein en fait un couple uni. L'espace lui aussi devient élastique. Les comportements des deux membres du couple sont toujours complémentaires. Quand le temps s'étire et passe plus lentement, l'espace se rétrécit. Si l'un des deux jumeaux fonce à bord de son vaisseau spatial à 87 % de la vitesse de la lumière, non seulement il vieillit deux fois moins vite, mais son espace se contracte : son vaisseau spatial apparaît comme raccourci de moitié au jumeau resté sur Terre. Les déformations concertées du temps et de l'espace peuvent être considérées comme une transmutation de l'espace en temps, et vice versa. L'espace qui se rétrécit se transforme en un temps qui s'allonge.

Le temps est ralenti non seulement par la vitesse mais aussi par la gravité. C'est ce qu'Einstein a annoncé en 1915 dans sa théorie de la relativité généralisée. Au voisinage d'un trou noir, dont la gravité est colossale, l'horloge d'un astronaute ralentira par rapport à celle d'un observateur resté sur Terre. Le ralentissement du temps par la gravité a aussi été vérifié expérimentalement. Les physiciens ont pu mesurer un changement de temps de

2,5 millionièmes de milliardième de seconde entre le haut et le bas d'une tour de vingt-trois mètres de haut à l'université de Harvard. L'horloge située en bas de la tour est plus lente parce qu'elle est plus proche du centre de la terre et que la gravité est très légèrement plus forte à ce niveau. L'horloge située au sommet de la tour est plus rapide, pour les raisons inverses. Le ralentissement de l'horloge du bas, par rapport à celle du haut, est d'une seconde tous les cent millions d'années. C'est *exactement* la valeur prédite par la théorie de la relativité généralisée.

Le caractère élastique du temps a une conséquence fondamentale : le temps perd son universalité, il n'est plus le même pour chacun. Mon présent peut être le passé de quelqu'un d'autre et le futur d'une tierce personne, s'ils sont tous deux en mouvement par rapport à moi. Puisque le concept de simultanéité perd son sens, le mot « maintenant » devient ambigu. Et si, pour quelqu'un d'autre, le futur existe déjà et le passé est encore présent, tous les instants se valent. Il n'existe plus de moment privilégié. Pour Einstein, que le philosophe anglo-autrichien Karl Popper appelait le « nouveau Parménide », le passage du temps n'est qu'illusion. Il exprima cette opinion, comme pour alléger son chagrin, dans une lettre écrite en 1955 après la mort de son ami Michele Besso et moins d'un mois avant sa propre fin : « Pour nous autres physiciens convaincus, la distinction entre passé, présent et futur n'est qu'une illusion, même si elle est tenace[2]. » Pour le physicien moderne, le temps ne s'écoule plus : il est simplement là, immobile, comme une ligne droite s'étendant à l'infini dans les deux directions.

MATTHIEU : Selon l'analyse classique du bouddhisme, le temps *physique* et *absolu* n'est qu'un concept. Il n'existe pas en soi. Le temps appartient à la vérité relative du monde des phénomènes, au domaine du vécu. Le passage du temps est insaisissable dans l'instant présent qui ne s'écoule pas et il n'a pas l'épaisseur nécessaire pour avoir ni début ni fin. Au regard de ce présent, le passé est mort et le futur n'est pas encore né. Comment le présent pourrait-il alors exister, suspendu entre ce qui n'est plus et ce qui n'est pas encore ?

Le temps physique n'a pas d'existence propre, puisqu'on ne peut concevoir un temps distinct des instants qui le composent. Il est impossible de l'identifier au début, pendant, ou à la fin d'une période donnée. Si on définit une période de temps comme l'ensemble constitué par son début, son milieu et sa fin, il est clair que cet *ensemble* n'existe dans aucune de ces trois parties. La période n'existe pas non plus en dehors de son début, de son milieu et de sa fin, et par conséquent la notion même de période de temps est purement conventionnelle. Le temps, comme l'espace, n'existe que par rapport à notre expérience, il n'est qu'un concept lié à une transformation perçue par un observateur, un mode d'appréhension des phénomènes. En l'absence de ces derniers, il ne saurait exister.

T. – Il faut bien distinguer le temps subjectif ou psychologique du temps physique qui est censé être objectif, s'écoule uniformément et ne dépend pas de notre conscience. Le temps physique est le temps des horloges. On le mesure grâce à un mouvement régulier : la vibration d'un atome[3] ou encore le mouvement de rotation de la Terre sur elle-même. C'est pourquoi parler de temps (ou d'espace) avant la naissance de l'univers n'a pas de signification, parce que aucun mouvement ne peut être mesuré. Dans la théorie du big bang, le temps et l'espace sont nés simultanément avec l'univers. Saint Augustin avait lui aussi conçu l'idée que le temps faisait son apparition avec le monde. Il trouvait ridicule l'idée d'un Dieu qui attend un temps infini avant de se décider à créer le monde. Pour lui, le monde et le temps apparaissaient ensemble. Le monde est créé non pas *dans* le temps, mais *avec* le temps. Ce concept était une anticipation remarquable des idées de la cosmologie moderne.

Par contre, le temps vécu, celui que nous sentons dans notre for intérieur, est subjectif et ne s'écoule pas de manière uniforme. Il est notoirement élastique. Ainsi le même spectacle peut durer une éternité pour une personne qui trouve la pièce de théâtre ennuyeuse, alors que son voisin captivé ne voit pas le temps passer. Une minute d'ennui ou d'effroi prend des allures de siècle, tandis qu'un moment de bonheur semble passer en un clin d'œil. D'autre part, nous constatons tous que plus nous vieillissons, plus le temps semble passer vite. Cette accélération du temps avec l'âge a pu être vérifiée par des études sur la croissance des plantes et des animaux : plus l'âge est élevé, plus la durée « physiologique » est petite.

Cette antinomie du temps vécu et du temps physique a été constamment présente dans l'histoire de la pensée. Pour les philosophes présocratiques, le temps était identifié au mouvement, comme le temps physique. Ainsi Héraclite disait que « Le temps est un enfant qui joue au trictrac » (le temps est rythmé par le déplacement des pions sur la table de jeu). Pour Aristote, le temps était « le nombre du mouvement », mais il se demandait déjà : « La question est embarrassante de savoir si, sans l'âme, le temps existerait ou non. » Au IVe siècle, saint Augustin récuse les thèses d'Aristote : « Le temps n'est pas le mouvement d'un corps », et affirme la dimension existentielle (ou psychologique) du temps : le temps ne s'écoule que dans l'âme, étant donné que l'objet de l'attente (le futur) devient celui de l'attention (le présent) qui se transforme en celui de la mémoire (le passé). C'est cette position qu'adopta le philosophe allemand Edmund Husserl au XXe siècle.

M. – Kant disait également que les concepts d'espace et de temps relèvent de nos rapports avec la nature, et ne sont pas propres à la nature elle-même : « Le temps n'est qu'une condition subjective de notre intuition, et il n'est rien en dehors du sujet. » Une idée équivalente a été proposée par les philosophes bouddhistes qui affirment que le temps est dénué de réalité ultime et n'a aucune existence en dehors des phénomènes et de leurs observateurs. Se représenter le temps comme une « flèche » reflète simplement notre attachement à la réalité des choses.

Parler de « commencement » du temps révèle bien sa nature purement illusoire. En effet, une fois établie l'idée d'un « commencement » du temps, on peut naturellement se demander ce qu'il y avait « avant » ce commencement. Cette question qui n'a aucun sens montre bien que nous n'avons pas affaire au commencement d'une réalité mais à une construction mentale. Au lieu de dire, comme Einstein, que le temps physique est *toujours* là, pareil à une dimension immobile, on dira qu'il n'est *jamais* là, ce qui revient presque au même point de vue du mouvement illusoire du temps.

T. – Saint Augustin disait aussi qu'il n'y a d'autre temps que le temps vécu. En dehors des états psychologiques de la mémoire, de l'attention présente et de l'attente, le temps n'est que néant. Or, puisque tout est dans le temps, rien n'existe. Autrement dit, tout n'est qu'apparence.

Le temps psychologique, que nous ressentons tous, est très différent du temps physique. Nous pensons qu'il possède un mouvement. Pour nous, « le temps passe, il s'écoule », comme le flot d'un fleuve. Sur notre navire immobile ancré dans le présent, nous regardons la rivière du temps qui éloigne les flux du passé et apporte les vagues du futur. Nous accordons une dimension spatiale au temps, et c'est cette représentation du mouvement du temps dans l'espace qui nous donne la sensation du passé, du présent et du futur. Le passé est meublé de souvenirs et le futur d'attentes.

C'est probablement notre activité cérébrale qui nous fait sentir le temps qui passe. Les données du monde extérieur sont transmises par nos organes des sens à notre cerveau qui les intègre en une représentation mentale. Cet acte cérébral est caractérisé par l'entrée en action simultanée de plusieurs régions séparées du cerveau ayant des fonctions différentes. Selon le neurobiologiste Francisco Varela[4], c'est la complexité de la tâche qui consiste à relier et intégrer ces différentes composantes du cerveau qui nous donne la sensation du temps. De l'action conjuguée et synchrone de grands ensembles non contigus de neurones, parmi les centaines de milliards qu'en compte le cerveau de l'homme, résulte un état biologique « émergent », c'est-à-dire un état qui est plus que la simple somme de ses composants. Parce que cette action dure de quelques dizaines à quelques centaines de millièmes de seconde, nous avons la sensation du « maintenant », d'un présent qui a une épaisseur. Mais la synchronisation des neurones est instable et ne dure pas, ce qui provoque l'entrée en action d'autres ensembles de neurones synchrones produisant des états émergents en succession ; ce sont ces derniers qui nous donnent la sensation du temps qui passe. Chaque état émergent bifurque à partir du précédent, si bien que celui qui précède est encore présent dans celui qui suit, produisant l'impression de la continuité du temps.

L'une des propriétés les plus importantes du temps psychologique est qu'il va toujours de l'avant et nous conduit de la naissance à la mort. Comme une flèche qui va tout droit devant elle après avoir quitté la corde de l'arc, le temps psychologique ne revient jamais en arrière. C'est cette irréversibilité qui est responsable de notre hantise de la mort. Nous savons tous que nous allons à la tombe.

M. – Le bouddhisme utilise le temps psychologique afin de maîtriser l'angoisse de la mort et de renforcer l'assiduité dans la pratique de transformation spirituelle à laquelle nous nous livrons. Un pratiquant bouddhiste ne vivra pas dans la hantise de la mort, car en la méditant sans cesse, il se prépare à l'accueillir avec sérénité le moment venu. Gampopa, sage tibétain du XIe siècle, écrivait : « Au départ, il faut être poursuivi par la peur de la naissance et de la mort comme un cerf qui s'échappe d'un piège. À mi-chemin, il ne faut rien avoir à regretter, même si l'on meurt, comme le paysan qui a travaillé son champ avec soin. À la fin, il faut être heureux comme quelqu'un qui a terminé une grande tâche. »

Un ermite retourne sa tasse (on fait ce geste au Tibet lorsque quelqu'un meurt) tous les soirs avant de s'endormir, au cas où il ne se réveillerait pas. Il pense que chaque instant le rapproche de la mort. Après chaque expiration, il s'estime heureux d'inspirer à nouveau. Nagarjuna écrit dans sa *Lettre à un ami (Srulekha)* :

Si cette vie que bat le vent de mille maux
Est plus précaire encore qu'une bulle sur l'eau,
Il est miraculeux, après avoir dormi,
Inspirant, expirant, de s'éveiller dispos[5].

Dans les *Chapitres dits intentionnellement*[6], le Bouddha énonce :

Tout ce qu'on accumule à la fin se disperse,
Et ce qu'on construit finit par s'effondrer,
Ce qui est assemblé pour finir se sépare,
Et ce qui est vivant disparaît dans la mort.

Ainsi, la prise de conscience de la fuite irréversible du temps est comme un éperon stimulant notre diligence. Padmasambhava, le maître qui introduisit le bouddhisme au Tibet, disait :

Comme le torrent qui court vers la mer,
Comme le soleil et la lune qui glissent vers les monts
[du couchant,
Comme les jours et les nuits, les heures, les instants
[qui s'enfuient,
La vie humaine s'écoule inexorablement.

Le Bouddha utilise aussi l'image d'un athlète qui attraperait au vol quatre flèches lancées en même temps par quatre archers dans quatre directions différentes. « Pourtant, dit-il, plus rapide encore est la fuite du temps et l'approche de la mort. » Pour un pratiquant bouddhiste, le temps est donc le bien le plus précieux qui soit, et aucun de ses instants ne doit être gaspillé avec l'indifférence de celui qui oublierait l'imminence de la mort.

Mais cela ne signifie par pour autant que le bouddhisme croit cette flèche du temps réelle. Le passé et le futur n'ont aucune réalité, et le présent est insaisissable.

T. – Certainement, cette notion du passage du temps par rapport à notre conscience immobile s'adapte mal au langage de la physique moderne. Si le temps a un mouvement, quelle est sa vitesse ? Question évidemment absurde. Je dois préciser qu'à l'échelle subatomique le temps n'est plus unidirectionnel. Dans le monde des particules, la flèche du temps disparaît et le temps peut s'écouler dans les deux directions. Deux électrons convergents entrent en collision et repartent. Inversons la séquence des événements dans le temps, et nous aurons encore deux électrons qui convergent, entrent en collision et repartent. Les deux séquences sont identiques. Les lois physiques qui décrivent ces événements ne portent pas en elles l'empreinte d'une direction de temps particulière. Les films du monde des particules peuvent être projetés dans les deux sens[7].

M. – Si, au niveau des particules, le temps n'a pas de sens absolu, comment pourrait-il, au niveau macroscopique, se mettre à « exister » ailleurs que dans notre esprit ?

T. – Comme je l'ai déjà dit, Einstein pensait que le passage du temps n'est qu'une illusion. En démolissant le concept d'universalité du temps, il avait aboli la distinction entre passé, présent et futur. Il espérait éliminer ainsi la notion d'irréversibilité en physique. Mais la flèche du temps continue à resurgir dans d'autres contextes, même dans le monde subatomique de la mécanique quantique[8], et fait son entrée en force dans le monde macroscopique. Tout comme il y a une flèche psychologique qui va de l'avant, il existe une flèche thermodynamique qui ne va que dans une seule direction. Elle est fondée sur la seconde loi de la thermodynamique, la science de la chaleur, qui dit que tout tend vers le désordre. L'entropie, qui est une mesure du désordre dans l'univers, ne peut jamais diminuer. Nous voyons des manifestations de l'augmentation de ce désordre quand nous observons un morceau de glace qui fond sous la chaleur du soleil, ou les pierres d'un vieux château en ruine. Dans ces deux situations, l'état initial est plus organisé que l'état final. Le morceau de glace avec sa structure cristalline est plus ordonné que la nappe d'eau qui en résulte après que la glace a fondu. L'organisation du château au temps de sa splendeur dépasse de loin celle du tas de pierres informe qu'il est devenu. De même que le passage du passé au futur définit la direction du temps psychologique, le passage de l'ordre au désordre définit la direction du temps thermodynamique. Le bouddhisme parle d'impermanence, mais envisage-t-il une direction à ce changement ?

M. – Le bouddhisme est certes conscient de cette direction du temps conventionnel. L'impermanence subtile des phénomènes correspond approximativement à la notion d'entropie : si une maison vieillit et finit par tomber en ruine, lit-on dans les textes, c'est parce que aucun phénomène, fût-ce la plus infime particule, ne demeure jamais identique à lui-même, mais porte en lui le germe de sa destruction.

T. – La flèche thermodynamique provoqua, en 1854, le cri de désespoir du physicien allemand Hermann von Helmholtz : « L'univers court à sa mort ! » Selon lui, l'entropie croissante qui accompagne inévitablement tout processus naturel devrait conduire à l'arrêt de toute activité créatrice au sein de l'univers. La construction cosmique (planètes, étoiles, galaxies, etc.), les créations du génie humain (les opéras de Mozart, les *Nymphéas* de Monet...) seront ensevelies sous les débris d'un univers irrémédiablement en ruine.

Si la seconde loi de la thermodynamique mène inexorablement à la déchéance et à la mort de l'univers, comment comprendre que nous ne vivions pas dans un univers entièrement chaotique ? Comment expliquer l'organisation et l'harmonie du cosmos ? Comment l'univers a-t-il pu gravir la pyramide de la complexité ? Comment, à partir d'un vide plein d'énergie, a-t-il pu engendrer les particules élémentaires, les galaxies, les étoiles et les planètes, ainsi que la vie et la conscience ? La seconde loi de la thermodynamique serait-elle violée en certains endroits de l'univers ? La réponse à la dernière question est non. La thermodynamique n'interdit pas que des régions d'ordre et d'organisation surgissent dans l'univers, à condition que cet accroissement d'ordre local aille de pair avec la création, ailleurs, d'un désordre plus important. Revenons à l'exemple du château en ruine. Une armée d'ouvriers pourra le reconstruire, mais pour mener à bien ce travail, ils devront se nourrir et, ce faisant, convertiront l'énergie ordonnée que sont les aliments en l'énergie désordonnée de la chaleur dissipée par leurs corps. Au bout du compte, le désordre créé par les ouvriers est supérieur à l'ordre résultant de la restauration du château. La seconde loi de la thermodynamique est respectée.

La flèche du temps thermodynamique est liée à la flèche du temps cosmologique fondée sur l'expansion de l'univers. À mesure que le temps passe et que les galaxies s'éloignent les unes des autres, l'univers se refroidit, s'étend et se dilue. À la troisième minute de l'univers, sa température atteignait des millions de degrés. Après quinze milliards d'années d'évolution, elle est tombée au niveau frigorifique de moins 270 degrés centigrades, température du rayonnement fossile du big bang. Au sein de cette froideur extrême, les étoiles constituent des sources de chaleur et d'énergie grâce aux réactions nucléaires qui prennent place dans leurs cœurs chauffés à des dizaines de millions de degrés. La diminution de désordre engendrée par l'émergence de structures complexes comme les galaxies, les étoiles et les planètes, est largement compensée par le désordre résultant de la chaleur que les étoiles rejettent dans l'espace. La seconde loi de la thermodynamique est là encore respectée. Les flèches cosmologique et thermodynamique sont donc étroitement liées.

Les questions concernant la direction du temps sont loin d'êtres résolues et restent enveloppées d'un épais brouillard. Si un jour l'univers atteint un rayon maximal et s'effondre sur lui-même, la direction du temps thermodynamique qui est liée à l'expansion de l'univers s'inversera-t-elle dans un univers en contraction ? Le tas de pierres informe se transformera-t-il spontanément en superbe château ? Le temps psychologique s'écoulera-t-il en sens inverse ? En fait, si la dernière proposition devenait vraie, les habitants d'un univers en contraction se croiraient dans un univers en expansion, car leurs processus cérébraux seraient eux aussi inversés. La question de l'inversion du temps ne se poserait donc pas vraiment, si ce n'est comme un jeu de l'esprit.

Mais revenons-en à la discussion du concept de temps *physique* d'Einstein. Le philosophe français Henri Bergson ne pouvait accepter la théorie d'Einstein selon laquelle le temps n'est qu'illusion, sans réalité ni durée. Selon lui, le temps doit posséder une « épaisseur ». Seule cette épaisseur du temps serait compatible avec la vie intérieure. Seule sa durée permet la liberté et la création, le progrès et la nouveauté, l'invention et le jaillissement de l'esprit. Le philosophe allemand Edmund Husserl a aussi parlé d'un « temps incompressible », que confirme la neurobiologie moderne. Le temps physique d'Einstein n'est-il pas trop déterministe et déshumanisant ? Si tout ce qui va arriver est déjà écrit, que deviennent le libre arbitre et l'espoir ?

M. – L'idée même que « tout ce qui va arriver est déjà inscrit » est illogique. Comme nous l'avons vu en examinant la notion de créateur, si tout était écrit, toutes les causes et les conditions du futur devraient être déjà présentes. Dans ce cas rien ne pourrait les empêcher de s'exprimer instantanément. Si elles ne sont pas toutes présentes, il reste encore quelque chose à écrire.

T. – Comment réconcilier alors ces deux sortes de temps, le temps physique et le temps psychologique ?

M. – Le concept de temps physique n'est-il pas simplement une abstraction du temps psychologique qui naît de la distinction que nous faisons entre ce qui a été accompli et ce qui est attendu ? Les physiciens n'inversent-ils pas les priorités en voulant expliquer ce que nous vivons par la physique, et en réifiant notre conception illusoire du temps pour en faire une réalité ?

On peut déboulonner l'idée de temps *physique* en considérant que l'instant n'ayant pas de durée, la somme de plusieurs instants ne peut en avoir. Le temps n'est donc qu'une étiquette que nous apposons sur notre perception du changement. Si le temps physique existait de manière absolue, il faudrait qu'il ait une continuité, ce qui impliquerait un point de contact entre passé et présent, et entre présent et futur.

T. – C'est logique.

M. – L'instant serait le point sans durée où se rencontrent le présent et le futur. Mais comment le moment qui vient de s'écouler et le moment présent pourraient-ils avoir quoi que ce soit en commun ? Si c'était le cas, soit l'instant présent deviendrait passé, soit l'instant passé deviendrait présent. De même, si le présent pouvait avoir un point de contact avec l'instant futur, soit l'instant présent deviendrait futur, soit l'instant futur deviendrait présent. Dès lors, de proche en proche, une infinité d'instants écoulés et à venir pourraient se confondre avec l'instant présent.

T. – On trouve un raisonnement similaire chez Aristote, dans sa *Physique*[9] : « Si l'avant et l'après étaient tous deux dans un seul et même Instant, qu'en serait-il alors si ce qui était il y a dix mille ans était simultané avec ce qui se passe aujourd'hui ? »

Mais je te rappelle que, pour des neurobiologistes comme Varela, l'instant, ou le maintenant, n'est pas sans durée. Sa durée ne peut être inférieure à quelques dixièmes de milliseconde, le temps minimal nécessaire pour que les neurones accomplissent leurs fonctions.

M. – Le raisonnement que j'ai cité ne concerne pas le temps physiologique et subjectif, mais la notion d'un temps physique. Il brise l'attachement au temps considéré comme une « réalité en mouvement ». Si le passage du temps ne peut être saisi dans l'instant présent qui est au-delà de la notion de mouvement, comment, sur le plan de la vérité relative, passe-t-on du présent au futur ? Vasubandhu écrit dans son *Abhidharmakosha* : « À cause de la destruction immédiate de l'instant, il n'y a pas de mouvement réel, mais la production des instants est ininterrompue. »

T. – On retrouve un écho de cette notion dans les paroles de Boèce : « Le maintenant qui passe fait le temps, le maintenant qui demeure fait l'éternité[10]. » Pour Kant, le temps ne peut être dissocié du mouvement de la pensée qui le perçoit. Il pensait que le temps permet la succession des événements, alors que l'espace en rend la simultanéité possible. Mais il considérait le temps et l'espace comme distincts et séparés, tout comme Newton. Ce qui est incompatible avec l'interconnexion du temps et de l'espace découverte par Einstein. Je pense que le bouddhisme considère aussi le temps et l'espace comme des entités distinctes ?

M. – Pas vraiment, puisqu'il réfute aussi la conception de l'espace comme entité réelle. L'espace, comme le temps, est relatif à l'expérience que nous en avons dans des cadres de référence physiques précis. Si l'on considère une région de l'espace, quelle que soit son étendue, cet espace est-il autre chose qu'un concept ? L'espace ne peut pas être réduit à l'une de ses parties ni être considéré indépendamment de ses parties. Si l'entité « espace » correspond à l'ensemble de ses parties (s'il a une étendue, il doit avoir des parties ou régions), il faudrait, pour pénétrer cette entité, pouvoir pénétrer toutes ses parties simultanément, ce qui est impossible. L'entité « espace » n'est donc, elle aussi, qu'une étiquette mentale, dénuée d'existence propre.

T. – Cette notion de temps serait-elle semblable à la conception einsteinienne d'un temps qui ne s'écoule pas ? Dans la théorie de la relativité, le temps physique est simplement là, immobile et statique. L'espace-temps est là dans sa totalité, contenant tous les événements depuis la naissance de l'univers jusqu'à sa fin.

M. – Non, le temps n'est pas là, immobile et statique, puisqu'il n'a pas de réalité ! L'espace-temps d'Einstein ne peut être considéré comme absolu. Ce n'est à nouveau qu'une convention. La nature absolue du temps est sa vacuité, son absence d'existence propre. On appelle cela le « quatrième aspect du temps qui transcende les trois autres » (passé, présent et futur). Ce quatrième temps est parfois assimilé à l'instant présent qui, par nature, est au-delà de la notion de durée. D'un point de vue contemplatif, demeurer intérieurement dans la « fraîcheur de l'instant présent » aide à reconnaître la nature vide et lumineuse de l'esprit et la transparence du monde des phénomènes. Cette nature est immuable, non pas au sens où elle serait une sorte d'entité permanente, mais parce qu'elle est le véritable mode d'être de l'esprit et des phénomènes, au-delà des concepts d'aller et de venir, d'être et de non-être, d'un et de multiple, de début et de cessation.

9

LE CHAOS ET L'HARMONIE

De la cause à l'effet

Les découvertes de la théorie de la relativité et de la physique quantique, ainsi que celles des sciences relativement nouvelles du chaos et de la complexité, ont sérieusement ébranlé les lois de causes à effets que nous avait léguées Newton. La théorie de la relativité nous dit que le temps est élastique et que l'ordre temporel des événements peut être modifié par le mouvement d'un observateur. La mécanique quantique révèle que l'incertitude règne au cœur de la matière. La théorie du chaos et de la complexité montre que la relation de cause à effet n'est pas souvent linéaire. Toutes ces découvertes signifient-elles que nous devons adopter une notion radicalement nouvelle de la relation de cause à effet ? Si c'est le cas, comment cette nouvelle conception s'accorde-t-elle aux idées bouddhistes d'une causalité réciproque, fondée sur l'interdépendance et la globalité, et sur l'absence d'existence propre des phénomènes ?

THUAN : L'une des découvertes les plus étonnantes de la théorie de la relativité est l'élasticité du temps, le fait que des événements puissent survenir à des temps différents selon le mouvement de celui qui les observe. L'exemple classique utilisé pour expliquer ce fait est l'une des expériences de pensée proposées par Einstein. Elle fait intervenir trois personnes dans trois états différents de mouvement. Chacune regarde deux éclairs frappant un train en mouvement. Imaginons un train qui traverse une gare à grande vitesse. La foudre frappe les deux extrémités d'un wagon. Les trois personnes se tiennent au niveau du milieu du wagon. A est sur le quai, B est dans le train en marche, et C est dans un deuxième train roulant en sens inverse. Ces trois personnes ne verront pas le même ordre des événements. A, debout immobile sur le quai, voit la foudre frapper en même temps l'avant et l'arrière du wagon. B, assis au milieu du wagon, voit la foudre frapper d'abord l'avant puis, une fraction de seconde après, l'arrière. La raison de cette différence est simple : le train étant en mouvement, B va à la rencontre de la lumière de l'éclair qui a frappé l'avant du wagon. Cette lumière a donc moins de distance à parcourir pour parvenir à B que la lumière venant de l'arrière, dont B s'éloigne. La vitesse de la lumière étant constante, la lumière venue de l'avant met moins de temps que celle venue de l'arrière. B voit donc en premier l'éclair qui frappe l'avant du wagon. C'est l'inverse qui se produit pour C qui se trouve dans le train allant en sens contraire. Il voit la foudre frapper d'abord l'arrière du wagon, puis l'avant. Qui a raison ? Tout le monde, car tous les points de vue sont valides. La succession temporelle des événements peut ainsi être modifiée par le mouvement. Ces différences, infimes dans le cas du train, deviendraient considérables dans le cas d'un vaisseau spatial volant à une vitesse proche de celle de la lumière.

Le fait que l'ordre des événements peut être réarrangé selon le mouvement de l'observateur soulève une question troublante : la théorie de la relativité restreinte d'Einstein remet-elle en cause le principe fondamental de la causalité, la règle qui veut qu'une cause doit précéder un événement ? Le résultat peut-il précéder la cause ? L'omelette peut-elle exister avant que l'œuf soit cassé ? Puis-je venir au monde avant ma mère ?

MATTHIEU : Si l'on souscrit à l'idée d'Einstein pour qui le passé, le présent et le futur ne forment qu'un bloc – et ne sont que des points sur une étendue de temps qui n'a pas vraiment de direction – le fait de remonter dans le temps n'implique pas nécessairement que nous puissions modifier les événements passés. Remonter dans le temps pourrait simplement revenir à rembobiner la bande, pas à l'enregistrer à nouveau de façon différente ; ou encore à déplacer un doigt sur la carte du temps : la carte elle-même ne change pas.

T. – Pour être plus précis sur les vues d'Einstein, il aurait dit que, selon son mouvement, chaque personne enregistre un film contenant des scènes identiques qui peuvent être arrangées dans des ordres différents. Mais pour répondre à ta question, l'ordre de deux événements ne peut être modifié que dans des circonstances tout à fait particulières. Pour comprendre ces circonstances, il nous faut comprendre comment les événements sont causalement reliés. Pour que deux événements soient reliés causalement, il faut en effet que des informations puissent être communiquées de l'un à l'autre. Par exemple, une information sur la position ou l'état d'un objet. La plus grande vitesse de communication possible dans l'univers est la vitesse de la lumière. En conséquence, pour que deux événements soient causalement reliés, il faut que la lumière ait eu le temps de voyager du premier au second pendant l'intervalle de temps qui sépare ces deux événements. Inversement, pour que deux événements n'aient aucun lien causal, il faut qu'ils soient suffisamment éloignés dans l'espace ou rapprochés dans le temps pour que la lumière ne puisse pas voyager d'un événement à l'autre pendant l'intervalle temporel qui les sépare. Dans ces deux derniers cas, ils ne peuvent être la cause l'un de l'autre et la loi de causalité ne s'applique pas à ces deux événements. Mais si la lumière a le temps de voyager de l'un à l'autre dans l'intervalle de temps qui les sépare, ils doivent suivre la loi de causalité.

M. – Les logiciens bouddhistes disent également que deux événements simultanés ne peuvent être la cause l'un de l'autre.

T. – Pour mieux comprendre ce point, nous pouvons revenir à l'exemple de la foudre qui frappe le wagon. Dans ce cas, l'ordre des événements est interchangeable (B voit les événements dans l'ordre inverse vu par C) parce que l'intervalle de temps entre les deux événements est zéro. En effet, A voit les deux éclairs frapper simultanément les deux extrémités du wagon. La lumière n'a donc pas le temps de voyager d'un éclair à l'autre. Ces deux éclairs ne peuvent donc pas être reliés causalement et l'ordre dans lequel ils se produisent peut être modifié selon le mouvement de l'observateur.

Par contre, si un événement B est précédé par un événement A d'une durée de temps suffisamment grande pour que la lumière ait le temps d'aller de A à B, alors A précède *toujours* B, pour *tous* les observateurs. La lumière a amplement le temps d'aller de l'œuf à l'omelette, et personne ne verra jamais l'omelette se faire avant que l'œuf n'ait été cassé. Un enfant ne naîtra jamais avant ses parents.

Werner Heisenberg exprime ainsi cette constatation :

Selon la théorie de la relativité restreinte [...] deux phénomènes qui se déroulent en des points éloignés ne peuvent avoir aucun lien causal direct s'ils se produisent à des instants tels qu'un signal lumineux, partant au moment où se produit le phénomène en un point, n'atteint l'autre point qu'après l'instant où s'y produit l'autre phénomène, et vice versa. Dans ce cas, l'on peut dire que les deux phénomènes sont simultanés. Étant donné qu'aucune action d'aucun genre, partant d'un phénomène en un point, ne peut atteindre l'autre phénomène à l'autre point, les deux phénomènes ne sont liés par aucune action causale directe. C'est pourquoi toute action à distance, du type des forces de gravitation de la mécanique newtonienne par exemple, qui suppose une action directe et instantanée entre des phénomènes simultanés, est incompatible avec la théorie de la relativité restreinte. Par conséquent, la structure d'espace-temps exprimée par la théorie de la relativité restreinte implique une limite d'une netteté ultime entre la région de simultanéité, dans laquelle aucune action ne peut se transmettre, et les autres régions où peut se produire une action directe de phénomène à phénomène[1].

Ainsi, la théorie de la relativité restreinte est parfaitement en accord avec le principe de causalité. Heureusement, car si ce principe n'était pas respecté, nous nous retrouverions devant des situations qui défieraient la logique : je pourrais en principe voyager dans le temps et empêcher mes parents de se rencontrer, rendant ainsi impossible ma venue au monde, ce qui serait absurde. Cette situation est appelée le « paradoxe de la mère » (ou du père).

M. – Les physiciens n'envisagent-ils pas une inversion de la causalité dans le cas où des informations pourraient se propager plus vite que la lumière ?

T. – La relativité n'interdit pas, contrairement à ce qu'on croit souvent, l'existence de particules ou de phénomènes voyageant plus vite que la lumière. Les physiciens ont même un nom pour les particules qui voyagent plus vite que la lumière, bien qu'elles n'aient jamais été observées. Ces particules hypothétiques sont appelées tachyons, du mot grec *takhos* qui signifie « rapide ». Bien que leur existence soit permise par la théorie de la relativité, elles n'ont jamais été observées dans la nature, fort heureusement pour notre santé mentale, car leur présence causerait bien des paradoxes en physique ! Dans notre monde, voyager plus vite que la lumière nous permettrait de remonter le temps et d'interférer avec la causalité, ce qui nous ramènerait au paradoxe de la mère.

M. – Les tachyons ne pourraient exister que dans un monde théorique où les relations de cause à effet seraient inversées par rapport au nôtre.

T. – Exactement. Dans le monde des tachyons, la logique telle que nous la connaissons n'aurait plus de sens. L'effet viendrait avant la cause, le clou serait enfoncé avant d'être frappé par le marteau. Einstein était bien conscient des conséquences de l'existence de tachyons et avait déclaré catégoriquement dans son article de 1905 (dans lequel il exposa sa théorie de la relativité restreinte) que des vitesses supérieures à celle de la lumière n'étaient pas permises. Mais, dans sa théorie, il n'y a pas de clause mathématique qui en interdise l'existence.

Ce que la théorie d'Einstein interdit, c'est le *passage* du mur de la vitesse de la lumière, c'est-à-dire d'une vitesse inférieure à celle de la lumière à une vitesse supérieure. Rien ni personne ne peut passer de notre univers, où les objets se déplacent à des vitesses inférieures à celle de la lumière, à un univers de tachyons, où les objets se déplacent plus vite que la lumière.

En effet si un objet (ou une information) pouvait passer d'une vitesse inférieure à une vitesse supérieure à celle de la lumière, il pourrait rattraper un rayon lumineux qui s'enfuit devant lui et le dépasser. La vitesse apparente de la lumière observée par quelqu'un qui voyagerait avec cet objet commencerait par décroître, puis deviendrait nulle et finirait par augmenter dans l'autre sens, ce qui contredirait le fait qu'un observateur mesure toujours la même vitesse de la lumière (trois cent mille kilomètres par seconde), quel que soit son mouvement. Cette invariabilité de la vitesse de la lumière est d'ailleurs le postulat fondamental de la relativité restreinte. De même, aucun objet matériel ne pourrait franchir le mur dans l'autre sens, en passant d'une vitesse supérieure à une vitesse inférieure à celle de la lumière [2].

M. – Affirmer que la loi de causalité dépend de la vitesse de la lumière revient, me semble-t-il, à limiter la causalité au monde de la forme, à celui des particules et des photons. Cela revient également à n'envisager qu'un mode linéaire de causalité, dans lequel « *a* donne *b*, et *b* donne *c* », sans tenir compte du fait que tous les phénomènes de l'univers sont inextricablement liés les uns aux autres, comme le montre la mécanique quantique. Je ne vois pas pourquoi la causalité, considérée comme manifestation d'une interdépendance globale des phénomènes, devrait être limitée par la vitesse de la lumière. Heisenberg pensait que le principe de causalité dicté par la théorie de la relativité restreinte (due à l'existence d'une frontière abrupte entre le passé et le futur, liée à la vitesse de la lumière), s'accommodait mal de la nature globale des phénomènes – de l'interdépendance globale – révélée par la théorie quantique. L'expérience du pendule de Foucault et le phénomène EPR montrent bien que deux phénomènes peuvent être corrélés instantanément, sans que la lumière ait eu le temps de transmettre une information.

T. – L'existence d'une zone de causalité liée à la vitesse de la lumière n'est pas incompatible avec la globalité du monde révélée par l'effet EPR et le pendule de Foucault. Car, comme tu le dis, dans ces deux expériences, il n'y a aucune information transmise. C'est là le point crucial de ces deux expériences : montrer qu'il n'est pas nécessaire qu'une information soit transmise pour qu'un photon soit instantanément corrélé avec son compagnon, et, pour le pendule de Foucault, d'ajuster son comportement en fonction des galaxies les plus lointaines sans qu'aucune action ne soit exercée par celles-ci. Ces expériences ne contredisent donc pas la loi de causalité qui gouverne les cas où des informations sont transmises.

M. – Pourtant, il semble que le phénomène d'interdépendance révélé par la mécanique quantique transcende la vision de la causalité proposée par la physique. À propos de cette interdépendance, pour paraphraser le Bouddha, on peut dire : « Ceci surgit *[l'observation et le comportement d'une particule au nord]* parce que cela est *[l'observation de l'autre particule au sud se comportant de façon identique].* » Une telle relation n'implique aucune transmission d'information. La coexistence des phénomènes et l'indissociabilité de leur interdépendance apparaissent donc clairement au cœur de la causalité.

T. – Oui, il y a une seule et même réalité globale. C'est bien l'interprétation que l'on donne de l'expérience EPR. La réponse de la mécanique quantique est sans équivoque : quand deux systèmes quantiques interagissent puis se séparent à nouveau, ils ne peuvent plus être décrits par deux fonctions d'onde indépendantes, mais seulement par une fonction d'onde globale.

L'observateur joue également un rôle primordial dans la théorie quantique. Avant l'acte de mesure, nous n'avons qu'une onde qui est partout à la fois, mais dès qu'on la mesure, une particule apparaît, localisée en un endroit et un seul. Une seule des possibilités représentées par la fonction d'onde se concrétise. On parle de « réduction » de l'onde[3].

M. – Toute mesure, qu'elle soit automatisée ou déclenchée volontairement, requiert une préparation du matériel. Peut-on en conclure que, directement ou indirectement, la réduction d'onde nécessite une intervention consciente ?

T. – Il y a bien évidemment dans l'univers d'innombrables formes d'interactions qui ne nécessitent aucune intervention consciente. Par exemple, les protons qui fusionnent au cœur du soleil pour l'alimenter en énergie ou un aimant qui attire un clou par la force électromagnétique.

En quoi un appareil de mesure diffère-t-il d'un autre objet macroscopique ? Pourquoi le premier déclenche-t-il une réduction de l'onde aboutissant à un seul choix parmi une multitude de possibilités alors que, dans le cas d'un objet macroscopique quelconque, on aboutit à une fonction d'onde plus complexe qui prend en compte l'ensemble des possibilités de chacun des systèmes qui ont interagi ? Ceux qui ont tenté de répondre à cette question se répartissent en deux groupes principaux.

M. – N'est-il pas plus simple de dire que la globalité subsiste, mais que la spécificité de l'acte d'observation projette un éclairage particulier sur cette globalité et individualise certaines des relations infinies qui modèlent les phénomènes, sans pour autant conférer aux propriétés qui apparaissent une existence objective ?

T. – Comme je te le disais justement, pour la majorité des physiciens, il suffit de savoir que la mécanique quantique est une théorie qui « marche » et qui rend bien compte du comportement des atomes et des particules. On peut l'utiliser pour calculer divers phénomènes et renoncer pour l'instant à se demander pourquoi elle fonctionne si bien. C'est une attitude strictement empiriste et pragmatique. Mais une poignée de physiciens n'ont pas voulu s'en tenir là. Ceux qui ont voulu comprendre plus en profondeur le processus de la réduction de la fonction d'onde se divisent en deux camps principaux.

D'une part, il y a le camp des « idéalistes », aussi appelés « subjectivistes », en particulier le physicien hongro-américain Eugene Wigner. Selon eux, c'est la présence d'un esprit conscient qui fait que la fonction d'onde est réduite à une seule possibilité. Écoutons Wigner : « Il est impossible de donner une description des phénomènes atomiques sans faire intervenir la conscience. C'est l'entrée d'une impression dans notre conscience qui altère la fonction d'onde. » Mais attribuer un rôle prédominant à la conscience pose un problème majeur. Un certain laps de temps s'écoule entre le moment où l'appareil enregistre la mesure d'une particule et celui où l'observateur prend conscience de cette mesure : le temps nécessaire pour que la lumière voyage de l'appareil de mesure jusqu'à l'œil, et que l'information soit transmise par le nerf optique et traitée par les neurones du cerveau. Cela ne prend qu'une fraction de seconde, mais le processus n'est pas instantané. Si la réduction de la fonction d'onde ne se produit qu'au moment de la prise de conscience, les idéalistes doivent postuler l'émission d'un signal par la conscience de l'observateur, signal qui remonterait le temps et dirait à l'instrument ce qu'il doit indiquer au moment précis de l'interaction de la particule avec le dispositif. Un scénario pour le moins bizarre. Cette bizarrerie est magnifiée jusqu'à l'absurde quand l'observateur est remplacé par un dispositif automatique d'enregistrement dont les bandes magnétiques ne sont analysées que plusieurs mois après l'expérience. C'est seulement à ce moment que les mesures pénètrent dans la conscience d'un esprit humain. Comment supposer que le signal émis par cet esprit conscient puisse déclencher les phénomènes mesurés des mois avant qu'il en prenne connaissance ?

M. – Cette supposition semble certes invraisemblable, mais cela tient au fait qu'elle mélange le subjectivisme (« la conscience intervient ») et l'objectivisme (« tout se fait par l'intermédiaire de particules qui interviennent dans le phénomène lui-même, sa mesure et sa perception »). Toutefois, si l'on prend le phénomène EPR au pied de la lettre, la simple coexistence de l'appareil de mesure et de la conscience, au moment où elle l'a conçu, suffit pour qu'ils participent à ce que tu appelais une fonction d'onde globale. Il pourrait donc y avoir une corrélation instantanée sans qu'une information ait besoin d'être échangée.

T. – La conscience n'intervient que pour construire l'instrument et pour interpréter les résultats.

M. – Cela suffit pour que cette conscience participe au phénomène global et qu'on ne puisse plus l'en dissocier.

T. – Le rôle primordial attribué à l'instrument de mesure traduit d'ailleurs le point de vue de l'autre camp, celui des matérialistes. Ils affirment que la conscience ne joue aucun rôle, que le monde ne dépend en rien de la présence d'un observateur, et qu'il existe tel qu'il est, indépendamment de tout acte d'observation. Pour expliquer la réduction de la fonction d'onde, les matérialistes avancent que lors d'une mesure, la fonction d'onde de l'ensemble « particule et appareil de mesure » évolue si rapidement qu'une seule des possibilités peut se concrétiser, cette évolution rapide étant due à la nature macroscopique de l'appareil de mesure. Cette explication n'est pas très convaincante, car elle ne s'appuie pas, pour l'instant, sur une démonstration rigoureuse.

Il faut également mentionner la théorie de la « décohérence », développée notamment par le physicien américain Wojciech Zurek. Selon cette théorie, ce sont les petites interactions entre un système physique et son environnement (par exemple un photon rebondissant sur ce système) qui provoquent la réduction de la fonction d'onde. C'est comme si l'environnement agissait comme un observateur[4].

M. – Mais la nature ne se mesure pas elle-même. Il ne suffit pas qu'une règle tombe près d'une planche pour qu'une mesure soit faite. Dès le moment où la notion de mesure intervient, on introduit, directement ou indirectement, la conscience qui a envisagé cette mesure, que cette mesure soit immédiatement perçue ou non. La conscience fait donc irréversiblement partie du phénomène interdépendant et global qu'on étudie.

Le bouddhisme dit également que l'observateur et l'objet observé sont fondamentalement inséparables. Nous sommes structurés par notre environnement tout autant que nous façonnons notre monde par nos projections, nos concepts et nos tendances. Toute entreprise visant à les dissocier et à concevoir ou décrire un monde totalement indépendant de nous est vouée à l'échec. On trouve ces paroles attribuées au Bouddha dans l'*Avatamsaka soutra* :

Il n'y a ni tableau dans l'esprit
Ni esprit dans le tableau,
Et pourtant, peut-on trouver un tableau
En dehors de l'esprit ?

Une chose m'a frappé lorsque tu expliquais que, selon Einstein, le passé, le présent et le futur étaient déjà là : cela semble conduire à une vision totalement déterministe. Il suffirait de lire le livre du temps pour connaître le passé et le futur et il serait vain d'essayer de transformer quoi que ce soit, y compris soi-même, puisque les dés sont déjà jetés et que ni Dieu ni l'incertitude quantique ne jouent avec ces dés.

T. – Tu as tout à fait raison. Je n'adhère pas non plus à cette vision déterministe. Sur ce point, Einstein est l'héritier intellectuel de Newton et de Laplace. Selon Newton, l'univers n'est qu'une immense machine composée de particules matérielles inertes, soumises à des forces aveugles. À partir d'un petit nombre de lois physiques, l'histoire d'un système *peut* être entièrement expliquée et prédite, pourvu qu'on la caractérise parfaitement à un instant donné. Laplace résuma ce déterminisme triomphant dans sa fameuse déclaration :

Une intelligence qui, pour un instant donné, connaîtrait toutes les forces dont la nature est animée, et la situation respective des êtres qui la composent, si d'ailleurs elle était assez vaste pour soumettre ces données à l'analyse, embrasserait dans la même formule les mouvements des plus grands corps de l'univers et ceux du plus léger atome ; rien ne serait incertain pour elle, et l'avenir comme le passé seraient présents à ses yeux[5].

Le temps était en quelque sorte aboli. Ce qui provoqua la célèbre phrase de Friedrich Hegel : « Il n'y a jamais rien de nouveau dans la nature. » Ce déterminisme contraignant et stérilisant, rigide et déshumanisant, prévalut jusqu'à la fin du XIXe siècle. Au XXe siècle, il fut balayé par la vision libératrice de la physique quantique. La contingence fit son entrée dans des domaines aussi variés que la cosmologie, l'astrophysique, la géologie, la biologie et les sciences cognitives. Notre monde est aussi modelé par une suite d'événements historiques comme celui du bolide qui, en percutant la Terre, provoqua la disparition des dinosaures et favorisa la prolifération de nos ancêtres les mammifères.

M. – Laplace n'incluait-il pas ces phénomènes contingents dans son déterminisme universel ?

T. – Le mathématicien français Henri Poincaré, l'un des pionniers de la théorie du chaos, répondit de cette façon au credo déterministe de Laplace :

Une cause très petite, qui nous échappe, détermine un effet considérable que nous ne pouvons pas ne pas voir ; nous disons alors que cet effet est dû au hasard. Si nous connaissions exactement les lois de la Nature et la situation de l'univers à l'instant initial, nous pourrions prédire exactement la situation de ce même univers à un instant ultérieur. Mais, lors même que les lois naturelles n'auraient plus de secret pour nous, nous ne pourrions connaître la situation initiale qu'approximativement. Si cela nous permet de prévoir la situation ultérieure avec la même approximation, c'est tout ce qu'il nous faut. Nous disons que le phénomène a été prévu, qu'il est régi par des lois. Mais il n'en est pas toujours ainsi, il peut arriver que de petites différences dans les conditions initiales en engendrent de très grandes dans les phénomènes finaux ; une petite erreur sur les premières produirait une erreur énorme sur les derniers. La prédiction devient impossible[6].

Ainsi Poincaré réfutait le postulat qui constitue la base même de l'argument de Laplace, à savoir qu'il est possible de connaître parfaitement les conditions initiales de n'importe quel phénomène dans l'univers. À cause d'une imprécision plus ou moins grande, mais inévitable, des conditions initiales, et de l'extrême sensibilité du comportement de certains systèmes à ces conditions initiales, toute prédiction concernant l'évolution ultérieure de ces systèmes est vouée à l'échec.

C'est un point central de la théorie du chaos, laquelle offre à la physique un complément important pour notre compréhension du monde. Je me suis souvent demandé pourquoi le chaos échappa à Newton. L'incertitude rôdait pourtant au cœur de ses équations. L'imprévisibilité était en gestation dans sa théorie de la gravitation, puisque Henri Poincaré, en se servant de cette théorie pour étudier le mouvement de la Lune, y débusqua le chaos. Récemment, on a montré qu'un léger changement dans la position ou dans la vitesse initiale d'une planète comme Pluton pouvait la faire basculer d'une orbite stable à une orbite chaotique. Le système solaire, qui était considéré comme une machinerie cosmique bien huilée, gouvernée par des lois déterministes rigides, est lui aussi chaotique. Le chaos est tissé dans la régularité, et l'imprévisible n'est jamais loin du prévisible.

Que l'incertitude ait échappé à Newton n'ôte rien à son génie. Au contraire, la fulgurance intellectuelle avec laquelle il a sélectionné et isolé des situations qui, dans la nature, évoluaient de façon linéaire et non chaotique, lui a permis de formuler sa monumentale théorie de la gravitation.

En termes scientifiques le chaos n'est pas une

absence d'ordre, comme semble l'impliquer l'usage courant de ce mot. Il se rattache plutôt à une notion d'imprévisibilité à long terme. Par exemple, prévoir le temps qu'il fera dans une semaine est impossible, car les modèles météorologiques dépendent de manière très sensible des conditions initiales. Cette limite de la connaissance est incontournable. Les germes de l'ignorance sont enfouis dans le fonctionnement même de la Nature. On aurait beau, pour comprendre ses humeurs, couvrir la terre de stations météo contiguës, il y aurait toujours des fluctuations atmosphériques trop infimes pour être détectées. En s'amplifiant, ces fluctuations donnent naissance à des tempêtes dévastatrices ou à un beau ciel bleu. C'est pourquoi le chaos est souvent illustré par ce que les physiciens appellent l'« effet papillon » : le battement d'ailes d'un papillon en Guyane peut faire pleuvoir à Paris. Le rêve déterministe de Newton et de Laplace vole en éclats[7].

M. – L'effet papillon est encore plus évident sur le plan des événements mentaux. Une simple pensée peut engendrer des bouleversements planétaires : d'un sentiment de haine ou d'ambition peut naître une guerre mondiale. D'infimes différences dans les motivations qui provoquent nos actes conduisent à des situations radicalement différentes à mesure que les événements évoluent.

T. – Le chaos se manifeste à chaque instant dans la vie quotidienne. Tu as dû vivre des situations dans lesquelles des faits d'apparence anodine se sont révélés lourds de conséquences. Parce que son réveil n'a pas sonné, un homme rate son rendez-vous et l'emploi qu'il convoitait. Parce qu'une poussière dans l'essence fait tomber sa voiture en panne, une femme rate son avion et échappe à la mort lorsque cet avion s'écrase dans l'océan quelques heures plus tard. Les événements les plus insignifiants et des circonstances imperceptiblement différentes peuvent ainsi changer le cours d'une vie.

M. – Les déterministes pourraient rétorquer que s'il était possible de connaître les conditions initiales, aussi subtiles soient-elles, avec une précision parfaite, et si nous possédions la puissance de calcul nécessaire, nous pourrions prédire l'évolution du système.

T. – C'est bien de notre incapacité à connaître *parfaitement* les conditions initiales d'un système que résulte notre impuissance à prévoir son futur.

M. – La précision absolue semble en effet impossible à cause de l'impermanence subtile des phénomènes qui fait qu'aucune mesure ne peut être instantanée. Une mesure intervient dans le temps, elle ne peut donc être absolument précise, car les conditions changent constamment.

T. – Le principe d'incertitude dit en effet que, puisque toute mesure implique un échange d'énergie, le temps que prend cette mesure ne peut être nul. Plus ce temps est court, plus l'énergie nécessaire à cette mesure augmente. Une mesure instantanée demanderait une énergie infinie, ce qui est irréalisable. Le rêve de connaître toutes ces conditions avec une précision totale est donc chimérique. Comme nous l'avons vu, dans le monde atomique, cette même incertitude quantique interdit de connaître simultanément et avec une précision absolue la position et la vitesse des particules, et anéantit tout espoir de décrire leurs trajectoires. Dans le monde macroscopique, les phénomènes chaotiques dépendent de manière tellement sensible de leurs conditions initiales, et les phénomènes contingents de tant de conditions aléatoires que toute prédiction devient impossible. Débarrassée de son carcan déterministe, la nature peut donner libre cours à sa créativité. Les lois intemporelles de la physique lui fournissent des thèmes généraux autour desquels elle peut broder et improviser. Elle se montre spontanée et ludique en jouant avec les lois naturelles pour créer la nouveauté.

M. – La théorie quantique a certes détruit le déterminisme absolu en introduisant la notion de probabilité dans les lois de cause à effet. Cependant, lorsqu'on ne trouve pas de cause immédiate à un événement, la désintégration de particules instables ou d'éléments radioactifs par exemple, dire que cet événement s'est produit « par hasard » ne reflète qu'une interprétation possible de la mécanique quantique. En passant de la nécessité au hasard, la physique considère que la créativité a fait sa réapparition dans l'univers. Mais ce faisant, on saute d'un extrême à l'autre. Cet événement est-il vraiment sans cause ? L'incertitude n'est-elle pas appelée ainsi parce que le sort des particules ne suit pas un mode de causalité linéaire, ce qui est à première vue déconcertant, et que les facteurs qui entrent en ligne de compte sont innombrables ? On introduit alors une notion de hasard ontologique et de probabilité là où il suffirait d'envisager une interdépendance riche d'un potentiel de manifestation infini. De plus, ces notions de créativité et de spontanéité de la nature glissent à nouveau vers le concept d'un principe organisateur qui, ludique ou sérieux, ne me semble pas résister aux arguments dont je me suis fait l'écho précédemment.

T. – Quand je parle d'une nature ludique et créatrice, il y a, sous-entendu, le concept d'un principe organisateur tel que Spinoza et Einstein le concevaient. Cela étant, il ne faut pas croire que tout n'est que pur hasard dans la théorie quantique. Des vestiges de déterminisme y subsistent. Si un événement quantique individuel est indéterminé, les probabilités relatives d'un ensemble de possibilités sont, elles, parfaitement prévisibles par les lois de la statistique. Ainsi, si l'on ne peut calculer la trajectoire exacte d'un électron, on peut calculer la probabilité qu'il soit à tel ou tel endroit. C'est d'ailleurs ce vestige de déterminisme qui permet à nos ordinateurs ou à nos chaînes haute fidélité de fonctionner. Si tout était aléatoire dans les circuits électroniques de ces engins, rien ne pourrait marcher.

Quant aux phénomènes chaotiques dans le système solaire, le mouvement des planètes devient imprévisible passé quelques dizaines de millions d'années, soit moins de 1 % de l'âge du système solaire. Cela étant, les planètes ont poursuivi tranquillement leur ronde autour du Soleil pendant les derniers quatre milliards et demi d'années, car bien que la probabilité pour que leurs orbites deviennent chaotiques ne soit pas nulle, elle est très faible. Le bouddhisme envisage-t-il cette notion d'imprévisibilité « bridée » (que les physiciens appellent « chaos déterministe ») ou entretient-il une vision déterministe semblable à celle de Newton et de Laplace ?

M. – Pour le bouddhisme, ni le hasard ni la nécessité ne sont satisfaisants. Ce sont deux extrêmes qui ne résistent ni l'un ni l'autre à l'analyse. Aucun effet ne peut survenir sans cause, mais les causes et leurs possibilités d'interactions sont si nombreuses qu'il est impossible de concevoir une causalité linéaire, donc déterministe, selon laquelle il devrait être théoriquement possible de remonter à une cause première. Dans ce cas, toute créativité serait exclue. En effet, le déterminisme strict ne peut exister que si les facteurs impliqués dans une relation de cause à effet sont en nombre fini. Or, dans un système global, le nombre d'éléments qui entrent en jeu est indéfini et inclut également la conscience ; un tel système échappe donc par nature au déterminisme absolu et dépasse l'entendement de la pensée discursive. La nouveauté peut donc émerger de la synergie de l'ensemble sans être attribuée à un nombre limité de causes, ni faire appel au hasard vrai, c'est-à-dire à l'absence de cause.

T. – C'est étonnamment proche du concept de chaos en science : l'impossibilité de connaître parfaitement toutes les conditions initiales d'un système non linéaire fait que son comportement est imprévisible. Cette approche rejoint également ce que Heisenberg exprime dans *Physique et Philosophie* :

Dans le cas de l'émission d'une particule alpha par un atome de radium, par exemple, phénomène qui se produit en moyenne tous les deux mille ans, selon la théorie quantique on peut dire que l'on connaît le phénomène précédent, mais pas avec une précision parfaite ; nous savons quelles sont les forces dans le noyau atomique qui sont responsables de l'émission de la particule alpha, mais cette connaissance comprend l'incertitude introduite par l'interaction entre le noyau et le reste du monde. Pour savoir pourquoi la particule a été émise à cet instant particulier, il nous faudrait connaître la structure microscopique du monde entier, y compris nous-mêmes, et cela est impossible.

Tout interagit avec tout. Ce que Heisenberg exprime pour le noyau d'atome, Mach l'a exprimé, nous en avons parlé, pour les objets macroscopiques, et l'expérience du pendule de Foucault montre qu'il ajuste son comportement en fonction de l'univers tout entier. Ce qui se trame chez nous se décide dans l'immensité cosmique. Nous faisons appel à la notion de hasard parce que cette infinité nous échappe.

Quant à ta remarque concernant la nouveauté qui peut émerger de la synergie de différents phénomènes, on retrouve ici le concept d'« émergence » qui est essentiel en physique et en biologie. Ainsi l'un des grands mystères de la science contemporaine concerne la manière dont la vie a surgi de la matière, dont l'inanimé a pu engendrer l'animé et dont l'animé peut réciproquement agir sur l'inanimé. Une des thèses avancées est que les systèmes biologiques possèdent une hiérarchie de niveaux d'organisation et qu'à chaque niveau de nouveaux comportements émergent. On peut imaginer que grâce à ces phénomènes d'émergence, le système des particules élémentaires dans la soupe terrestre primitive ait accédé, palier par palier, à des états d'auto-organisation de plus en plus complexes, jusqu'à l'apparition d'une structure capable de se répliquer, puis finalement jusqu'à la vie. Ces principes d'organisation ne nécessitent pas l'intervention de nouvelles forces ni d'interactions mystérieuses. Indécelables au niveau des particules élémentaires, ils « émergeraient » dès que le niveau de complexité dépasse un seuil critique. Ainsi, à chaque niveau d'organisation, de nouvelles qualités apparaissent sans que l'on puisse les déduire de l'analyse des entités situées aux niveaux inférieurs. Le comportement d'un ensemble complexe et organisé, celui d'un être humain par exemple, ne peut être expliqué de manière réductionniste à partir du comportement des particules qui le composent. On peut résumer simplement le concept d'émergence en une seule phrase : le tout est plus que la somme de ses parties.

M. – La disparité apparente entre une entité complexe et les composants plus simples dont elle émerge – ce saut d'un niveau de complexité à un autre – pourrait tenir au fait que nous ne sommes pas capables d'appréhender l'interdépendance globale et n'identifions que les composantes locales d'un phénomène. Or, le principe d'interdépendance implique qu'un nombre infini de facteurs contribue à des degrés divers aux propriétés apparentes des phénomènes.

La causalité n'opère jamais à sens unique. Si on peut appeler « causalité vers le haut » le fait que des éléments appartenant à des niveaux inférieurs d'organisation se combinent pour engendrer quelque chose situé à un niveau supérieur, on peut qualifier de « causalité vers le bas » le fait qu'un élément situé à un niveau supérieur puisse influer sur des éléments aux niveaux inférieurs. Ainsi la vie influe sur la planète, les phénomènes sociaux sur les individus, et la conscience sur le corps et sur « notre » monde. La causalité n'est donc pas seulement ascendante, mais aussi descendante. Elle est toujours mutuelle. Le bouddhisme préférera donc parler de co-émergence et de causalité réciproque, car la conscience façonne la réalité comme elle est façonnée par elle, à la manière de deux lames de couteau qui s'aiguisent l'une l'autre. Une compréhension correcte de l'interdépendance implique donc une transcendance du dualisme conventionnel entre soi et le monde, entre la conscience et l'inanimé.

T. – Mais, à trop invoquer le principe d'interdépendance, ne risques-tu pas d'ignorer l'indéterminisme quantique ou les phénomènes chaotiques ? Celui qui connaîtrait l'interaction de la particule avec tout le reste de l'univers ne pourrait-il pas dire exactement l'heure à laquelle elle va se désintégrer ? On ne pourrait plus parler alors de probabilités.

M. – On peut concevoir que quelqu'un doué d'omniscience – qualité que l'on prête à ceux qui ont atteint l'état de Bouddha – puisse clairement voir les tenants et aboutissants de chaque situation. Les textes disent que seul un esprit omniscient – et on peut rattacher ce concept d'omniscience à la perception parfaite de la globalité – peut appréhender l'ensemble des causes et des conditions qui ont fait apparaître les couleurs d'une plume de paon ou la rondeur d'un pois. Mais cette omniscience n'implique nullement un déterminisme semblable à celui qui découle d'un principe créateur ou d'une cause unique de laquelle tout pourrait découler. Dans le domaine de la matière, l'interdépendance est créatrice, puisque les causes et les conditions sont en nombre illimité. Dans le domaine de la conscience, la notion de libre arbitre est fondamentale, car à chaque instant nous nous trouvons à une croisée de chemins.

T. – Quand je parlais de la nature créatrice et libérée de son carcan déterministe grâce à la contingence et au flou quantique, je ne faisais pas nécessairement référence à une conscience qui gouvernerait cette créativité. La nature innove et acquiert des propriétés émergentes selon des lois d'organisation et des principes de complexité.

M. – Il n'y a pas de conscience dans les atomes,

mais le libre arbitre existe au niveau de la conscience, et cette liberté de la conscience est incluse dans le réseau illimité des causes et conditions. C'est l'une des raisons qui nous permettent d'éviter de tomber dans le superdéterminisme.

Cela rejoint d'ailleurs un argument de logique de Karl Popper qui montre que nous sommes dans l'incapacité de prévoir nos propres actions[8]. En effet, la prédiction elle-même intervient parmi les causes déterminantes de ces actions. Si je prévois que je vais me heurter à un arbre situé à tel endroit dans dix minutes, cette éventualité me pousse à éviter l'endroit où se trouve cet arbre, et finalement la prédiction n'est pas vérifiée. Pour être vérifiée, elle devrait en effet tenir compte d'elle-même, ce qui est impossible tant qu'elle n'a pas été faite. Si, de plus, certains événements du monde sont inextricablement liés à nos actions, puisque nous ne pouvons prévoir nos propres actes, nous ne pouvons non plus prévoir ces événements[9].

T. – Cela étant, peux-tu préciser le point de vue bouddhiste sur la loi de causalité ?

M. – Le bouddhisme commence par éliminer la possibilité que quelque chose puisse apparaître sans cause : si un résultat pouvait se produire sans cause, n'importe quoi pourrait découler de n'importe quoi, car ce qui n'a pas de cause ne dépend de rien. L'apparition d'un effet résulte donc de causes et de conditions. Mais les choses se compliquent lorsqu'on tente de mettre en évidence une cause qui serait « quelque chose » existant objectivement. La façon réductionniste d'envisager les liens de causalité suppose qu'une entité existant par elle-même et douée de propriétés intrinsèques agisse sur d'autres entités en modifiant leurs propriétés. Mais la logique bouddhiste met en évidence les difficultés insurmontables qu'on rencontre dès que l'on considère les phénomènes comme des entités concrètes et indépendantes. Notre vue de la causalité est donc plus complexe. Pour la comprendre, nous devons suivre l'analyse traditionnelle que fait le bouddhisme du problème de la causalité.

Nous commencerons par la réalisation qu'il ne peut y avoir que quatre schémas de causalité – ou modes de production. Une chose pourrait naître : 1) d'elle-même, 2) d'une autre chose, 3) d'elle-même et d'autre chose ou 4) ni d'elle-même ni d'autre chose. Puis nous parcourrons ces schémas l'un après l'autre.

La première étape est donc de reconnaître qu'une chose ne peut naître d'elle-même. Si elle contenait ses propres causes au complet, elle se multiplierait indéfiniment sans que rien ne puisse l'arrêter. Lorsque toutes les causes nécessaires sont réunies, un événement ne peut pas ne pas se produire. De plus, si une chose naissait d'elle-même, cela voudrait dire qu'elle existe déjà ; sa production serait donc inutile. Si ce qui est déjà né devait naître à nouveau, ce processus n'aurait jamais de fin.

T. – Qu'en est-il du deuxième cas de figure, qui se rapproche le plus de notre conception ordinaire de la causalité, qui est aussi celle de la science ? Une chose peut-elle être produite par une « autre chose » ?

M. – C'est le type de causalité accepté par le bouddhisme sur le plan de la vérité relative. Toutefois, d'un point de vue absolu, il affirme que si la cause et l'effet étaient des entités intrinsèquement distinctes, le processus de causalité ne pourrait pas fonctionner. Le raisonnement est le suivant : au moment où la cause est sur le point de disparaître et l'effet sur le point de surgir, la cause et l'effet, considérés comme des entités distinctes et existant réellement, ont-ils un « point de contact », ne serait-ce que pour un très court instant ?

Si oui, la cause et l'effet existent simultanément lors de ce contact. L'effet n'a donc pas besoin d'être produit, puisqu'il existe déjà et la cause est inutile. De plus, deux entités simultanées ne peuvent entrer en relation de cause à effet, car elles ne peuvent agir l'une sur l'autre dans l'instant présent. (Cela rejoint ce que disait Heisenberg : « Deux phénomènes simultanés ne sont liés par aucune action causale directe. »)

Si, au contraire, la cause et l'effet n'ont aucun point de contact et ne sont reliés d'aucune façon, la causalité ne peut fonctionner. Les deux entités n'ont rien à voir l'une avec l'autre et ne peuvent pas établir une relation de cause à effet. De plus, si la cause n'a rien à voir avec son produit, tout pourrait naître de n'importe quoi. Selon les paroles de Chandrakirti :

Si quelque chose pouvait être produit par une chose
[qui soit intrinsèquement « autre »,
Alors l'obscurité pourrait naître de la flamme
Et tout pourrait naître de tout.

Tout pourrait naître de tout, car si l'entité « cause » est « autre » par rapport à l'entité « effet », tous les phénomènes sont équivalents dans le sens qu'ils sont tous « autres » par rapport à cet effet : n'importe quel phénomène pourrait alors lui servir de cause.

Si la cause a déjà disparu au moment où l'effet apparaît, cela revient à dire que cet effet s'est produit sans cause, par une création *ex nihilo*. En d'autres termes, si la cause disparaît avant le résultat, ce dernier ne se produira jamais. La graine ne peut disparaître avant de donner naissance à la pousse. La cause ne peut pas non plus demeurer identique à elle-même au moment du résultat, tout comme la graine ne peut donner naissance à la pousse sans disparaître elle-même[10].

Bref, une entité concrète et autonome ne peut en produire une autre. Si l'entité « résultat » existe déjà au moment de l'entité « cause », soit elle n'a pas besoin d'être produite, soit elle participe à sa propre formation, ce qui n'a pas de sens. Si elle n'existe pas, sa production est impossible, car un milliard de causes ne peuvent faire surgir quelque chose du néant.

Nagarjuna a résumé cet argument dans ce quatrain :

Si l'entité du résultat existe déjà,
Qu'est-ce qu'une cause a besoin de produire ?
Si l'entité du résultat n'existe pas,
Comment une cause pourrait-elle la produire[11] *?*

Et Atisha renchérit dans le *Flambeau de la voie de l'Éveil* :

Ce qui existe déjà ne peut logiquement naître,
Tout comme ce qui n'existe pas non plus, telle une
[fleur dans le ciel.

La conclusion du bouddhisme est la suivante : ce qui nous apparaît comme une relation de cause à effet n'est possible que parce que *ni la cause ni l'effet* n'ont d'existence indépendante et permanente. Nous en revenons à la phrase : « Parce que tout est vacuité, tout peut être. » La non-réalité des phénomènes est la condition même de leur apparition. Ces « simples apparences » évoluent alors selon la loi de la causalité qui met en relation des phénomènes interdépendants et dénués d'existence propre. Toujours selon Nagarjuna :

Il n'y a pas le moindre phénomène
Qui ne soit inclus dans la production
[interdépendante ;
C'est pour cela qu'il n'y a pas le moindre phénomène
Qui ne soit pure vacuité.

Les modifications de ces interactions produisent le jeu des causes et des effets, sans qu'il soit nécessaire de postuler l'existence d'entités séparées possédant toutes leurs propriétés en elles-mêmes – ce que les physiciens appellent des propriétés « locales ».

T. – Oui, c'est ce qu'Einstein, qui rejetait l'idée d'une réalité globale et interdépendante, appelait des « variables locales cachées ». Mais ces variables locales n'existent pas, comme l'ont bien montré les expériences sur le phénomène EPR.

M. – Examinons maintenant les deux dernières possibilités : une chose ne peut pas naître à la fois d'elle-même et d'une autre, car les arguments que nous venons de citer s'appliquent également à ce cas. Une chose ne pourrait-elle alors naître ni d'elle-même ni d'autre chose ? Non, car si elle pouvait ainsi naître sans cause, tout pourrait naître n'importe quand, n'importe où et n'importe comment.

T. – Et alors, que reste-t-il ?

M. – La seule solution est l'interdépendance, la coproduction, dans laquelle les phénomènes se conditionnent mutuellement les uns les autres dans un réseau infini de causalité dynamique, impermanente, indéchiffrable sur un mode linéaire, novatrice sans être arbitraire, et qui échappe aux extrêmes du hasard et du déterminisme.

En résumé, une chose intrinsèquement existante ne peut avoir de cause ni dépendre de quoi que ce soit d'autre. Si tout existait sur ce mode-là, rien ne se produirait, la causalité ne fonctionnerait pas et le monde phénoménal serait figé à jamais. Le fait que, dans le monde des apparences, celui de la vérité relative, une chose semble se produire, n'est possible que parce que la cause et l'effet sont tous deux dénués d'existence intrinsèque. Dans *La Connaissance transcendante* [12], on lit :

> *Sans fin et sans naissance,*
> *Ni néant ni éternité,*
> *Cela ne vient ni ne s'en va*
> *Et n'est ni Un ni multiple.*

Une compréhension correcte de la vacuité évite donc de tomber dans le réalisme ou dans le nihilisme. La méditation sur la vacuité dissipe la croyance à l'existence réelle des choses, mais il ne faudrait pas pour autant s'attacher à la vacuité pour en faire une croyance, faute de quoi on sombrerait dans le néant. Dans *La Guirlande de joyaux*, Nagarjuna écrit : « Quand on ne trouve rien de réel, comment pourrait-on trouver quelque chose d'irréel ? », et dans le *Traité fondamental de la sagesse*, il conclut :

La croyance néfaste à la vacuité
Conduit les ignorants au désastre.
[...]
Par conséquent, le sage ne demeurera
Ni dans l'être ni dans le non-être.

Selon le bouddhisme, l'union de la vacuité et des apparences est le secret de la compréhension de la réalité. Vides, les choses apparaissent ; apparaissant, elles sont vides. Au-delà des limitations inhérentes à la simple rationalité théorique, une appréhension véritable de cette affirmation ne peut passer que par l'expérience contemplative directe. Comme il est dit dans *La Connaissance transcendante* :

Nous voyons le ciel, disent les gens.
Mais comment voit-on le ciel ? Pensez-y.
C'est ainsi que le Bouddha nous a appris à voir la
[nature des choses.

10

LA FRONTIÈRE VIRTUELLE

Une dualité corps-esprit ?

Qu'est-ce que la conscience et d'où vient-elle ? Ce phénomène si difficile à définir est-il survenu naturellement par le processus de l'évolution, lorsque le cerveau est devenu suffisamment complexe ? La conscience n'est-elle ainsi qu'un reflet de processus physiques ? La notion d'une division entre l'esprit et la matière a-t-elle un sens ? De quelle manière le bouddhisme propose-t-il de résoudre cette dualité ? Si la conscience émerge de l'inanimé, peut-elle agir sur lui ? Peut-on avancer des arguments en faveur de l'existence d'un continuum de conscience qui ne soit pas dépendant du corps en toutes circonstances ?

THUAN : La plupart des biologistes pensent que, durant le processus de l'évolution, la conscience est survenue lorsque les réseaux de neurones du cerveau des êtres vivants ont atteint un niveau de complexité suffisant. Cette théorie implique que la conscience a émergé, comme la vie elle-même, de la matière inanimée[1]. Le bouddhisme partage-t-il ce point de vue ?

MATTHIEU : Le bouddhisme accepte la plupart des vues de la science sur l'histoire et l'évolution de l'univers – mis à part la notion d'un véritable « début » –, mais il porte un regard différent sur la nature de la conscience.

Selon le bouddhisme, la conscience, comme tous les phénomènes que nous percevons, est dénuée de réalité intrinsèque. La conscience dont nous faisons l'expérience dans la vie de tous les jours n'est qu'une fonction efficace qui appartient au domaine de la vérité relative. Cela dit, même si la notion de conscience n'est qu'une étiquette, il y a une différence entre une *irréalité consciente* (l'esprit, considéré comme un flux d'instants de conscience) et une *irréalité inconsciente* (le monde matériel qu'il appréhende).

Le bouddhisme distingue plusieurs niveaux de conscience : grossier, subtil et extrêmement subtil. Le premier correspond au fonctionnement biochimique du cerveau. Le deuxième, à ce que nous appelons intuitivement la conscience, c'est-à-dire, entre autres, la faculté que possède la conscience de s'examiner elle-même, de s'interroger sur sa propre nature et d'exercer son libre arbitre. Elle inclut également l'expression des diverses tendances accumulées dans le passé. Le troisième niveau, le plus essentiel, est appelé « luminosité fondamentale de l'esprit ». Il correspond à une conscience « pure » qui n'est pas en relation avec un objet particulier, et n'est pas associée à des pensées discursives.

Ces trois aspects ne correspondent pas à des flux de conscience séparés, mais à des niveaux de plus en plus profonds et fondamentaux. Le niveau grossier et le niveau subtil procèdent tous deux du niveau fondamental. Le cerveau, le corps et même l'environnement fournissent les conditions et les causes auxiliaires qui permettent à la conscience grossière de fonctionner. Cela signifie que cet aspect de la conscience est façonné et modifié par le cerveau et l'environnement et peut modifier en retour le cerveau et le corps, par le jeu de la causalité réciproque. Son activité est corrélée avec celle du cerveau et ne se manifeste pas en l'absence du corps.

La situation est différente en ce qui concerne l'aspect fondamental de la conscience. Selon les tantras – qui représentent le point de vue le plus profond du bouddhisme – la conscience fondamentale est appelée « présence éveillée » (*rigpa*). Cet aspect essentiel n'est pas modifié par les processus mentaux et par l'environnement. Il est totalement libre de confusion, transcende les concepts discursifs et donc les pensées positives et négatives. Il n'est affecté ni par l'erreur qui est appelée *samsara* ni par l'élimination de l'erreur qui est appelée *nirvana*. Cet aspect est aussi dénommé « continuité primordiale de l'esprit », « luminosité naturelle », « nature ultime de l'esprit », « essence de la bouddhéité », « état naturel de la conscience », « unique simplicité essentielle », « pureté primordiale », « présence éveillée » et « espace absolu ».

Cette conscience pure a une « créativité » (*tsél*), qui prend la forme de diverses pensées formant le « jeu (*rolpa*) de la présence éveillée ». Si nous les reconnaissons pour telles, les pensées sont alors des « ornements » (*guién*) qui rendent encore plus évidente cette présence éveillée. Si, au contraire, nous prenons les pensées pour réelles et autonomes, nous sombrons dans la dualité du sujet et de l'objet et nous sommes emportés par le flot de la confusion. Dans ce cas, seuls les aspects subtil et grossier de la conscience sont perceptibles, l'aspect fondamental étant temporairement obscurci par le voile de l'ignorance, comme le soleil peut être momentanément caché par les nuages.

T. – Mais d'où naît cette conscience pure ? Faut-il une « étincelle » pour démarrer la vie et la conscience à partir d'atomes inanimés ?

M. – La notion d'étincelle a des implications très problématiques : la conscience pourrait avoir un début. Si tel est le cas, soit elle est créée *ex nihilo* (sans cause ou par le travail d'un Créateur – et nous avons expliqué comment le bouddhisme réfute ces deux possibilités), soit elle naît graduellement de l'inanimé, comme le pensent la plupart des biologistes et des physiciens. Parmi ces derniers, Brian Greene m'a écrit ceci : « Je pense que la conscience est un reflet des processus microphysiques qui sont d'une complexité et d'une rapidité stupéfiantes. Bien que les aspects qualitatifs de la conscience diffèrent dramatiquement des propriétés des constituants physiques sur lesquels elle est fondée, je ne pense pas que cela indique l'existence de quelque chose *d'autre* que la structure physique qui la sous-tend. »

Le bouddhisme soutient que la cause et l'effet doivent avoir une communauté de nature, lorsque la cause est substantiellement responsable de l'effet. (Quand la cause est simplement une condition coopérante de l'effet, la cause et l'effet peuvent être de nature dissemblable.) Un instant de conscience ne peut donc être causé que par un autre instant de conscience immédiatement précédent. Si une chose pouvait naître d'une autre chose de nature totalement différente, alors tout pourrait naître de n'importe quoi. L'aspect fondamental de la conscience ne peut donc naître de la matière inanimée et ne dépend pas nécessairement, toujours et en toutes circonstances, de la présence d'un support physique.

Le Dalaï-Lama l'explique en ces termes : « Il est parfaitement clair que la conscience [grossière] dépend du fonctionnement du cerveau, donc il y a bel et bien relation causale entre fonction cérébrale et émergence de la conscience grossière. Mais voici la question que je persiste à considérer : de quelle sorte de connexion causale s'agit-il ? Le bouddhisme parle de deux sortes de causes. La première est la *cause substantielle*, où le matériau de la cause devient celui de l'effet[2]. La seconde est un *facteur auxiliaire*, où un événement en produit un autre sans toutefois qu'il y ait transformation de l'un en l'autre. [...] Quelles sont la cause originelle de la conscience et sa relation avec la fonction cérébrale ? De quelle sorte de causalité s'agit-il ? Expérimentalement, on a deux types de phénomènes qui semblent être qualitativement différents : le physique et le mental. Les phénomènes physiques peuvent se situer dans l'espace, se laissent mesurer quantitativement, et ont encore d'autres qualités. Par contraste, les phénomènes mentaux ne se localisent pas dans l'espace, pas plus qu'ils ne se prêtent à des mesures quantitatives ; ils sont de la nature de la simple expérience. Il semble qu'il s'agisse de deux sortes de phénomènes très différents. Dans ce cas, si un phénomène physique devait agir en tant que cause substantielle d'un phénomène mental, il semblerait y avoir un manque de concordance entre les deux[3]. »

Cette démonstration du Dalaï-Lama peut être illustrée par une image simple : la graine est la cause substantielle du germe, tandis que le soleil et l'humidité en sont les facteurs auxiliaires.

T. – La position matérialiste « moniste » consiste à dire que l'homme n'est qu'un paquet de neurones et que la conscience n'est que le résultat de courants électriques circulant dans les circuits neuronaux. Comme le disait le médecin Pierre Cabanis au XVIIIe siècle, « le cerveau sécrète la pensée comme le foie sécrète la bile ».

Certains neurobiologistes pensent que le sens du monde et des choses émerge de l'activité permanente du corps inséré dans un environnement particulier. Le cerveau existe dans un corps qui interagit avec le monde autour de lui. C'est de cette constante interaction de l'organisme avec le monde extérieur que naît la conscience[4]. De ce point de vue, la conscience émerge de la matière inanimée. Il n'est nul besoin d'un ingrédient supplémentaire.

En niant cette position, le bouddhisme ne rejoint-il pas le dualisme corps-esprit de Descartes pour qui la réalité a deux formes distinctes, celle de l'esprit (ou de la pensée) et celle du monde matériel ? Selon Descartes, l'esprit est pure conscience, ne s'étend pas dans l'espace et ne peut être subdivisé. Par contre, la matière est dépourvue de conscience, possède une étendue et peut être divisée. L'homme a ainsi une double nature : il pense, mais il est aussi doté d'une extension matérielle qui est son corps.

M. – La conception du bouddhisme est radicalement différente du dualisme cartésien. Il pense que la matière et la conscience ne diffèrent que conventionnellement car, de façon ultime, ni l'une ni l'autre n'ont d'existence propre. Parce que le bouddhisme réfute la réalité ultime des phénomènes, il réfute par là même l'idée d'une conscience autonome et dotée d'une existence inhérente.

L'un des arguments souvent utilisé à l'appui de ce dernier point concerne la faculté qu'a la conscience de se connaître elle-même. Le bouddhisme soutient qu'une conscience réellement existante ne pourrait pas plus se connaître elle-même qu'un sabre ne peut se couper lui-même. Si on rétorque que la conscience peut s'éclairer elle-même comme le fait une flamme, le bouddhisme répond que la nature de la flamme est de briller et qu'elle n'a pas besoin de s'éclairer. Si une flamme pouvait s'éclairer elle-même, les ténèbres pourraient générer leur propre obscurité.

Lorsque nous réalisons que nous pensons à quelque chose, une fleur par exemple, notre conscience n'a pas conscience d'elle-même, mais de l'image mentale formée à la suite de la perception de la fleur. En revanche, l'aspect primordial de la conscience, considérée non pas comme une entité distincte mais comme un continuum, ce que nous avons appelé sa « luminosité fondamentale », contient naturellement une qualité autoconsciente qui est au-delà de la dualité sujet-objet. Il n'est dès lors plus nécessaire d'avoir recours au schéma interminable de l'observateur qui examine l'observateur, qui examine l'observateur... L'une des qualités de l'Éveil est justement de pouvoir demeurer dans cet état de « présence éveillée » non duelle, qui se manifeste par une connaissance directe de la nature « lumineuse » de la conscience, et n'implique pas la formation d'images mentales. Ce flux de conscience et le monde des phénomènes extérieurs sont intimement liés par l'interdépendance et leur ensemble constitue « notre » monde, celui de l'expérience vécue.

Le dualisme de Descartes – auquel manque le concept d'interdépendance – est vicié par la notion d'une stricte division entre l'esprit et la matière. Un tel dualisme ne permettrait pas l'existence d'une interface entre l'animé et l'inanimé, car ces derniers n'auraient rien en commun. La conscience serait incapable de connaître la réalité extérieure, car pour appréhender le monde et être influencée par lui, elle doit nécessairement entretenir avec ce dernier une relation dynamique.

T. – Selon Descartes, cette interface se ferait en un point du cerveau, sans étendue (comme un point mathématique), qu'il appelait « glande pinéale ». Par l'intermédiaire de cette glande, l'esprit réagirait aux passions et aux humeurs du corps, tout en conservant la possibilité de se détacher de ses impulsions « basses », tels le désir et la haine, et de fonctionner indépendamment du corps. Quant au corps, Descartes le concevait comme une machine parfaite, entièrement régie par les lois de la physique.

Inutile de dire que l'idée que la glande pinéale puisse être le siège de la conscience a été démentie depuis bien longtemps par la science. Mais le problème fondamental du dualisme cartésien – quelle est la nature de la conscience et sa relation avec le corps – n'a toujours pas été entièrement résolu. Par dérision, les critiques du dualisme cartésien désignaient l'esprit comme le « fantôme dans la machine ».

Bien que certains aient suggéré que l'incertitude quantique puisse permettre à une conscience immatérielle d'interagir avec le monde physique, on pense aujourd'hui que le dualisme, qui suppose qu'une entité immatérielle puisse modifier le comportement d'un système matériel, est incompatible avec le principe de conservation de l'énergie (rien ne se crée ni ne se perd), l'un des principes sacro-saints de la physique.

M. – La raison pour laquelle cette dualité n'est pas irréductible est que ni l'esprit ni la matière n'ont de réalité intrinsèque, et que tous deux participent de la même globalité. La physique nous dit que la masse est équivalente à de l'énergie, et le bouddhisme que « le vide est forme et la forme est vide ». L'antinomie entre la matière et la conscience perd donc son sens ontologique, et même s'il existe des différences qualitatives entre l'animé et l'inanimé, aucune incompatibilité fondamentale n'interdit une action réciproque entre les phénomènes extérieurs et la conscience. Lorsque l'on comprend que la relation entre les phénomènes mentaux et physiques est d'ordre *relationnel,* plutôt que *substantiel*, la relation entre la conscience et la matière cesse d'être problématique. L'interface est assurée par l'interdépendance, car tout ce qui coexiste interagit.

T. – En somme, le bouddhisme dit que la division entre le monde intérieur de la pensée et celui de la réalité physique extérieure est factice. L'antithèse entre réalités interne et externe n'est que pure illusion. Il n'y a qu'une seule réalité.

M. – Ou plutôt qu'une seule irréalité ! De ce point de vue, la dichotomie esprit / matière relève d'un attachement à la solidité des choses et n'est qu'un concept.

T. – La dualité cartésienne est également basée sur l'illusion que le monde extérieur n'a pas de composante subjective. Or, comme nous en avons parlé, la mécanique quantique nous a appris que l'observateur participe au processus interdépendant dont émerge un phénomène. Quand tu parles de complémentarité entre le cerveau et la conscience, je ne peux m'empêcher de penser au fameux principe de complémentarité énoncé par Niels Bohr. Pour moi, l'esprit est complémentaire de la matière, tout comme l'aspect « particule » de la matière est complémentaire de son aspect « onde ».

M. – En outre, la dichotomie entre soi et le monde nous empêche d'avoir une vision juste de la réalité. C'est le fossé imaginaire que nous creusons entre l'intérieur et l'extérieur, la conscience et la matière, soi et autrui, qui donne naissance à la notion d'ego. Puisque celui-ci n'est qu'une fiction, il est normal qu'il soit impossible de satisfaire toutes ses exigences. En tentant de le faire, on se trouve constamment en porte-à-faux avec la réalité. Chandrakirti a résumé la frustration qui en découle :

En premier lieu, nous concevons le « moi », et nous [nous attachons à l'ego.
Puis, nous concevons le « mien », et nous nous [attachons au monde matériel.
Comme l'eau captive de la roue du moulin, nous [tournons en rond, impuissants.
Je me prosterne devant la compassion qui embrasse [tous les êtres[5].

T. – Cette division factice entre soi et le monde a d'ailleurs été soulignée par les fondateurs de la physique quantique, comme Schrödinger qui écrit : « Le sujet et l'objet ne sont qu'un. On ne peut dire que la barrière qui les sépare ait été brisée à la suite de l'expérience récente en sciences physiques, car cette barrière n'existe pas[6]. »

La nouvelle science de la complexité nous permet une meilleure approche de la façon dont la conscience s'est formée à partir de l'inanimé. Selon cette vue, la conscience « émerge » lorsque les réseaux de neurones dans le cerveau ont atteint un niveau critique de complexité. Il n'est donc pas nécessaire d'avoir recours à la notion d'un continuum de conscience pour expliquer le passage de l'inanimé à l'animé. Ce point de vue est basé sur l'observation de certains systèmes physiques ou chimiques dits « ouverts », c'est-à-dire qui interagissent avec leur environnement. Cette interaction les fait passer par des « points de bifurcation » qui les projettent de façon abrupte dans des états plus organisés. Il en est ainsi de l'eau qui passe le point d'ébullition. Initialement homogène et sans structure, elle s'organise spontanément en cellules de convection dans un flux ordonné et stable dès qu'on la chauffe au-dessus d'une température critique. L'eau a bifurqué d'un état non organisé à un état organisé. Nombre de biologistes pensent que l'évolution s'est déroulée de la même manière, progressant de bifurcation en bifurcation, s'auto-organisant de façon croissante par bonds successifs, pour gravir l'échelle de la complexité et passer de l'inanimé à l'animé.

Les forces motrices à l'origine de ces bifurcations ont été les événements de l'environnement qui ont fait sortir la biosphère de son équilibre, par exemple les changements de température et de niveau d'oxygène de l'atmosphère. Aucun ingrédient supplémentaire n'est nécessaire, contrairement aux théories vitalistes, comme celle d'Henri Bergson par exemple, qui pensait qu'un « élan vital » poussait les systèmes biologiques à s'organiser et à se développer de façon créative et performante. L'une des découvertes les plus frappantes de la complexité est que des conditions de déséquilibre puissent engendrer l'organisation.

Il y a plusieurs raisons de considérer un tel scénario comme plausible dans le cas de l'apparition de la conscience. D'abord, les organismes vivants sont des systèmes ouverts par excellence. La vie ne peut exister isolée. Elle échange constamment de l'énergie avec son environnement, que ce soit pour se nourrir ou pour rejeter des déchets. D'autre part, il y a constamment des agents de changement, internes ou externes, qui rompent l'équilibre de la biosphère. Les changements peuvent être graduels ou soudains. L'enrichissement progressif de l'atmosphère terrestre en oxygène par les espèces végétales est un exemple de changement graduel. Parmi les changements soudains, on peut mentionner les éruptions solaires qui projettent des particules énergétiques vers la Terre, ou encore l'impact du gigantesque astéroïde venu percuter notre planète il y a soixante-cinq millions d'années et qui fut, comme nous l'avons déjà évoqué, à l'origine de la disparition des dinosaures et des trois quarts des espèces animales et végétales de l'époque.

D'après cette théorie, les changements évolutifs devraient se produire non pas graduellement, mais par à-coups, à chaque fois que des seuils critiques sont dépassés. Les études paléontologiques modernes semblent plaider davantage en faveur de cette théorie que de celle, chère à Darwin, selon laquelle l'évolution procéderait à petits pas. Si l'évolution avait été continue, on devrait trouver des fossiles représentant toutes les formes intermédiaires entre les grands groupes d'espèces vivantes. Or ce n'est pas le cas. Selon certains biologistes comme les Américains Stephen Jay Gould et Niles Eldredge, l'évolution biologique procéderait par une succession d'« équilibres ponctués ». Les espèces vivantes ne se modifieraient pas pendant de très longues périodes, puis, durant un laps de temps relativement court, elles subiraient de profonds changements. À l'image des « sauts quantiques » de la physique des atomes, l'évolution procéderait par « sauts évolutifs ». On peut imaginer que c'est à l'occasion de l'un de ces sauts que les étincelles de la vie, puis de la conscience, seraient apparues[7].

M. – Si ce processus d'émergence permet une interaction mutuelle entre l'animé et l'inanimé, et que l'on envisage aussi bien une causalité ascendante qu'une causalité descendante, on peut alors l'interpréter dans le cadre d'une vision bouddhiste de l'interface entre le corps et la conscience. L'aspect ascendant permet au corps d'influencer les événements mentaux, sans aller jusqu'à dire qu'il *produit* la conscience. L'aspect descendant permet à la conscience d'influer sur le corps (on a pu montrer, par exemple, que *l'expression* de certains gènes était désactivée chez de jeunes enfants qui souffraient d'un manque d'affection[8]). Il permet également à la conscience de modeler ce qui constitue « notre » monde, c'est-à-dire le monde qui est perçu par chaque type de conscience en fonction des tendances accumulées au cours d'existences innombrables. Ce monde n'est pas une projection inexistante d'un esprit existant (comme le voudraient les idéalistes), mais a été façonné par lui comme un vase par un potier. Ce façonnement correspond à ce qu'on nomme le « karma collectif », et explique le fait que nous percevions tout le monde de façon similaire, tandis que nos expériences particulières au sein de cet univers commun correspondent au karma individuel.

T. – La causalité peut en effet s'exercer dans les deux sens. Non seulement l'interaction des niveaux inférieurs donne naissance à des niveaux supérieurs, mais les niveaux supérieurs peuvent influencer les niveaux inférieurs. Les principes émergents qui opèrent au niveau supérieur ne peuvent être déduits des lois qui régissent les niveaux inférieurs. Ainsi la vie et la conscience ne peuvent être déduites de la seule étude de particules inanimées. Quand la causalité s'exerce vers le bas, elle permet aux niveaux supérieurs d'influencer les niveaux inférieurs. Ainsi la conscience peut agir sur le corps. La conscience individuelle ne figure d'ailleurs pas au sommet de la pyramide de l'organisation. À un niveau plus élevé se situe la conscience collective, qui émerge de l'expérience de la société dans son ensemble et qui est à l'origine de la culture et de la religion. C'est ce que nous appelons le « social-culturel-historique » qui façonne les œuvres littéraires, artistiques et scientifiques, les institutions sociales et politiques. De nouveau, il existe alors une causalité vers le bas : un changement de gouvernement, accompagné d'une nouvelle politique économique et sociale, peut affecter l'état mental des citoyens.

M. – Je dois rappeler cependant que le bouddhisme distingue différents niveaux de conscience. Selon cette vue, les propriétés émergentes de la matière fournissent les conditions concourant au fonctionnement de la conscience grossière, mais la cause première de cette conscience grossière ne peut être qu'un continuum de conscience, résultant lui-même d'une succession d'instants de conscience sans début.

T. – Comment, selon le bouddhisme, s'effectue cette transition entre la conscience et la matière ?

M. – Les cinq éléments extérieurs – terre, eau, feu, vent et espace – correspondent dans le corps à cinq éléments intérieurs – os et chair, sang et humeur, chaleur vitale, souffle et cavités. Ces derniers sont liés à cinq énergies, elles-mêmes associées à la conscience grossière comme un cheval à son cavalier. Ces cinq énergies procèdent de cinq aspects lumineux de l'esprit symbolisés par cinq couleurs – jaune, blanc, rouge, vert et bleu –, lesquels sont la radiance, au niveau de la conscience très subtile, de cinq aspects de l'Éveil. Ces cinq connaissances se manifestent lorsque sont dissipés les deux voiles qui empêchent l'actualisation de l'Éveil : le voile des émotions perturbatrices et le voile qui masque la connaissance de la nature ultime des phénomènes.

T. – Si je comprends bien, afin d'éviter d'introduire une notion de discontinuité entre l'inanimé et l'animé, le bouddhisme envisage donc la notion d'un continuum de conscience s'associant à différents supports matériels.

M. – Chaque support est ce qu'on pourrait appeler une « inscription corporelle de l'esprit », pour employer une expression de Francisco Varela[9]. Mais il n'est pas indispensable que le continuum de la conscience ait, à tout moment, un tel support. Selon le bouddhisme, elle peut faire pendant un certain temps l'expérience d'un monde appelé « sans forme », dans lequel il n'y a ni support physique ni perception du monde des formes. C'est un peu comme l'état intermédiaire entre la mort et la renaissance, qu'on appelle *bardo*, où il y a perception de formes et d'un corps mental, mais pas de support physique. Cette possibilité, qui est inacceptable par la plupart des biologistes, constitue la différence principale entre le bouddhisme et les sciences naturelles.

T. – En admettant qu'il puisse y avoir une conscience privée de support physique, quel rapport entretiendrait-elle avec la matière ?

M. – Ces rapports relèvent de la globalité de l'interdépendance : même sans support matériel, la conscience n'est pas pour autant « déconnectée » de l'ensemble du monde des phénomènes.

T. – Quel genre d'arguments le bouddhisme présente-t-il à l'appui de sa thèse ?

M. – Ils sont de deux sortes. Les premiers relèvent du témoignage de ceux qui ont fait l'expérience de l'état intermédiaire entre la mort et la renaissance – le *bardo*. En Occident, les expériences qu'on appelle « aux confins de la mort » (NDE, de l'anglais *near death experience*) sont bien connues médicalement et ont été abondamment illustrées[10]. Il s'agit de témoignages de personnes qui, après avoir été en état de mort clinique pendant un laps de temps plus ou moins long, ont été réanimées. Elles décrivent le plus souvent des états d'intense félicité, d'amour universel, de voyage vers une lumière éblouissante au bout d'un tunnel obscur, et d'un point de non-retour où elles doivent choisir entre continuer ou revenir à la vie. Les sujets font le plus souvent part de leur réticence à réintégrer leur corps physique. Parfois, ils témoignent d'expériences effrayantes correspondant à l'image qu'on pourrait se faire d'états infernaux. Les personnes qui ont vécu ces expériences en reviennent le plus souvent transformées et décident de vivre le reste de leur vie d'une façon nouvelle.

Quel que soit l'intérêt de ces phénomènes, on peut concevoir qu'ils ne représentent que le résidu d'une activité cérébrale moribonde. Selon le bouddhisme, on considère que ceux qui ont vécu une NDE n'ont pas encore véritablement franchi le seuil de la mort. En revanche, d'autres personnes (appelées *délok* en tibétain), le plus souvent des méditants avancés, ou des êtres ordinaires qui ont vécu de telles expériences de manière prolongée, décrivent avec un luxe de détails les diverses étapes de la mort et de l'état intermédiaire, ou *bardo*, entre mort et renaissance.

T. – J'ai lu quelques ouvrages sur les NDE. Ce qui m'a frappé, c'est la grande similarité des descriptions de cet état intermédiaire entre la vie et la mort par différents sujets : un profond sentiment de paix, de compassion, une lumière intense, etc. Un fait très troublant est que certains malades, à leur réveil, ont raconté des événements qui se passaient dans la salle d'hôpital. Ils affirmaient que leur esprit « sorti » de leur corps les avait observés alors qu'ils n'auraient pas dû en être conscients, puisqu'ils étaient cliniquement morts.

M. – Le deuxième type d'argument concerne la mémoire des existences antérieures. Les témoignages en ce sens abondent mais, faute d'avoir été vérifiés de façon rigoureuse par un nombre suffisant de scientifiques, ils ne sont généralement pas acceptés. Il y a cependant quelques exceptions, des exemples célèbres pour lesquels la supercherie et la pure coïncidence semblent raisonnablement exclues. C'est notamment le cas de Shanti Dévi.

Shanti Dévi naît en Inde, à Delhi, en 1926. Vers l'âge de quatre ans elle commence à tenir à ses parents des propos étranges. Elle leur dit que sa vraie maison est dans la ville de Mathura où vit son mari. D'abord amusés, les parents ne tardent pas à s'inquiéter de sa santé mentale. Shanti Dévi est pourtant intelligente et d'un caractère aimable. Pendant deux ans elle maintient ses affirmations, ce qui les agace de plus en plus. À l'âge de six ans elle s'échappe et tente en vain de gagner à pied Mathura, qui se trouve à cent cinquante kilomètres de Delhi. Un jour, elle explique à l'une de ses compagnes de classe qu'elle ne s'appelle pas Shanti Dévi, mais Lugdi Dévi, qu'elle est mariée, qu'elle a même eu un enfant dont elle n'a pu s'occuper, car elle est morte dix jours après son accouchement. Toute l'école se moque d'elle. Elle fond en larmes et s'enfuit. Désespérée, elle erre longtemps et finit par arriver près d'un temple. Là, elle raconte toute son histoire à une femme qui essaie de la consoler. Chez elle, c'est l'affolement. Son père part à sa recherche et finit par la trouver. Cette fois, il semble ébranlé par la détermination de la fillette. Pourtant, pendant les deux années suivantes, il ne se passe rien. Shanti Dévi se replie sur elle-même.

Finalement, intrigués par tout ce qu'on raconte sur cette enfant par ailleurs sage et studieuse, son professeur et le directeur de son école rendent visite à ses parents pour tenter de tirer l'affaire au clair. Ils interrogent longuement la fillette qui répond posément et avec assurance à leurs questions. Elle décrit la vie qu'elle menait à Mathura avec son mari commerçant, et affirme qu'elle pourra reconnaître sans difficulté les personnes et les lieux. Dans sa conversation, elle emploie constamment des mots du dialecte de Mathura que personne ne parle, ni dans sa famille, ni à l'école. Les professeurs insistent pour connaître le nom de son mari. Il est indécent pour une femme indienne de prononcer le nom de son époux. Honteuse, Shanti Dévi hésite, se cache le visage dans les mains et finit par murmurer : « Kédar Nath. » Malgré les réticences des parents qui préféreraient que l'on oublie tout cela, le directeur fait faire une enquête à Mathura. On trouve effectivement un commerçant du nom de Kédar Nath. Le directeur de l'école lui écrit, et quelques semaines après, il reçoit une réponse.

Interloqué, le négociant confirme que, neuf ans plus tôt, sa femme est morte dix jours après avoir mis leur fils au monde. Il désire bien sûr en savoir plus, mais, quelque peu méfiant, commence par envoyer un cousin à Delhi. La petite fille reconnaît immédiatement cet homme qu'elle n'a jamais vu, l'accueille chaleureusement, lui dit qu'il a grossi, s'attriste de le voir toujours célibataire et lui pose toutes sortes de questions. Arrivé avec la conviction qu'il allait démasquer une imposture, le cousin, stupéfait, transpire à grosses gouttes. Il se met aussi à questionner la fillette, mais la supplie bientôt de se taire, car elle commence à raconter avec précision comment, en l'absence de son mari, il lui a un jour fait la cour. « Lugdi Dévi était la femme la plus merveilleuse du monde, c'était une sainte femme ! » s'exclame alors le cousin. Elle lui demande ensuite des nouvelles de son fils.

Quand on lui rapporte ces événements, Kédar Nath manque de s'évanouir. Il décide de se rendre à Delhi avec son fils, mais aussi son frère pour lequel il veut se faire passer. Peine perdue ; à peine a-t-il décliné sa fausse identité que Shanti Dévi s'exclame : « Tu n'es pas mon *jeth* [beau-frère en dialecte de Mathura], tu es mon mari, Kédar Nath », et elle se blottit en pleurant dans ses bras. Lorsque le fils, qui a presque l'âge de la fillette, pénètre dans la pièce, elle l'embrasse comme une mère. Tous les témoins qui observent cette scène sont médusés. La discussion continue, de plus en plus précise. Shanti Dévi demande à Kédar Nath s'il a respecté la promesse qu'il lui avait faite sur son lit de mort de ne pas se remarier. Elle lui pardonne quand il lui avoue avoir pris une autre femme. Kédar Nath reste plusieurs jours à Delhi et pose mille questions à Shanti Dévi qui y répond avec les détails les plus déconcertants. Il repart persuadé que Shanti Dévi est bien la réincarnation de sa femme.

Les choses n'en restent pas là. La rumeur se répand et, un jour, à la stupéfaction émue de tous, Gandhi lui-même vient rendre visite à la fillette. Il est passionné par son cas. Shanti Dévi lui confie, entre autres choses, que Lugdi Dévi était très religieuse. En lui caressant paternellement les cheveux, Gandhi dit à l'enfant : « J'espère en savoir plus long quand tu seras à Mathura. Mes pensées bienveillantes t'accompagneront. Ce dont tu as besoin, c'est de la vérité. Ne t'éloigne jamais du chemin de la vérité, quoi qu'il t'en coûte. » Il envoie l'enfant à Mathura, accompagnée de ses parents, de trois notables respectés, d'avocats, de journalistes et d'hommes d'affaires de haute réputation intellectuelle. Le 15 novembre 1935, le groupe arrive en gare de Mathura. Une foule s'est massée sur le quai pour les attendre. Immédiatement, l'enfant émerveille tout le monde en reconnaissant les membres de son « ex-famille ». Elle se précipite vers un vieillard en s'écriant : « Grand-père ! » et lui demande des nouvelles de son basilic sacré.

Le vieil homme n'en revient pas : avant de mourir, Lugdi Dévi lui avait bien confié son basilic sacré. Puis elle conduit le cortège directement à sa maison. Pendant plusieurs jours, elle va reconnaître des dizaines de lieux et de personnes. Elle rencontre ses anciens parents qui sont bouleversés. Ses parents actuels sont très inquiets à l'idée qu'elle puisse ne pas rester avec eux. Déchirée, elle décide pourtant de repartir à Delhi. Au fur et à mesure qu'elle questionne son mari, elle découvre qu'il n'a tenu aucune des promesses qu'il lui avait faites sur son lit de mort. Il n'a même pas offert à Krishna, pour le salut de son âme, les cent cinquante roupies d'économies qu'elle avait dissimulées sous une lame de plancher. Cette cachette, seuls Lugdi Dévi et son mari la connaissaient. Shanti Dévi pardonne à Kédar Nath tous ses manquements, grandissant toujours davantage dans l'estime de ceux qui l'écoutent. La commission d'enquête des notables fit un travail sérieux, multipliant les recoupements et accumulant les faits. Elle décida que Shanti Dévi était bien la réincarnation de Lugdi Dévi.

Shanti Dévi vécut ensuite une vie modeste et resta célibataire, car elle avait promis à son mari de ne pas se remarier dans une vie future. Elle n'essaya jamais de tirer le moindre profit de sa célébrité et, après des études de lettres et de philosophie, se consacra à la prière et à la méditation. À la fin des années cinquante, elle accepta de raconter à nouveau son histoire[11].

T. – C'est une histoire étonnante et troublante, en effet.

M. – Ce cas, bien qu'exceptionnel, n'est pas isolé. Ian Stevenson, professeur à l'université de Virginie, a étudié les témoignages de centaines de personnes qui prétendaient avoir de telles réminiscences. Il a retenu une vingtaine de cas qu'il semble difficile d'expliquer autrement que par un phénomène de mémoire[12]. Il s'agissait toujours d'enfants ordinaires.

T. – Stevenson enseigne dans la même université que moi, et j'ai eu l'occasion de lui parler de ses études sur la mémoire des vies passées. Il reconnaît que ce sont des études très difficiles, et qu'un grand nombre de cas relèvent de la supercherie. Toutefois, s'il est ainsi possible de se remémorer ses existences passées, pourquoi est-ce que cela n'arrive qu'à si peu de personnes ?

M. – Lorsqu'on se réveille au beau milieu de la nuit, ou au sortir d'une anesthésie générale, ou après un évanouissement, on est plongé dans un état de confusion et, pendant quelques instants, on ne sait plus très bien où l'on se trouve. L'obscurcissement passager de nos facultés mentales causé par ces traumatismes mineurs comporte des similitudes avec celui qui survient à la mort, mais n'a pas la même ampleur. On comprend donc que, lorsqu'on meurt, le traumatisme est beaucoup plus important et l'oubli plus profond. Cependant, lorsque la mort survient dans des circonstances où l'on jouit d'une grande clarté d'esprit, ou à un âge relativement précoce, il peut arriver que des souvenirs resurgissent dans la vie suivante. Ce phénomène se manifeste au cours de la petite enfance, car au fur et à mesure que les impressions de la nouvelle vie s'imposent à la conscience, celles de la vie précédente s'estompent. L'obscurcissement dû au processus de la mort est moindre chez ceux qui ont atteint, dans leur vie précédente, une grande maîtrise contemplative et savent traverser l'état intermédiaire entre la mort et la renaissance avec lucidité. C'est pourquoi, pense-t-on au Tibet, les cas de réminiscences sont plus nombreux chez les jeunes enfants qui sont la réincarnation de sages défunts.

T. – Cette explication convient, par exemple, dans le cas des incarnations successives des Dalaï-Lamas qui ont généralement été choisis sur la base de réminiscences de certains jeunes enfants. Elle s'applique moins bien à la vingtaine d'enfants cités par Stevenson, dont aucun semble-t-il n'a été un sage ayant atteint une grande clarté d'esprit dans une vie précédente. Dans *Le Moine et le Philosophe* – le dialogue avec ton père –, tu cites la réincarnation de ton maître, Khyentsé Rinpotché [13].

M. – J'ai choisi de décrire son cas, car c'est le seul dont j'aie été le témoin direct. Je rappellerai ici un événement parmi d'autres : un maître tibétain qui vit dans la montagne, au Népal, identifia l'enfant à la suite de visions et de rêves, puis décida de faire une cérémonie de longévité pour la jeune incarnation. Une centaine de disciples de Khyentsé Rinpotché se réunirent à cette occasion dans un lieu sacré de l'est du Népal. Le dernier jour, il y eut un rituel particulier au cours duquel le maître officiant distribua aux participants une substance consacrée. Or, l'enfant, lorsqu'il vit le maître commencer, décida de faire la distribution lui-même – il n'avait alors que deux ans et demi. Très calmement il fit venir sa mère, lui donna une goutte de cette substance, puis il appela de même le petit-fils de Khyentsé Rinpotché et une vingtaine d'autres personnes. Après qu'il eut ainsi béni ceux qui se tenaient à proximité, un moine lui demanda : « Bon, maintenant... c'est fini ? » Il répondit : « Non, non » et désigna du doigt quelqu'un plus loin dans la foule. Parmi la centaine de personnes rassemblées se tenait un groupe de Bhoutanais qui venaient d'arriver de la frontière népalaise, après trois jours de marche – dont un vieux serviteur du défunt Khyentsé Rinpotché. Un autre moine se déplaça pour désigner différentes personnes dans la direction qu'indiquait l'enfant – « celui-là ? celle-ci ? celle-là ? » –, jusqu'à ce qu'il parvienne auprès du vieux serviteur bhoutanais de Khyentsé Rinpotché, et que l'enfant s'exclame : « Oui ! Lui ! » On fit donc approcher le vieil homme qui fondit en larmes pendant que l'enfant lui donnait sa bénédiction. Cet événement a pour moi une importance particulière, car j'en ai été moi-même le témoin. Depuis, l'enfant a reconnu de façon totalement inattendue d'autres personnes qui avaient été proches de Khyentsé Rinpotché.

Le Dalaï-Lama, dont on connaît la simplicité et la modestie, dit qu'il ne se souvient pas de ses vies passées, mais il raconte néanmoins que, lorsqu'il entra pour la première fois dans la chambre du treizième Dalaï-Lama, il désigna une table de chevet et demanda qu'on lui donne ses dents. Or, dans le tiroir se trouvait le dentier de son prédécesseur ! Les exemples de ce genre abondent au Tibet, en des lieux et à des époques variés, et il semble improbable qu'ils relèvent tous de la coïncidence ou de la supercherie.

Une théorie peut être totalement invalidée par une seule exception. La théorie qui affirmerait, par exemple, que « tous les cygnes sont blancs » peut être basée sur l'observation de milliers de cygnes sans que cela lui confère une valeur absolue. Elle peut être détruite par l'apparition d'un seul cygne noir. Si l'on voulait nier avec certitude l'existence de vies successives, il faudrait non seulement pouvoir réfuter tous les témoignages dont on dispose, mais également démontrer l'impossibilité de la renaissance.

L'idée qu'on puisse renaître de multiples fois est si étrangère à la culture occidentale que le simple fait d'évoquer ce genre de témoignages relève de la provocation et suscite fréquemment un rejet indigné. Ce rejet procède davantage de la répugnance instinctive à remettre en cause des positions métaphysiques implicites, que du désir de clarifier une question qui reste fortement influencée par le contexte culturel. Personnellement, je n'ai aucun désir d'imposer ces témoignages comme des faits, mais je souhaiterais que cette question soit examinée avec plus de rigueur et moins de passion.

T. – Ce facteur culturel explique pourquoi les témoignages de réminiscence des vies antérieures proviennent principalement de pays où les gens croient en la possibilité de renaissances. Si les faits dont tu parles survenaient en Occident, ils seraient écartés comme de simples enfantillages, ou comme des signes de dérangement mental. Je suis d'accord, on devrait étudier cette question avec toute la rigueur scientifique nécessaire. Je dois dire qu'une certaine mémoire des vies antérieures serait bien utile pour progresser dans notre vie actuelle ! Nous pourrions tirer profit de la somme des expériences acquises dans les vies antérieures pour nous développer plus harmonieusement. Notre sens du bien et du mal en serait renforcé.

M. – C'est précisément l'un des buts de la transformation spirituelle. Si nous avons acquis une certaine maturité dans cette vie, même si nous ne nous en souvenons pas clairement dans la suivante, nous ne repartirons pas complètement de zéro et nous franchirons avec plus de facilité les étapes d'une réalisation spirituelle déjà ébauchée dans notre vie précédente. Un musicien qui s'est arrêté de jouer pendant des années aura les doigts gourds lorsqu'il s'assiéra devant un piano, mais retrouvera rapidement sa virtuosité.

T. – L'existence de vies antérieures pourrait aussi expliquer le génie précoce, comme celui de Mozart, et les dons en général. L'intuition prodigieuse d'Einstein en physique résulte-t-elle d'une longue maturation de sa pensée dans des vies passées ? Plus généralement, toute intuition est-elle une mémoire de faits antérieurs ? Cela rendrait aussi compte du sentiment de « déjà-vu » qu'il nous arrive d'éprouver dans un endroit où nous sommes certains de n'être jamais allés ou face à une personne que nous n'avons jamais rencontrée. D'ailleurs, le bouddhisme ne dit-il pas que les personnes qui jouent un rôle important dans notre vie actuelle (en bien ou en mal) ont eu des interactions avec nous dans nos vies antérieures ? Leur karma n'est-il pas relié au nôtre ?

M. – Selon le bouddhisme, tous les êtres ont été liés à nous à un moment ou à un autre, depuis des temps sans commencement. Ils ont tous été nos pères, nos mères, nos amis et nos ennemis. Il y a bien sûr des êtres avec lesquels nous avons forgé des liens plus étroits, capables de se perpétuer de vie en vie.

T. – Le bouddhisme croit-il à une conscience collective qui imprègne tout l'univers ?

M. – Il n'envisage pas une conscience globale commune à tous les êtres et présente dans tous les phénomènes, mais plutôt des continuums individuels de conscience qui passent d'un état d'existence à un autre. Ces continuums pourraient peut-être se comparer aux vagues de l'océan. Quand on regarde la houle du grand large, on pourrait s'imaginer que de grandes masses d'eau se déplacent. Or, il n'en est rien. Les particules d'eau décrivent des cercles quand la houle passe, mais elles ne voyagent pas avec elle vers la côte.

T. – C'est pourquoi une bouteille à la mer n'est pas emportée par une vague quand cette dernière passe. Elle n'accomplit qu'un mouvement vertical du creux à la crête de la vague. Une onde se propage, mais aucune matière n'est transportée.

M. – La transmission de la conscience d'un état à l'autre peut aussi être comparée à la transmission du savoir : lors d'un enseignement, il y a bien transmission d'un savoir, mais ce savoir n'est pas une « chose ». On peut penser aussi au transfert qui s'opère lors d'un moulage : on reproduit une forme sans qu'il y ait transfert de substance.

La succession d'états par lesquels la conscience passe – et il faut souligner que les mots « réincarnation » ou « renaissance » ne sont que des approximations de ce vécu – ressemble, jusqu'à un certain point, à celle d'une onde dans laquelle il y a propagation d'une fonction et d'informations, sans transport de matière ou d'entités concrètes. Le devenir d'un être correspondrait aux transformations de cette onde. La nature de nos actes et de nos pensées déterminant les états d'être associés à notre conscience.

Une onde physique peut être destructrice, comme le rayonnement radioactif, ou source de bien-être, comme les rayons du soleil qui réchauffent le voyageur transi. Une onde radio peut appeler à la guerre ou à la paix. Pareillement, les modifications que nous apportons à l'onde de conscience par nos pensées et par les motifs altruistes ou malveillants qui inspirent nos paroles et nos actes se traduisent par du bonheur ou de la souffrance.

Cette onde de conscience est caractérisée par la somme de toutes nos expériences de cette vie et des vies passées, par un réseau infiniment complexe d'éléments positifs et négatifs, de moments de lucidité et de confusion. La conscience peut être purifiée ou obscurcie. Toutefois, nos tendances acquises nous empêchent de la rendre parfaitement malléable : la conscience peut avoir pris de « mauvais plis », d'où la nécessité de l'entraînement spirituel pour dissoudre ces conditionnements. L'état de purification ultime est l'Éveil, la bouddhéité, auquel aspire tout pratiquant de la voie bouddhiste.

T. – Il existerait donc une onde de conscience associée à chaque personne ?

M. – De même que les vagues qui déferlent sur la plage sont toutes distinctes les unes des autres, on peut concevoir des flux de conscience individuelle, ce que nous appelons une personne. Mais il n'est pas nécessaire de postuler l'existence d'un « ego » qui voyage avec cette onde de conscience.

T. – S'il n'y a pas de « moi » associé à ce flux de conscience, comment une mémoire peut-elle s'y attacher ? Le concept du « moi » n'est-il pas indissociable de la notion de mémoire ? Notre conception de nous-mêmes est en grande partie basée sur la mémoire des expériences passées. C'est surtout grâce à elle que nous acquérons le sens d'une identité personnelle.

M. – Si la mémoire était dépendante du « moi », alors ceux qui se sont libérés de cette illusion deviendraient amnésiques ! Il ne faut pas confondre la notion artificielle de « moi » avec le flux de la conscience individuelle. Nous appelons « moi » les caractéristiques de l'onde de conscience et nous imaginons, à tort, l'existence d'une entité au sein de ce flux en incessante transformation. L'absence d'un « moi » n'empêche pas le processus de la mémoire qui est inscrit dans le système cérébral et modifie les caractéristiques de la conscience grossière qui lui correspond. Il n'est pas nécessaire d'imaginer un « moi » trônant au milieu de tous ces processus mentaux. Le « moi » est une étiquette attachée à nos agrégats psychosomatiques, tout comme on appelle « Petit Robert » l'ensemble des informations contenues dans le dictionnaire du même nom, sans qu'on puisse raisonnablement penser qu'il existe une entité « Petit Robert » intrinsèquement présente dans l'ensemble de ces informations !

T. – Comment concilier cette conception d'un continuum de conscience avec les preuves neurophysiologiques montrant que la mémoire – qui joue un rôle si important dans la formation du « moi » – est créée par les réseaux de neurones dans le cerveau ?

M. – Il existe à l'évidence une relation intime entre

le fonctionnement du cerveau et l'aspect grossier de la conscience. D'où l'influence déterminante que peut avoir le fonctionnement normal ou pathologique du cerveau sur cet aspect de la conscience. Mais souviens-toi que, selon le bouddhisme, la conscience grossière n'est qu'une manifestation d'un aspect plus fondamental de la conscience. Dans cette hypothèse, on peut envisager que le continuum de cette conscience subtile puisse être porteur de mémoire, tout comme une onde peut transmettre une information.

Ce concept de plusieurs niveaux ou aspects de la conscience est très difficile à envisager pour la plupart des scientifiques, et pour la plupart des gens en général. Pour un contemplatif aguerri, en revanche, ces niveaux correspondent à des faits d'expérience, quelle que soit l'interprétation que l'on puisse en donner. À ce sujet, Franscisco Varela écrit : « Ces niveaux subtils de conscience apparaissent au regard occidental comme une forme de dualisme et sont rapidement évacués [...]. Il importe de relever que ces degrés de l'esprit subtil ne sont pas théoriques ; en fait, ils sont assez précisément délimités sur la base de l'expérience réelle, et méritent l'attention respectueuse de quiconque prétend se fonder sur la méthode scientifique empirique. [...] La compréhension de ces niveaux de l'esprit subtil requiert une pratique méditative bien informée, soutenue et disciplinée. En un sens, ces phénomènes sont ouverts uniquement à ceux qui sont désireux de réaliser eux-mêmes les expériences telles quelles. Qu'un entraînement spécial soit nécessaire pour les expériences de première main dans de nouveaux domaines de phénomènes n'a pas de quoi surprendre. [...] Dans la tradition scientifique, cependant, ces phénomènes demeurent à l'écart dans la mesure où la plupart des chercheurs répugnent encore à toute étude disciplinée de leur propre expérience, que ce soit par la méditation ou par d'autres méthodes d'introspection. Heureusement, le discours contemporain sur la science de la conscience se fonde de plus en plus sur la preuve expérimentale, et certains chercheurs commencent à se montrer plus souples quant à l'investigation de première main de la conscience [14]. »

11

DES ROBOTS QUI PENSENT QU'ILS PENSENT ?

Le cerveau fonctionne-t-il comme un ordinateur ? La faculté de donner un sens au monde qui nous entoure peut-elle émerger chez des robots dotés d'une intelligence artificielle ? Quelle est la raison d'être, s'il y en a une, de la conscience réflexive, qui permet à l'être humain de s'interroger sur la nature même de sa conscience, de son existence et de sa place dans le monde ?

THUAN : Comme nous l'avons vu, certains biologistes affirment qu'il suffit que l'organisation de la matière devienne plus complexe pour qu'émergent la conscience, la pensée, l'amour et toutes les émotions qui font que la vie vaut la peine d'être vécue. Pour eux, rien n'empêche l'apparition naturelle et spontanée de la conscience lorsque l'évolution permet de dépasser un certain seuil d'organisation et de complexité. Le cerveau ne serait qu'une machine pensante, une somme de composants formant une sorte de société neuronale. Les relations à l'intérieur de cette société constitueraient ce qu'on appelle communément l'« esprit[1]. »

Le modèle computationnel de la conscience compare le système neuronal au matériel (*hardware*, en anglais) et l'esprit au logiciel (*software*) d'un ordinateur. Le système neuronal servirait de support matériel à la conscience comme les circuits électroniques de l'ordinateur fournissent un support matériel pour le logiciel qui guide le comportement de la machine. Accepter cette conception réductionniste de la conscience revient à dire que si les machines devenaient assez complexes, elles pourraient un jour penser et sentir[2]. Certains chercheurs dans le domaine de l'intelligence artificielle estiment qu'il est théoriquement possible de construire un jour des ordinateurs robotiques qui auront du cœur, connaîtront l'amour et la haine, le chagrin et la pitié. Rien n'empêcherait qu'ils se mettent à créer, à écrire *Guerre et Paix* ou à composer la *Neuvième Symphonie*.

MATTHIEU : Même si une machine pouvait mimer la conscience, cela ne changerait pas grand-chose à sa nature fondamentale. Une telle machine ne peut que traiter des informations qui n'ont aucun sens pour elle. Même si la machine était intelligemment programmée pour « créer » une nouvelle symphonie, elle ne pourrait le faire qu'à partir des règles d'harmonie choisies en fonction des goûts esthétiques des programmateurs. Non seulement la machine se moquerait totalement de la beauté de la musique, mais elle ignorerait qu'il s'agit de musique.

T. – En 1997, la presse a fait beaucoup de bruit autour de la défaite du champion du monde d'échecs Garry Kasparov devant le superordinateur « Deep Blue ». Certains journalistes ont cru voir là une défaite pour l'humanité. En vérité, Deep Blue a vaincu Kasparov grâce à sa capacité d'examiner deux cents millions de positions par seconde, ce qui lui permet de passer en revue toutes les combinaisons possibles pour au moins les dix coups suivants. Un joueur humain ne peut anticiper que quelques combinaisons, et c'est surtout l'intuition, aiguisée par la mémoire des parties passées et par l'expérience accumulée, qui lui permet d'écarter les mouvements désavantageux. C'est donc simplement la formidable capacité de calcul de Deep Blue qui a vaincu Kasparov. Deep Blue ne savait pas plus qu'il jouait aux échecs qu'un avion ne sait qu'il vole vers New York, et il se souciait comme d'une guigne de gagner ou de perdre la partie. Il se contentait de suivre aveuglément les instructions qu'une équipe d'informaticiens avait programmées dans ses circuits électroniques.

La volonté de gagner, l'anxiété, la nervosité, la tension, le regret d'avoir fait un mauvais coup ou le plaisir d'avoir imaginé un coup gagnant : tout cela était totalement étranger à Deep Blue. Peut-être d'ailleurs est-ce parce que Kasparov a éprouvé toutes ces émotions bien humaines qu'il a perdu la partie ?

M. – Une simple calculette nous bat à plate couture pour la moindre multiplication à trois chiffres ! Tout cela n'a pas grand-chose à voir avec la conscience. Nous nous inquiétons des ordinateurs, mais ils ne s'inquiètent pas de nous et il y a peu de chances qu'ils se demandent un jour si l'homme est ou non doué de conscience !

T. – Tant que les ordinateurs ne seront que des circuits compliqués dans lesquels circulent des courants électriques obéissant à des programmes, ils resteront des machines incapables de penser, sentir, aimer ou haïr. Ils se borneront à manipuler aveuglément des suites de 1 et de 0. L'ordinateur n'est en fait qu'une version très sophistiquée d'un antique instrument de calcul nommé « abaque », encore utilisé par les Chinois et les Iraniens. Dans cet instrument, les 1 sont représentés par des boules qui glissent sur des tiges métalliques, alors que les 0 le sont par des vides. Au lieu de composants électroniques, ce sont les doigts de la main qui déplacent les boules en laissant des vides entre elles selon des règles précises. L'ordinateur calcule beaucoup plus vite qu'un abaque, mais il n'en est pas plus conscient pour autant. Prétendre qu'il l'est reviendrait à dire que les boules de l'abaque sont conscientes de l'addition qu'elles effectuent.

Cette approche dite « computationnelle » a été critiquée par d'autres chercheurs, comme Francisco Varela, car elle ne prend pas suffisamment en compte l'interaction du cerveau avec le monde extérieur. Selon lui, l'interaction permanente avec un environnement particulier joue un rôle primordial, et l'esprit correspondrait à l'expérience vécue de cette interaction selon un processus de causalité réciproque que Varela appelle « énaction ». Cette expérience permet au « sens du monde » d'émerger. Comme il le formule : « Le cerveau existe dans un corps, le corps existe dans le monde, et l'organisme bouge, agit, se reproduit, rêve, imagine. Et c'est de cette activité permanente qu'émerge le sens de son monde et des choses[3]. »

M. – Nombre de neurobiologistes se défendent en effet d'adopter l'image trop simpliste du modèle computationnel. Selon eux, le cerveau, dont la faculté d'apprendre est quasiment illimitée, ne fonctionne pas en utilisant un langage binaire, comme nos ordinateurs, mais d'une manière interactive beaucoup plus complexe. À une vision strictement « computationnelle », ces neurobiologistes opposent en effet une vision « dynamique ». Selon cette dernière approche, l'interdépendance et l'interaction des composants biologiques du cerveau font émerger des états globaux qui peuvent être identifiés à la conscience.

T. – C'est vrai que l'analogie entre le cerveau et l'ordinateur est très superficielle. Si l'on regarde plus en profondeur, on s'aperçoit que la façon dont le cerveau traite les informations ne ressemble en rien au fonctionnement d'un ordinateur. Ce dernier stocke de l'information représentée par des suites de 1 et de 0, les 1 correspondant à la présence d'impulsions électriques, et les 0 à leur absence. C'est ce qu'on appelle le langage binaire. Or, dans le cerveau, personne n'a jamais mis en évidence des neurones qui se comportent de façon binaire et stockent de l'information avec des positions ouvertes (correspondant aux 1) et fermées (correspondant aux 0). Il y a d'autres différences importantes. Le cerveau est un système autoprogrammé tandis que l'ordinateur possède un programme établi par une intelligence extérieure qui détermine son comportement. L'ordinateur a une mémoire autonome avec « entrées » et « sorties » indépendantes, tandis que, dans le cerveau, la zone de la mémoire est la même que celle de la pensée. De plus, une fois établi, le câblage d'un ordinateur ne change plus. Qu'un seul fil se casse ou qu'un transistor cesse de fonctionner, et c'est la panne. Par contre, le réseau de neurones qui constitue le cerveau peut se régénérer et fait preuve d'une grande faculté d'adaptation. Il évolue constamment au cours de la vie, et rapidement lors de la petite enfance. Des cellules naissent, d'autres meurent ; des connexions s'établissent, d'autres disparaissent. Le cerveau laisse mourir les connexions dont il ne se sert pas. On observe ainsi une sorte de sélection naturelle au niveau des neurones.

La vitesse de transfert de l'information est elle aussi très différente. Dans le cerveau, l'influx nerveux se propage au mieux à cent mètres à la seconde, tandis que dans un ordinateur, les informations circulent à plusieurs milliers de kilomètres par seconde. C'est d'ailleurs la raison pour laquelle l'ordinateur accomplit certaines tâches beaucoup plus rapidement que nous : la manipulation des nombres, par exemple. Par contre, le cerveau humain est bien plus performant quand il s'agit d'exercices de synthèse comme la reconnaissance d'un visage.

Certes, si l'on voulait défendre l'existence d'un « esprit dans la machine », on pourrait objecter que si les ordinateurs actuels ne possèdent pas de conscience, c'est peut-être parce qu'on ne sait pas encore construire des ordinateurs aussi complexes que notre système neuronal. Peut-être qu'un jour nous saurons concevoir des ordinateurs qui aimeront, ressentiront la joie et la souffrance. Après tout, le cerveau humain est le produit de plus d'un milliard d'années d'évolution, alors que les premiers ordinateurs ne datent que des années cinquante.

À cette époque, le mathématicien anglais Alan Turing avait proposé un test simple pour décider de l'intelligence d'une machine[4]. Supposons, disait-il, qu'on converse avec deux interlocuteurs cachés, dont l'un serait une personne et l'autre un ordinateur. Si, durant la conversation, on est incapable de distinguer entre les deux, on sera forcé de conclure que l'ordinateur est aussi intelligent que l'être humain. Mais, en 1980, le philosophe américain John Searle a contesté la signification du test de Turing. Searle propose l'expérience imaginaire de la « chambre chinoise[5] » : au lieu de l'ordinateur qui est censé répondre aux questions de l'être humain, je m'installe dans une chambre séparée et on me passe par une fente du mur des questions, écrites en idéogrammes chinois, auxquelles je dois répondre bien que je ne comprenne pas un mot de cette langue. Pour ce faire, je dispose d'une liste de réponses toutes faites et d'un mode d'emploi qui me permet d'associer une réponse à chaque question. Je fais passer la réponse par la fente du mur à l'interrogateur qui, lui, comprend le chinois. Toute une conversation peut ainsi avoir lieu. Toutefois, même si mes réponses sont correctes, je ne peux évidemment pas prétendre que je comprends le chinois, ni que j'ai pensé mes réponses comme l'aurait fait quelqu'un qui maîtrise cette langue. Je me suis contenté de suivre un mode d'emploi, tout comme un ordinateur suit mécaniquement les instructions programmées. La conclusion est qu'un ordinateur, qui peut fournir les mêmes réponses que moi pourvu qu'on le programme de façon adéquate, ne pense pas. Bien que le débat entre Searle et les partisans du test de Turing pour démontrer l'intelligence des machines ne soit pas clos, je pense pour ma part que les arguments du philosophe sont assez convaincants.

Turing prédisait que, vers l'an 2000, les ordinateurs pourraient leurrer un interrogateur pendant cinq minutes de dialogue. Il était trop optimiste et nous sommes encore loin de fabriquer des ordinateurs capables de tenir une conversation attribuable à un être humain, surtout quand on les amène à réfléchir sur eux-mêmes.

M. – Si tu poses à un être humain une question déroutante, troublante, qui remet en cause les principes fondamentaux de sa façon d'être ou de penser le monde, il ne te donnera pas une réponse absurde et hors contexte, comme le fait généralement un ordinateur qui ne trouve pas la bonne réponse dans son programme. L'être conscient va réfléchir profondément, d'une façon qui peut déboucher sur une nouvelle vision de l'existence. Pour un ordinateur, le mot « existence » n'est rien de plus que la définition donnée par le dictionnaire installé dans sa mémoire.

T. – Les ordinateurs sont capables de lire une écriture, de comprendre des instructions vocales, de traduire très approximativement une langue dans une autre, ou de résoudre des problèmes de calcul qui ont défié des générations de mathématiciens. Malgré cela, leurs capacités sensorielles sont encore très limitées. Les machines intelligentes ne « voient » pas très bien et reconnaissent difficilement leurs interlocuteurs, elles ne comprennent que quelques milliers de mots – encore faut-il leur parler distinctement et lentement – et elles répondent d'une voix bien pâteuse !

M. – Il ne s'agit là que de problèmes techniques auxquels on pourra éventuellement remédier. Mais il y a des différences qualitatives bien plus conséquentes. Si l'on réduit la conscience au fonctionnement des neurones, et le fonctionnement des neurones aux propriétés de leurs atomes, les différences entre un ordinateur de chair et un ordinateur de fer ne sont pas fondamentales. Un ordinateur de métal n'est pas plus conscient de son existence qu'un sac de clous. Comment expliquer le fait que surgisse dans notre esprit la question : « Quelle est la nature de mon esprit ? Qui suis-je ? Quel est le sens de l'existence ? Que m'arrivera-t-il après la mort ? » Un système d'intelligence artificielle n'a aucune raison de s'interroger sur sa propre nature ni de passer des heures à élucider la nature de l'esprit, comme le font les contemplatifs. Un ordinateur ne se demande pas ce qui va lui arriver quand on coupera l'électricité.

Certains systèmes d'intelligence artificielle sont capables d'apprendre et de s'auto-organiser, mais pourquoi s'inquiéteraient-ils de ce qu'il va leur arriver dans le futur ou se réjouiraient-ils de leur bon fonctionnement présent ?

T. – Selon certains chercheurs, le sens du monde doit pouvoir également émerger de systèmes robotiques s'ils sont capables d'apprendre en fonction de leur environnement, d'une façon semblable à l'émergence du sens lors de l'évolution du vivant. Telle est l'hypothèse de Rodney Brooks au MIT, et d'autres chercheurs qui s'occupent d'intelligence artificielle[6]. Pour Brooks et son équipe, si on arrive à construire une machine qui ne sait rien de son environnement mais qui est dotée d'une boucle sensori-motrice efficace, elle se baladera partout, comme une fourmi explorant son environnement, allant dans la pièce voisine, faisant le tour du jardin, contournant les arbres, évitant de tomber dans des trous, et, graduellement, sa boucle réaction/action deviendra tellement efficace que la machine pourra se débrouiller dans n'importe quel environnement. En d'autres termes, bien qu'au départ la machine ne possède pas de représentation préalable du monde, celle-ci émerge au fur et à mesure que la machine agit.

Le cerveau est apparu chez le vivant pour faciliter cette boucle réaction/action avec l'environnement. Ainsi, le système neuronal n'est pas apparu chez les plantes, champignons ou bactéries, mais chez les animaux, car, pour se nourrir, ceux-ci avaient besoin de poursuivre leurs proies [7]. Il leur fallait donc une boucle perception/action reliant les organes de sens aux muscles, et ce sont ces liaisons qui ont formé le cerveau. La faculté d'abstraction et la pensée réflexive sont venues beaucoup plus tard. L'évolution du système neuronal a pris un milliard et demi d'années et, pendant les trois premiers quarts de ce temps, les animaux n'étaient capables que des fonctions de survie les plus élémentaires : courir, chasser, se nourrir, etc. C'est seulement il y a environ un million d'années que le langage et l'intelligence symbolique, ainsi que les capacités d'interaction sociale, sont apparus chez les primates. Pour Varela, « l'apparition de l'esprit n'est pas un saut catastrophique, mais la continuité nécessaire de l'incarnation dans l'évolution [8] ».

Les chercheurs en intelligence artificielle ont suivi deux types de méthodes pour créer des machines pensantes. La première consiste à réaliser un contexte évolutif artificiel : on construit des milliers de petits robots-bestioles qui diffèrent légèrement les uns des autres. On les lâche dans la nature et on sélectionne les plus résistants. Dans la seconde méthode, celle adoptée par Brooks par exemple, on fait le travail de l'évolution en incorporant dans les robots des capacités imitées de celles du cerveau, comme la mémoire ou la reconnaissance des traits d'un visage, ou encore des capacités d'interactions sociales.

M. – Mais même si ces robots peuvent évoluer de la sorte, cela ne signifie pas pour autant qu'ils seront doués de conscience. En fait, il n'y a pas de bonne définition de la conscience et aucun moyen scientifique de détecter sa présence ou son absence dans quoi que ce soit. La raison en est sans doute qu'il n'est guère possible d'étudier la conscience de l'extérieur, sans faire appel à l'expérience à la « première personne ».

Comme la plupart des philosophes de l'esprit qui

s'en tiennent au matérialisme scientifique, le philosophe américain Daniel Dennett admet que : « avec la conscience... nous sommes toujours dans une terrible confusion. La conscience reste aujourd'hui comme un sujet qui laisse muets et déconcertés les penseurs les plus distingués [9] ».

Il me semble essentiel de combiner l'étude de la conscience à la « troisième personne » c'est-à-dire du point de vue d'un observateur extérieur, avec une étude directe à la « première personne », qui tienne compte de l'expérience introspective vécue par le sujet. Après tout, seul l'esprit peut vraiment se connaître lui-même. Vouloir connaître la nature de la conscience sans s'engager dans une étude introspective rigoureuse, alliée à un entraînement contemplatif de longue durée, est aussi vain que de vouloir apprendre à nager sans se mouiller.

T. – Il est possible que les spécialistes de l'intelligence artificielle aient développé de grandes ambitions à cause du remarquable succès qu'ils ont connu récemment en fabriquant des robots dont le fonctionnement mime assez bien les propriétés d'une conscience primaire. La question est donc : les robots deviendront-ils capables d'une conscience réflexive ? Des travaux récents [10] sur la « nouvelle intelligence artificielle » ont montré qu'une collection de petits robots peut s'organiser en interagissant et se comporter d'une manière qui semblerait impliquer qu'ils sont conscients. Ils acceptent par exemple l'introduction de robots supplémentaires, si ceux-ci leur permettent de mieux fonctionner, mais ils les éliminent s'ils entravent ce fonctionnement. Les robots actuels ont peut-être le niveau de conscience d'un insecte et approchent à grands pas vers celui d'un chien. Toutefois, cette conscience relève de l'expérience et elle est primaire. Le processus de « rejet » par les robots décrit précédemment se situe au niveau instinctif du chien de Pavlov. On est bien loin du langage élaboré et de la conscience réflexive de l'homme.

Dans notre vie quotidienne, 90 % de notre expérience relève de la conscience primaire : marcher, prendre le bus ou préparer un repas ne sont pas des actes nécessairement associés à une réflexion. Quant à la capacité réflexive, c'est l'expérience de retournement sur soi-même. La conscience réflexive porte un regard sur sa propre existence et s'interroge sur sa destinée. Elle semble s'être manifestée il y a environ cent mille ans (l'ère de l'homme de Cro-Magnon), quand l'homme a commencé à enterrer ses semblables. Les anthropologues pensent que l'une des premières manifestations de la conscience réflexive est la capacité d'imaginer un monde après la mort et d'en préparer le voyage par des rites de passage. Ce type de conscience s'exprime aussi par la création artistique, comme les peintures paléolithiques exécutées il y a quelque quarante mille ans dans les grottes de Chauvet et de Lascaux au sud de la France, et qui sont considérées comme l'une des premières manifestations de la conscience humaine.

La capacité de créer et les processus mentaux supérieurs semblent être liés au langage. C'est cette intime connexion avec le langage qui donne à la conscience réflexive son statut uniquement humain. De toutes les espèces vivantes, seul l'homme possède un langage élaboré. « S'il n'y avait que de l'expérience, je serais plutôt gorille », note Varela[3]. Un gorille ne peut pas accomplir cet acte de retournement sur soi, car sa capacité de langage n'est qu'à l'état d'ébauche. Cela semble être une affaire de tout ou rien. Dans le cas des robots, nous sommes encore loin de l'élaboration de langages complexes et de pensée réflexive.

La conscience humaine guide non seulement le regard qu'on porte sur soi, mais aussi sur les autres, sur son environnement et sur le temps qui passe. C'est aussi la réalisation que chaque être est unique, qu'il est irremplaçable et que sa disparition est un drame sans retour. Bref, la question est donc : les robots seront-ils capables d'une conscience réflexive ?

M. – La conscience réflexive c'est aussi celle qui peut s'interroger sur sa propre nature et remonter à la source des pensées pour finalement appréhender la conscience subtile et sa luminosité primordiale. Seule cette conscience subtile et fondamentale possède intrinsèquement la faculté d'être consciente d'elle-même sur un mode non duel, qui n'implique pas de séparation entre le sujet et l'objet. On qualifie cette faculté de « lumineuse », car elle peut s'éclairer elle-même et éclairer les phénomènes, c'est-à-dire les connaître. Selon le bouddhisme, pour les raisons que j'ai mentionnées précédemment, un support physique, qu'il soit un ensemble de neurones ou un réseau de fils de fer, ne peut être la cause première de la conscience. Si un robot pouvait fabriquer une pure faculté cognitive qui peut n'avoir d'autre sujet qu'elle-même (c'est l'une des caractéristiques de la conscience fondamentale), alors on aurait vraiment un « fantôme dans la machine ».

Un autre problème que les neurobiologistes réductionnistes ont du mal à résoudre est celui du libre arbitre. Selon eux, l'impression que nous avons de réfléchir et de décider n'est qu'un reflet des calculs qui permettent au système neuronal de définir la meilleure action à accomplir en fonction des stimuli extérieurs, de notre héritage génétique et de l'apprentissage que nous avons effectué au cours de notre vie. Un moment de doute, par exemple, tient au fait que le système neuronal met du temps à déterminer le meilleur choix possible. Lorsque les divers circuits de ce réseau se synchronisent, nous avons l'impression d'avoir pris une décision et nous éprouvons un sentiment de soulagement. Selon le neurobiologiste David Potter : « On est conduits à se demander si des décisions sont jamais prises dans la conscience, ou si cette conscience dont nous sommes si fiers n'est pas qu'une simple fonction témoin dans le cerveau. Les décisions et les émotions sont-elles simplement calculées par les cellules nerveuses, dont le fonctionnement échappe à la conscience et sur lesquelles la conscience n'a aucun contrôle ? C'est une question très déconcertante pour la science occidentale [11]. »

Certains biologistes en sont arrivés à la conclusion que le libre arbitre n'est qu'une illusion. Nous avons *l'impression* d'être libres et de prendre des décisions parce que le fait de croire que nous sommes aux commandes joue un rôle favorable dans l'adaptation de notre espèce au cours de son évolution [12]. Cela nous donne ainsi un avantage compétitif dans le jeu de l'évolution. Cette thèse revient à considérer les humains comme des robots qui se prennent pour des êtres pensants. On est contraints d'en venir à ce genre d'explication dans un modèle où la conscience n'est qu'un voyant qui s'allume au bout de la chaîne des réactions neurochimiques. On se demande d'ailleurs bien pourquoi ce voyant existerait. Si toutes les décisions sont calculées par les neurones, à quoi bon en avoir conscience ? La conscience n'aurait aucune action sur le cerveau et ne serait qu'un témoin passif et inutile, un figurant impuissant qui se prend pour un empereur.

Pourtant, je peux créer une situation qui permet d'isoler le libre arbitre de tout autre facteur mental. Je peux, par exemple, retarder indéfiniment le moment de me lever d'une chaise, tout au moins jusqu'à ce que je m'endorme ou que je perde connaissance. Cela ira à l'encontre de toutes mes impulsions – soif, faim, besoins naturels, etc. La seule raison de ce veto mental est ici de prouver mon libre arbitre. Il n'a aucune autre raison d'être et va en fait à l'encontre des mécanismes instinctifs de survie. Il ne semble donc pas raisonnable de soutenir qu'il soit le produit de computations inconscientes du cerveau. Un malade mental pourrait rester ainsi prostré sur sa chaise, mais une personne saine d'esprit n'aurait aucune raison d'agir ainsi, si ce n'est pour l'unique raison de prouver son libre arbitre.

D'où naîtrait d'ailleurs l'idée de prouver que la conscience existe ? Comment quelque chose qui n'existe pas pourrait-il désirer prouver qu'il existe ? Par quel moyen des savants sans conscience en seraient-ils arrivés à créer une science qui les amène à nier l'existence de la conscience ? N'y aurait-il pas là un défaut de logique ? Est-il même nécessaire de s'interroger sur l'existence de la conscience ? Notre expérience vécue à la première personne nous dit qu'elle existe. Or, quel autre monde y a-t-il en dehors de notre vécu ? La réalité d'un monde qui ne nous concerne pas a-t-elle un sens quelconque ? Nier l'existence de la conscience semble donc relever davantage d'un choix métaphysique que d'une preuve scientifique.

T. – En tout cas, la science ne sait pas encore comment nous pensons et créons, comment nous éprouvons les sentiments d'amour ou de haine, de beauté ou de laideur, de joie ou de tristesse. Et tant que cela n'est pas compris, il est difficile d'aborder la question de l'origine de la conscience.

M. – Les défenseurs purs et durs du matérialisme scientifique, qui se nomment eux-mêmes « matérialistes éliminateurs », déclarent que l'on doit considérer comme non existants tous les états mentaux dont nous faisons une expérience subjective. La raison en étant que la description de ces états mentaux n'est pas réductible au langage de la neuroscience. Mais comme le remarque Alan Wallace : « En niant l'existence même des états mentaux, tels qu'ils sont vécus à la première personne, les matérialistes éliminateurs tentent d'écarter l'expérience vécue sur des bases purement dogmatiques[13]. »

Un dernier argument en faveur de l'existence d'un continuum de conscience : ni un ordinateur ni un système de neurones ne possèdent une malléabilité absolue, alors que rien ne s'oppose à ce qu'un flux de conscience opère un revirement complet et instantané dans son appréciation du monde. Il faut toute une vie pour que s'établissent les connexions des milliards de neurones du cerveau, par le biais de la sélection naturelle qui s'opère entre ces neurones. Ainsi que tu l'as mentionné, certains dégénèrent, d'autres établissent des connexions stables, celles qui sont les plus favorables à l'adaptation au milieu extérieur, aux relations avec autrui, à la survie de l'espèce, à notre bonheur, etc. Tout cela prend du temps, depuis la formation du cerveau chez le fœtus jusqu'à l'âge adulte. Le cerveau peut certes faire preuve d'une remarquable plasticité, comme le prouvent les remaniements importants des connexions neuronales qui commencent quelques minutes après l'amputation d'un doigt ou d'une jambe. Cependant, on ne voit pas très bien comment, à un moment donné de notre existence, une prise de conscience pourrait nous amener à bouleverser en quelques instants notre façon de penser et de vivre.

On connaît, par exemple, le cas de criminels qui ont vécu pendant des années sous l'emprise de la haine et qui continuaient à s'entre-tuer à l'intérieur même de leur prison. Puis, à la suite d'un événement ou d'une prise de conscience, ils se sont brusquement rendu compte de l'inhumanité de leurs actes et ont commencé à envisager le monde sous un jour totalement différent. En un laps de temps très court, ils ont fonctionné sur un mode entièrement opposé, celui de l'amour et de l'altruisme. Un tel revirement devrait théoriquement impliquer un réarrangement important des connexions neuronales, lequel, en dépit de la plasticité du cerveau, ne peut se faire instantanément. La conscience subtile, elle, libre de ces contraintes physiques, peut aisément changer du tout au tout.

T. – Ce revirement complet et presque instantané de comportement s'observe aussi chez ceux qui sont soudainement touchés par la foi : certaines personnes qui étaient totalement indifférentes aux questions métaphysiques se retrouvent pénétrées d'un sentiment religieux ardent qui change complètement leur mode de vie et de pensée. C'est la « grâce » ou l'« illumination » si bien décrites par Paul Claudel et Julien Green.

M. – En bref, selon le bouddhisme, l'expérience que nous avons de notre propre conscience, la faculté de comprendre sa nature fondamentale par une méthode introspective et de la maîtriser en la prenant directement comme objet de notre investigation intérieure, semblent indiquer la présence d'un continuum de conscience qui ne se réduit pas à son support physique.

Mais tout ce dont nous venons de parler relève de la vérité relative. Les événements mentaux, les pensées discursives, l'espoir et le doute, les impulsions et les raisonnements qui nous amènent à décider telle ou telle chose relèvent du domaine de l'ignorance et de l'illusion. Nous nous égarons dans des flots de pensées que nous prenons pour des réalités. Au-delà de la confusion, la seule connaissance indéniable est la présence éveillée, dénuée de concepts, de fabrications et de représentations. C'est la simplicité primordiale de cette présence éveillée, le point culminant de l'expérience directe, indicible et inimaginable, qui n'a pas besoin d'autre preuve qu'elle-même. Quelle que soit la manière dont on envisage le continuum de cette présence éveillée, rien ne peut le réfuter, pas plus que le néant ne peut réfuter l'existence. Les concepts sont impuissants devant la nature ultime de l'esprit. Cette nature les consume, comme le feu brûle les plumes d'oiseau, sans laisser de cendres.

T. – Pour le bouddhisme, les humains sont-ils au sommet de la pyramide de l'intelligence ? Y a-t-il des êtres encore plus évolués ?

M. – Il n'y a aucune raison pour qu'il n'existe pas d'êtres plus intelligents que nous dans d'autres mondes. Dans le nôtre, outre les différences d'intelligence que nous avons l'habitude de constater, il existe également des différences considérables de réalisation spirituelle entre les individus. Les facultés intellectuelles d'un Bouddha, sa compréhension de la nature de l'esprit et sa pénétration des mécanismes du bonheur et de la souffrance sont incomparablement plus affinées que celles des êtres qui n'ont pas purifié leur continuum de conscience.

T. – La vision du monde et sa compréhension dépendent donc du degré d'évolution de la conscience et des différents plans sur lesquels elle peut se manifester.

M. – On parle de trois mondes. Il y a le « monde du désir », auquel les humains appartiennent. Ce monde tire son nom du fait que l'esprit des êtres est constamment le jouet de puissantes émotions. Il y a aussi le « monde de la forme », dans lequel la conscience est plus subtile et moins sujette aux impulsions émotionnelles. Et enfin le « monde sans forme », où la conscience n'est pas associée à une forme corporelle, ce qui n'empêche pas cet état d'existence d'appartenir encore au monde conditionné par l'ignorance.

T. – Dans ce dernier cas, peut-on parler de renaissances ?

M. – Il vaudrait mieux parler d'états d'existence successifs. La conscience demeure un certain temps dans cet état sans forme avant de reprendre, sous l'influence des tendances latentes, une inscription corporelle.

T. – Quels sont les facteurs qui détermineront dans quelles conditions ma conscience va renaître ?

M. – Le libre arbitre permet, tout au long de notre existence, de transformer le flux de notre conscience par nos pensées, ainsi que par les paroles et les actes qui découlent de ces pensées et à leur tour les conditionnent. On peut dissiper les voiles mentaux formés par la haine, l'orgueil, l'avidité, ou au contraire les renforcer. Ces états sont dits « obscurcis », car ils nous empêchent de voir la véritable nature de la conscience et des choses que nous percevons ; ils nous privent de notre faculté de jugement et détruisent la sérénité naturelle de notre esprit.

Pour un bouddhiste, la véritable transformation spirituelle est celle du flux de la conscience. De même qu'on peut polluer l'eau d'un fleuve en y versant des déchets ou la purifier en la filtrant, de même nous pouvons, au cours de notre vie, rendre plus clair ou plus obscur le continuum de notre conscience. Si ce continuum est purifié, notre prochaine existence, c'est-à-dire le prochain support de cette conscience, sera celle d'un être doué d'intelligence, grâce à laquelle nous pourrons poursuivre le processus de transformation entamé en cette vie. Si, au contraire, nous avons davantage obscurci ce continuum, nous ferons l'expérience de la condition animale ou d'un autre état dans lequel l'intelligence est beaucoup plus limitée et la faculté de se transformer quasiment nulle.

T. – Le bouddhisme admet-il l'existence d'une conscience chez les animaux ? Un ver de terre ou un moustique sont-ils conscients de leur condition ? L'observation du comportement de certains animaux nous montre qu'ils éprouvent des sentiments et des émotions semblables aux nôtres. Qui a vu une chienne nourrir ses chiots ne peut douter de son amour maternel. Qui a entendu les cris stridents d'un oiseau poursuivi par un chat ne peut mettre en doute son effroi. Qui a vu un chien se jeter sur son maître, à son retour, ne peut nier qu'il éprouve de la joie et de l'affection. Il semble que certains animaux, surtout les plus proches de nous génétiquement, comme les chimpanzés (dont 99,5 % du génome est identique au nôtre), puissent former des images mentales et soient capables de reconnaître des concepts abstraits, comme des formes ou des couleurs. Certains sont même sensibles à la beauté. On a vu des bandes de chimpanzés rester pantois devant un coucher de soleil. Les spécialistes du comportement animal ont trouvé qu'il n'existe pas de différence radicale entre certaines activités psychiques d'animaux comme le dauphin ou les primates et celles de l'homme. Les animaux semblent donc posséder une conscience primaire, mais, à la différence de l'homme, il cst douteux qu'ils possèdent cette conscience de soi et de leur existence qu'on appelle la conscience réflexive. On n'est pas près de voir un chimpanzé raconter sa vie ou écrire *À la recherche du temps perdu*.

M. – C'est pourquoi le bouddhisme considère que les animaux n'ont pas la possibilité de s'engager sur le chemin de la libération spirituelle. Cependant, lorsque les conditions qui les ont conduits à faire l'expérience de l'état animal seront épuisées, ils pourront de nouveau profiter des opportunités offertes par l'existence humaine. L'intelligence de l'homme peut être utilisée à des fins destructrices, mais elle est la seule qui permette également de développer un altruisme vaste et impartial, inconnu chez les animaux par exemple. La valeur unique de la condition humaine tient aussi au fait que les souffrances qu'elle comporte sont suffisamment grandes pour nous inciter à nous libérer de notre condition, mais pas écrasantes au point de rendre impossible la pratique d'un chemin spirituel.

Le fait que la conscience puisse réfléchir sur elle-même n'est qu'un aspect particulier du principe de conscience. Le fait de rechercher le bien-être et de fuir la souffrance constitue – outre la simple conscience d'« être là » – un aspect plus fondamental. En tibétain, l'un des mots qui servent à désigner les êtres animés est *drowa* (littéralement « celui qui va »). Il se réfère au mouvement dans une direction qui est déterminée par une certaine prise de conscience. Ce mouvement peut aller du simple tropisme d'une amibe au voyage vers l'Éveil d'un ermite, en passant par la course d'une biche ou le travail accompli par une main humaine. Il y a bien sûr des exceptions, comme les animaux fixes (coraux, mollusques, etc.), mais, en gros, c'est ce mouvement motivé qui distingue les êtres animés des plantes (que le bouddhisme ne considère pas comme des êtres animés).

Dans ce sens, on peut considérer que les animaux sont doués d'un principe de conscience, qu'il soit réflexif ou pas, et que leur désir d'éviter la souffrance et d'être heureux est aussi légitime que le nôtre. Utiliser les animaux à notre profit en faisant fi de leurs souffrances revient simplement à imposer la loi du plus fort, ce qui est une façon d'agir inacceptable sur le plan de l'éthique. Il existe des lois protégeant les animaux, mais selon les termes de ces lois, ces animaux ne sont que des objets ou des « produits agricoles » (termes utilisés notamment par la Commission européenne). Aucun concept de « droit » des animaux n'apparaît nulle part, pas même celui de droit à la vie.

T. – Y a-t-il une hiérarchie des états d'existence ? L'état sans forme est-il supérieur ?

M. – Relativement, puisqu'il n'est pas libéré de l'ignorance. Or, tant que l'ignorance n'est pas éradiquée, tant que subsiste l'attachement au moi et à la réalité des phénomènes, on retombe toujours dans les souffrances du monde conditionné. L'état ultime que l'on recherche est celui de la connaissance parfaite, sans voiles d'aucune sorte.

T. – Connaissance qui permet d'échapper au cycle des renaissances ?

M. – Celui qui a atteint l'Éveil a purifié toute tendance et tout karma pouvant le faire renaître dans le cercle vicieux du monde conditionné. Il est libre de ne pas renaître. Mais, par compassion, il renaîtra. Tant que des êtres souffrent, entraînés dans le cycle des renaissances, celui qui a atteint l'Éveil continuera, par amour des autres, à s'incarner afin de les guider sur le chemin de la Libération.

T. – C'est ce qu'on appelle un bodhisattva ?

M. – La voie bouddhiste enseigne trois attitudes possibles vis-à-vis des êtres : l'attitude dite « du roi », qui assure son pouvoir avant de prendre soin de ses sujets ; celle « du passeur », qui atteint l'autre rive en même temps que ses passagers ; et celle « du berger », qui marche derrière le troupeau et met tous ses moutons à l'abri dans l'enclos avant de prendre soin de lui-même.

Le vrai bodhisattva ressemble au berger. Il est prêt à renoncer à atteindre le nirvana, l'état de Bouddha, afin de demeurer dans le samsara pour aider les êtres. Mais ce renoncement n'est qu'une image illustrant le courage altruiste. En vérité, le bodhisattva n'a pas besoin d'attendre que tous les êtres soient libérés pour atteindre lui-même l'Éveil et, d'autre part, un parfait Bouddha accomplit le bien des êtres avec infiniment plus de puissance qu'un bodhisattva. Il le fait spontanément, à l'image du soleil qui rayonne sans effort particulier. Lorsqu'on atteint le parfait Éveil, on ne peut s'empêcher d'éprouver pour l'ensemble des êtres une compassion infinie. On dit aussi que, de même que la lune se reflète instantanément et sans effort sur toutes les pièces d'eau, de même, tant qu'il y aura des êtres qui souffrent, la compassion des Bouddhas se manifestera sous la forme d'incarnations multiples. Dans le poème de *La Marche vers l'Éveil*, Shantidéva écrit :

Aussi longtemps que durera l'espace,
Aussi longtemps qu'il y aura des êtres,
Puissé-je, moi aussi, demeurer
Pour dissiper la douleur du monde[14].

T. – Autre question qui me dérange : la population de la terre croît sans cesse et chaque flux de conscience est associé à une personne : y aurait-il dans l'univers un réservoir inépuisable de flux de conscience qui alimente cette démographie galopante ? Un réservoir qui aurait existé de tout temps, depuis la création de l'univers ? Cela signifie-t-il également qu'il existerait d'innombrables flux de conscience qui ne se sont jamais associés à un support matériel depuis le big bang ?

M. – L'un des postulats essentiels de la physique est que la somme totale de la masse et de l'énergie de l'univers ne change pas. De même, si les flux de conscience sont sans début ni fin, il n'y a aucune raison pour qu'il s'en crée de nouveaux, qui surgiraient du néant. Mais cela n'implique pas pour autant qu'il existe une limite à leur nombre. Le nombre de ces flux de conscience augmente ou diminue dans tel ou tel univers selon les supports qui s'y trouvent. Si un flux de conscience ne peut ni apparaître ni disparaître, il peut en revanche se transformer, comme je l'ai dit, par un processus d'obscurcissement générateur de souffrance, ou de libération culminant dans l'Éveil.

Le processus de transformation, qui se produit au terme d'une expérience contemplative, n'est pas aisé à concevoir de prime abord, mais il nous est accessible si nous nous en donnons la peine. Nous savons qu'il est possible de changer, sinon nous n'aurions aucune raison d'étudier ou de nous entraîner à quelque discipline que ce soit. Nous savons qu'il est possible de passer de l'irritation au calme, de la jalousie à la sympathie, de la confusion à la clarté intellectuelle. Nous pouvons faire bien mieux encore et transformer radicalement tous les aspects de notre être. Mais on ne peut atteindre ce résultat sans effort, en laissant simplement les choses telles quelles. C'est pour cette raison qu'il est si important de maîtriser notre esprit, de ne pas le laisser fonctionner de façon habituelle en invoquant le « naturel » et la « spontanéité ».

En examinant la nature de la pensée et des phénomènes, il est possible de parvenir graduellement à ce qu'on appelle l'Éveil, c'est-à-dire à une connaissance claire et lucide qui exclut toute confusion quant à la nature du monde. Bien qu'il ne puisse être exprimé par des mots adéquats, cet Éveil a permis au Bouddha d'enseigner aux autres « voyageurs » la voie qu'il a lui-même parcourue. Cette voie, c'est ce que j'appelle une science de l'esprit, qui apprend à distinguer les mécanismes de l'illusion de ceux de la connaissance, et surtout à mettre cette compréhension en pratique. À notre tour de faire de cette voie une expérience directe. Comme je l'ai dit plus haut, le Bouddha a souligné à maintes reprises qu'il ne fallait pas croire à ses enseignements par simple respect pour lui, mais les vérifier par soi-même. Or, pour le Bouddha, l'existence du continuum de la conscience est un fait d'expérience, le résultat d'une connaissance profonde, non d'une construction intellectuelle gratuite.

T. – Certes, mais c'est une chose difficile à comprendre et à admettre pour l'homme ordinaire. Il n'y a, à l'heure actuelle, aucune preuve scientifique de telles idées, et nous sommes encore très loin de pouvoir soumettre le postulat de « flux de conscience existant depuis des temps sans début » à la vérification expérimentale !

M. – Il y a beaucoup de choses qui sont difficiles à admettre pour l'homme ordinaire... à commencer par la majeure partie des résultats scientifiques ! La notion d'espace-temps, ou celle d'incertitude quantique, par exemple. Ce qui compte, ce n'est pas tant que tout le monde puisse vérifier ici et maintenant la validité d'une découverte, mais que tous ceux qui ont fait les démarches nécessaires, si longues et ardues fussent-elles, arrivent au même résultat. Dans le bouddhisme, on parle de trois types de preuves valides. La première est la preuve par l'expérience directe : lorsqu'on voit un feu par exemple, on est certain de son existence. La deuxième est la preuve par inférence : lorsqu'on voit de la fumée, on en déduit qu'il y a un feu ; si l'on se rend sur place, on se rend compte que c'est vrai. La troisième est la preuve apportée par un témoignage authentique : elle concerne des faits que nous ne pouvons pas constater par nous-mêmes en l'état actuel de nos connaissances. Lorsque l'homme ordinaire croit à l'existence des électrons, c'est parce qu'un grand nombre de savants respectables ont conclu à leur existence. Il est convaincu que, s'il passait quelques années à apprendre la physique, il arriverait à la même conclusion. Et si maintenant l'homme ordinaire est peut-être moins sûr de l'existence des électrons en tant qu'entités réelles, c'est aussi parce que nombre de savants tout aussi respectables ont déduit de la physique quantique que l'électron n'était qu'un « observable » qui pouvait se manifester par ailleurs comme une onde.

Dans le cas de la science contemplative, le témoignage authentique est celui d'un grand nombre de contemplatifs – le Bouddha en premier lieu – qui sont arrivés, au terme de longues années de transformation intérieure, à des conclusions concordantes. Ces êtres présentent par ailleurs des qualités remarquables de rigueur et de probité.

Il arrive – rarement, fort heureusement – qu'un scientifique falsifie ses résultats dans le but de prétendre qu'il a fait une importante découverte. Mais, lorsque d'autres chercheurs auront tenté en vain de vérifier ces résultats, le fraudeur sera répudié par l'ensemble de la communauté scientifique. De la même façon, le prétendu « sage » qui cherche à duper autrui pourra donner le change aux esprits crédules pendant quelque temps, mais son expérience spirituelle et sa conduite incohérente se trouveront bientôt en contradiction avec la perfection des contemplatifs authentiques ; il ne sera pas difficile de faire le tri.

T. – Je suis curieux d'en savoir plus sur ce qui arrive aux flux de conscience qui sont parvenus au stade de l'Éveil. Continuent-ils à coexister avec les autres flux de conscience qui n'y sont pas encore arrivés ?

M. – L'Éveil signifie que la conscience s'est éveillée du sommeil de l'ignorance. Elle est alors totalement libérée des voiles qui l'obscurcissent dans son état ordinaire. Lorsqu'il atteint l'Éveil, un Bouddha ne disparaît pas de l'univers comme par enchantement. Bien au contraire, la connaissance parfaite inhérente à l'Éveil se manifeste spontanément par une compassion sans limite et lui permet d'exprimer cet Éveil en enseignant aux êtres à suivre le même chemin. Après qu'un Bouddha a quitté son corps au moment de sa mort, sa conscience peut demeurer dans le plan de la nature ultime de l'esprit, ce qu'on appelle le « corps absolu », puisqu'elle n'a aucune raison de se réincarner sous l'influence de facteurs mentaux obscurcissant (désir, haine, confusion, etc.). Cependant, pour reprendre l'exemple de la lune qui se reflète sur l'eau sans pour autant quitter le ciel, la conscience éveillée d'un Bouddha se manifestera sous de multiples formes tant que les êtres souffriront dans le samsara.

T. – Cette notion que nos pensées nous affligent et sont causes de souffrance me fait penser à Freud. Comment la notion bouddhiste de conscience peut-elle être comparée à la notion de subconscient chez Freud ? Qu'est-ce que le bouddhisme pense des notions freudiennes de refoulement et de libido, et de son idée que le courant d'énergie fondamentale de la vie est la sexualité.

M. – Au lieu de « subconscient », on utilise plutôt le terme de « tendance », ou d'« imprégnation ». Au fil de nos existences passées, nous n'avons cessé d'accumuler des habitudes de toutes sortes qui demeurent latentes dans le continuum de notre conscience et influent considérablement sur notre façon de penser et d'agir. La tendance la plus ancrée en nous est l'égocentrisme, c'est-à-dire la croyance à l'existence d'un moi qui trône au centre de notre monde. Parmi la multitude de pulsions d'attraction et de répulsion que fait naître l'attachement au moi, le désir sexuel est certainement l'une des plus puissantes, car il fait intervenir les cinq sens à la fois. Il est impossible de se débarrasser rapidement des tendances par la seule réflexion intellectuelle. On distingue trois méthodes générales. La première consiste à neutraliser ces tendances en cultivant des tendances opposées qui servent d'antidotes. L'altruisme, la tolérance, le non-attachement ou la réflexion sur les aspects repoussants des objets de nos désirs agissent non seulement comme remèdes à l'égoïsme, à la colère et à l'attachement, mais contribuent également à éliminer les tendances inconscientes accumulées dans une sorte de réservoir d'où elles sont toujours prêtes à surgir. Il s'agit là d'un long processus de familiarisation, car notre continuum de conscience a pris de nombreux « plis » qu'il faut défaire un par un.

La deuxième manière de procéder consiste à méditer sur la vacuité d'existence propre de nos tendances, de nos impulsions et de nos pensées en général. Cette méditation a pour effet une libération plus rapide et plus complète, car elle s'attaque au *support* même de ces atavismes et permet donc de les dissiper en une seule opération. La troisième méthode consiste, pour ceux qui en sont capables, à utiliser ces tendances elles-mêmes comme des catalyseurs afin d'accomplir une transformation encore plus efficace et rapide. Cette troisième méthode est risquée, c'est un peu comme si on essayait de prendre un joyau sur la tête d'un serpent. Le risque est de simplement renforcer nos tendances habituelles et nos pensées afflictives qui sont causes de souffrances. Dans ce cas, la puissance de cette méthode, qui est censée nous libérer des émotions négatives, se retourne contre nous.

T. – Freud a aussi proposé une théorie du rêve. On sait que le sommeil est essentiel à l'homme. Sans sommeil, on meurt. Quand un être vivant dort, son organisme en profite pour éliminer les toxines créées par cette immense usine chimique que constitue le cerveau. Le sommeil est divisé en périodes de vrai sommeil où le cerveau fonctionne au ralenti, et de faux sommeil – le « sommeil paradoxal » – durant lequel le cerveau fonctionne comme en état de veille, et rêve. Certains neurobiologistes disent que, pendant la période du rêve, le cerveau forme de façon autonome une série d'objets mentaux qu'il assemble en une histoire plus ou moins cohérente.

Freud et Jung pensaient que les rêves étaient des manifestations de nos besoins inconscients, de nos conflits et de nos désirs, et qu'ils étaient révélateurs de notre personnalité et de notre caractère. D'autres pensent que les rêves ne sont que des réponses réflexes à des stimuli sensoriels, ou qu'ils sont des sous-produits de perturbations cérébrales résultant de déséquilibres chimiques et hormonaux.

M. – Une comparaison détaillée entre le point de vue bouddhique et celui de la science sur ce sujet a été discutée en détail lors d'une rencontre « Esprit et Vie » (*Mind and Life*) entre le Dalaï-Lama et des scientifiques, et a fait l'objet d'un livre intitulé *Dormir, rêver, mourir*[15]. Le bouddhisme distingue quatre étapes entre l'état de veille et le sommeil profond, le rêve n'étant que la deuxième. On dit que le sommeil profond est une répétition générale de la mort, tandis que l'état de rêve est une répétition de l'état intermédiaire entre la mort et la renaissance, le *bardo*, dans lequel toutes sortes de projections de notre esprit se manifestent sous la forme d'hallucinations qui nous semblent très réelles.

Il existe des techniques qui permettent dans un premier temps d'être conscient que l'on rêve, puis de transformer le rêve, et finalement de créer des rêves à sa guise en décidant de leur thème et de leur déroulement. Certains méditants s'y entraînent pendant des mois. Le but de cette pratique est de se rendre compte que tous les phénomènes sont comme un rêve et une illusion, et donc de ne plus s'attacher à eux avec autant de force qu'auparavant. Du côté scientifique, le phénomène du rêve lucide a été traité par les sciences cognitives[16]. Après quelques semaines d'entraînement, les sujets sont capables de signaler par un léger clin d'œil (une activité musculaire qui peut être contrôlée durant le sommeil) qu'ils sont conscients de rêver. L'enregistrement de leurs ondes cérébrales confirme que c'est bien le cas.

T. – Dans le même ordre d'idées, comment le bouddhisme décrit-il l'état méditatif ? Ne donne-t-il pas un avant-goût de l'Éveil ? Est-ce un état où l'intellect est réduit au silence, où l'intuition prend le contrôle, où la conscience habituelle du temps et de l'espace est dépassée et où on fait l'expérience de l'unité de soi et du monde ?

M. – Le bouddhisme et sa science contemplative sont décrits comme une voie parce qu'il s'agit d'une transformation graduelle de la façon dont notre esprit fonctionne, d'une purification de notre flux de conscience qui le mène de la confusion à l'Éveil. Au cours de ce cheminement, on passe par différentes étapes qui, en bref, correspondent à la stabilisation des pensées discursives, à une lucidité et à une sérénité croissantes, à une vision sans cesse plus fine de la nature des phénomènes extérieurs et de la conscience, et surtout à un affranchissement de plus en plus complet des facteurs mentaux qui obscurcissent habituellement notre esprit. On découvre alors la véritable nature de l'esprit, qui est félicité et compassion, vide et lumineuse, dénuée de toute fixation mentale. L'attachement au *moi* n'ayant plus de raison d'être, les notions de mien et de tien s'effondrent elles aussi. On voit que seul l'esprit peut parcourir ce chemin et arriver à se connaître lui-même.

12

LA GRAMMAIRE DE L'UNIVERS

Les lois physiques, les mathématiques et le monde des Idées

Les lois physiques régissent-elles le monde ou organisent-elles simplement notre manière de lire les phénomènes, de les relier entre eux et de prédire leur comportement ? Appartiennent-elles à un monde platonicien des Idées ou sont-elles des créations de l'esprit humain, étroitement liées à notre manière d'appréhender la Nature ? Le concept bouddhiste de l'interdépendance offre-t-il une solution à ces énigmes ?

THUAN : La notion d'un continuum de conscience qui pourrait se perpétuer sans le support d'un corps physique nous conduit à un autre domaine d'interrogation tout aussi fascinant, celui de types de réalité qui pourraient exister hors du domaine purement matériel. La science occidentale est fondée sur la croyance qu'il existe des lois réglant le comportement de la Nature. La plupart des scientifiques pensent que ces lois sont des règles abstraites qui façonnent notre monde. Elles ne sont pas le produit de notre esprit, mais découvertes par notre intelligence. On peut donc se demander d'où viennent ces lois. Existent-elles dans un domaine supérieur de réalité qui transcende notre monde matériel ?

MATTHIEU : Il faudrait peut-être commencer par s'interroger sur la provenance de cette manière de considérer les lois physiques comme des entités immanentes douées d'une existence intrinsèque. Cette tendance est la plus forte dans les cultures modelées par des religions qui affirment l'existence d'un Créateur qui aurait établi ces lois pour *régler* l'harmonie de l'univers. Selon cette manière de penser, les lois ne font pas que *décrire* le comportement de la nature et permettre de mettre en ordre les phénomènes, mais elles *dicteraient* ce comportement. Quand cette notion de loi scientifique est-elle apparue en Occident ?

T. – Il y a quelques dizaines de milliers d'années, nos ancêtres étaient déjà conscients de certaines régularités dans la nature. Les alignements de menhirs et de dolmens, en Bretagne ou à Stonehenge, qui marquent le lever ou le coucher du soleil à certaines époques de l'année n'en sont qu'un exemple parmi d'autres. Mais bien des phénomènes naturels leur paraissaient mystérieux. Les anthropologues pensent que l'homme des cavernes vivait dans un univers magique où chaque objet était associé à un esprit. L'esprit Soleil éclairait l'esprit Terre et les esprits Arbres, Fleurs et Rivières pendant le jour. L'esprit Lune illuminait la nuit. Ce monde des esprits était le miroir de celui des hommes. Tout y était simple, familier, à l'échelle humaine.

Avec l'accumulation du savoir, l'homme a perdu son innocence et a perçu de plus en plus son insignifiance face à l'immensité du cosmos. L'univers magique humain s'est mué en un univers mythique régi par des dieux aux pouvoirs surhumains. Tous les phénomènes naturels, y compris l'origine de l'univers, résultaient des amours et des haines de ces dieux. Ainsi, dans l'univers mythique égyptien, l'être primaire Atoum contenait en lui la somme de toute existence. Il engendrait le monde et quelque huit cents dieux et déesses. Le ciel était représenté par le corps de la belle déesse Nout, parée de bijoux étincelants qui n'étaient autres que les planètes et les étoiles. Le dieu-soleil Râ parcourait le corps de la déesse pendant le jour et rebroussait chemin à travers les eaux souterraines pendant la nuit. Ce sont sans doute les mythes qui ont donné naissance aux religions. La communication avec des dieux surhumains ne pouvait plus s'effectuer directement mais par l'intermédiaire d'individus privilégiés, les prêtres.

M. – Je me demande si on peut si facilement imaginer ce que pensaient nos ancêtres il y a dix ou vingt mille ans ! Il suffit de voir comment les gens dénaturent parfois d'autres formes de pensées, même lorsqu'elles sont encore vivantes de nos jours.

Il faut reconnaître que de nombreuses manières de penser ont coexisté au cours du temps. Il faut distinguer notamment les métaphysiques anciennes du simple culte des esprits. Certaines religions associent à leurs rites une symbolique et une métaphysique profondes, alors que d'autres n'en ont jamais eu ou les ont perdues. D'autre part, si j'en juge par la façon dont on interprète parfois de manière simpliste le symbolisme du panthéon tibétain, on peut penser qu'il existait une lecture des mythes égyptiens plus profonde que celle que tu as décrite.

Prend le cas de la cosmologie bouddhique, par exemple. On y parle d'une montagne centrale, le mont Mérou, qui serait l'axe du monde, entourée de quatre continents, et autour de laquelle tourneraient le Soleil et la Lune. On peut certes rejeter cette description comme étant désuète. Ce faisant, on passerait à côté de sa signification intérieure, selon laquelle le mont Mérou symbolise notre colonne vertébrale ; les quatre continents, nos quatre membres ; le Soleil et la Lune, nos deux yeux, et ainsi de suite. Ce niveau d'interprétation sert à montrer la correspondance entre notre corps et l'univers, et dépasse le cadre d'une simple cosmologie pour fournir un outil de méditation.

T. – Les mythes possèdent presque invariablement une composante métaphysique. Les contes et légendes constituent une façon pour l'homme de donner un sens à l'univers et à la condition humaine.

Mais une manière très différente de comprendre le monde a fini par faire surface. Vers le VIe siècle av. J.-C., les Grecs ont introduit une notion nouvelle : la Nature pouvait être un sujet de réflexion et de spéculation ; elle était régie par des lois que la raison humaine était capable d'appréhender et qui n'étaient plus l'apanage exclusif des dieux.

Aristote expliquait le comportement d'un système naturel en termes de cause finale. D'après lui, les systèmes naturels, tout comme les êtres vivants, se conduisaient de manière à atteindre un but. C'est ce qu'on appelle un comportement téléologique, ou finaliste. Aristote a construit un système de causalité élaboré fondé sur quatre types de causes : la cause matérielle, la cause efficace, la cause formelle et la cause finale. Ainsi, à la question « pourquoi pleut-il ? », il répondait en distinguant la cause matérielle constituée par les gouttelettes d'eau, la cause efficace qui fait que la vapeur d'eau se condense en gouttes de pluie, et la cause formelle qui fait que les gouttes d'eau tombent sur Terre. Mais, au lieu d'invoquer la gravité de la Terre pour expliquer la chute des gouttes, comme le ferait un physicien moderne, Aristote faisait appel à une cause finale : les gouttes d'eau tombent sur Terre parce que les plantes et les êtres vivants ont besoin d'eau pour vivre et croître.

Curieusement, la notion de loi naturelle qui nous est familière était déjà présente chez Épicure, Lucrèce et Archimède quelques siècles av. J.-C., mais elle ne s'est imposée qu'avec l'émergence des religions monothéistes, comme le christianisme et l'islam. Celles-ci ont introduit l'idée d'un Dieu indépendant de sa Création gouvernant la Nature à coups de décret divin. Les lois n'étaient plus inhérentes aux systèmes physiques, mais imposées par un être suprême.

M. – On retrouve de nouveau l'idée d'une « cause première », ce trait omniprésent des religions occidentales et qui a certainement conditionné le contexte métaphysique dans lequel la science occidentale s'est développée.

T. – En effet, quand la science moderne a émergé dans l'Europe de la Renaissance, au XVIe siècle, les premiers chercheurs comme Kepler et plus tard Newton partageaient encore la conviction que l'ordre et les régularités de la Nature reflétaient un vaste plan divin, et qu'eux-mêmes exaltaient la gloire de Dieu en révélant ce plan. C'est donc bien cette idée de lois imposées par un Créateur qui a engendré la science occidentale. La Renaissance en Europe était imprégnée du concept d'un Dieu qui se manifeste dans la rationalité de la Nature.

Cette approche explique peut-être pourquoi la science n'a pas pris son essor en Orient, en Chine par exemple, pays qui était cependant doté d'une culture millénaire, sophistiquée et complexe, technologiquement en avance sur l'Occident dans bien des domaines. La poudre et la boussole, entre autres, y ont été inventées. Selon la conception que se faisaient les Chinois de la Nature, le monde ne résultait pas de l'acte d'un Dieu créateur et dispensateur de lois ; il était engendré par l'action réciproque et dynamique de deux forces polaires, le yin et le yang. La notion de lois ne s'imposant pas, les Chinois ne se donnèrent pas la peine de les rechercher !

M. – Le fait que les méthodes de la science moderne ne se soient pas développées plus tôt en Orient vient peut-être moins d'une incapacité à analyser les phénomènes que de différents degrés de priorité accordés aux divers domaines du savoir. Qu'est-ce qui est le plus important : connaître la masse et la charge électrique d'un électron et analyser les détails du monde qui nous entoure, ou consacrer son temps à développer un art de vivre, à approfondir les questions les plus brûlantes de la vie : l'éthique, le bonheur, la mort... et à analyser la nature ultime de la réalité ?

Au Tibet, ceux qui choisissaient de délaisser le monde pour se retirer dans des ermitages et approfondir leur recherche contemplative ne s'engageaient pas dans cette voie parce qu'ils n'avaient rien trouvé de mieux à faire : ils comptaient souvent parmi les membres les plus brillants de la société. Ils n'essayaient pas de « fuir » le monde, mais de profiter de leur tranquillité pour consacrer chaque instant de leur existence à développer les qualités humaines et spirituelles qui leur permettraient de mieux aider les autres par la suite. Il y a donc deux raisons pour lesquelles on ne découvre pas les lois physiques : soit on en est incapable, soit on consacre son énergie à autre chose.

T. – Pourtant, le bouddhisme a consacré une énergie considérable à analyser et à comprendre la réalité et la nature des phénomènes. Qu'est-ce que le bouddhisme a à dire au sujet des lois naturelles ?

M. – Le bouddhisme reconnaît la possibilité d'exprimer par des lois notre manière d'appréhender le mode d'existence apparent des phénomènes. Ces lois reflètent l'harmonie qui règne nécessairement entre les parties coexistantes d'un tout interdépendant. Toutefois, ces lois sont dépourvues d'existence propre. Sinon, cela impliquerait qu'elles puissent exister en l'absence de phénomènes [1].

Du point de vue de la vérité conventionnelle, le bouddhisme accepte tout ce que la logique et une connaissance juste considèrent comme démontré. Par « connaissance juste » ou « valide », on entend ce qui peut être perçu directement ou déduit par inférence, et ce qui peut être conclu sur la base de témoignages fiables. Les lois de la vérité relative ne sont ni arbitraires, ni dictées par une instance suprême, ni dirigées par un principe téléologique : ce sont les lois inéluctables de cause à effet.

Aux lois physiques, le bouddhisme ajoute les lois du karma, qui décrivent les conséquences de nos actes positifs ou négatifs en termes de bonheur et de souffrance. Mais ce karma n'est qu'un aspect des lois de causalité et ne fait intervenir aucune instance suprême qui jugerait nos actes.

Au niveau de la vérité absolue, le bouddhisme ne se contente pas d'accepter les choses telles qu'elles apparaissent ; il s'interroge sur leur mode d'être ultime. Cette analyse l'amène à considérer les phénomènes comme de simples apparences dont les propriétés et les caractéristiques ne leur appartiennent pas de façon intrinsèque. C'est pourquoi, employant un langage poétique, le Bouddha comparait les phénomènes à des rêves et à des illusions :

Comme l'étoile filante, le mirage, la flamme,
L'illusion magique, la goutte de rosée, la bulle sur
[l'eau,
Comme le rêve, l'éclair ou le nuage :
Considère ainsi toutes choses.

T. – Je pense qu'une autre raison pour laquelle la pensée orientale a développé une méthode d'investigation si différente de celle de la méthode scientifique occidentale tient à l'importance accordée par l'Orient à une vision holistique du monde. Selon cette vision, chaque partie de la Nature interagissait avec chaque autre, formant un tout harmonieux. Ce point de vue ne favorisait pas le développement de l'idée selon laquelle la Nature peut être décomposée en parties, et chaque partie étudiée indépendamment des autres. Or cette idée est le principe de base de la méthode réductionniste qui constitue le fondement de la science occidentale et lui a permis de prendre son essor. S'il était impossible de comprendre une petite partie de l'univers sans en appréhender le tout, la science ne pourrait pas avancer. Je serais incapable d'exercer mon métier d'astrophysicien si, pour comprendre pourquoi la Terre tourne autour du Soleil, je devais étudier les orbites de toutes les étoiles et galaxies de l'univers. Pour progresser en astrophysique, je n'ai nul besoin de résoudre d'un seul coup tous les problèmes du cosmos !

En fait, la science moderne a confirmé que l'univers a des propriétés holistiques et qu'il forme un tout étroitement connecté. Pourtant, malgré la globalité et l'interconnexion de l'univers, la méthode réductionniste fonctionne. Nous pourrions imaginer un univers où chaque phénomène physique en un endroit donné serait si intimement connecté à l'ensemble des phénomènes qu'il serait vain de l'étudier avant d'avoir compris l'univers entier et qu'il serait impossible de formuler des lois simples. La connaissance de l'univers serait une affaire de tout ou rien. Pourtant, la science nous a permis de saisir des bribes d'informations sans connaître le scénario entier, d'entendre quelques notes de musique sans percevoir la mélodie complète. La méthode réductionniste nous permet de progresser pas à pas, d'assembler l'une après l'autre les pièces du puzzle, sans voir son dessin final.

M. – Un adage bouddhiste dit : « Il n'est pas de grande tâche difficile qui ne puisse être décomposée en petites tâches faciles. » Cela dit, une notion bouddhiste aussi fondamentale que l'interdépendance des phénomènes implique nécessairement une vision globale de la réalité. Le monde n'est pas une collection d'objets séparés dont l'assemblage formerait un immense mécanisme, comme les rouages d'une horloge. C'est aussi l'avis de certains physiciens comme Heisenberg qui écrivait : « Il doit être souligné qu'on ne peut rationnellement entretenir l'espoir de comprendre l'univers entier à partir d'une petite partie[2]. »

La méthode réductionniste marche très bien si le but cherché est d'accumuler une somme d'informations sur les phénomènes observables, puis de les relier pour en déduire des lois qui permettent de prédire leur fonctionnement, sans nécessairement élucider leur véritable nature. Mais si l'on s'interroge sur la nature même de la réalité, sur son mode d'être ultime, examiner un atome ou l'univers entier ne fait guère de différence. Dans ses *Quatre Cents Stances*[3], Aryadéva écrit : « Celui qui voit la nature ultime d'une seule chose voit la nature de toutes choses. » Boire une goutte de l'océan permet de déduire que l'océan entier est salé.

La méthode réductionniste a ses limites. Submergé par le nombre de données quantitatives et descriptives, on risque d'oublier de s'interroger sur l'essence même des choses et de remettre en question la vision « réaliste » du monde.

T. – Oui, à force de se concentrer sur les détails, on risque de ne plus voir le schéma global. La spécialisation à outrance est l'une des tendances que je déplore dans la science moderne. Un physicien peut tout connaître dans son petit champ d'investigation, et rester complètement ignorant des autres domaines de la physique. Il court ainsi le risque de tout savoir sur rien. Il arrive fréquemment que des articles portant sur des recherches ayant nécessité des années de labeur ne soient compris que par une poignée d'experts travaillant dans le même domaine. Je regrette les temps révolus où Léonard de Vinci, Descartes ou Pascal pouvaient maîtriser une grande partie des connaissances de leur époque.

Il n'empêche que la méthode réductionniste a permis à la science de faire des progrès extraordinaires au cours des trois derniers siècles. Ce succès vient surtout du fait que des physiciens de génie comme Newton ont su isoler certains phénomènes, ou parties du monde, qui manifestent un comportement linéaire.

On dit qu'un système est linéaire quand le tout est exactement égal à la somme des parties, ni plus ni moins. Dans un tel système, la somme des causes produit une somme correspondante d'effets. Il suffit alors d'étudier séparément les comportements individuels des composantes, puis de les additionner, pour déduire le comportement du tout. Une bande élastique, par exemple, augmentera d'une certaine longueur si tu l'étires avec une certaine force. Double la force et la longueur doublera. On dit que son comportement est linéaire parce qu'en portant sur un graphique l'étirement de l'élastique en ordonnée et la force appliquée en abscisse, on obtient une ligne droite. C'est également la linéarité des sons qui te permet de distinguer le violon du piano quand tu écoutes un concerto de Tchaïkovski : les sonorités se mélangent sans perdre leurs identités respectives. De même, la linéarité de la lumière te permet de voir en plein jour la faible lueur d'un feu rouge qui se mêle à la luminosité intense du soleil sans être submergée par cette dernière.

M. – Mais la linéarité n'est qu'un cas particulier et ne s'applique pas à tous les phénomènes.

T. – Assurément, mais le succès de la physique réductionniste a été si grand qu'il a laissé croire, jusqu'à la fin du XIXe siècle, que le monde ne contenait que des systèmes linéaires. Maintenant on sait que c'est loin d'être le cas : les systèmes physiques deviennent presque tous non linéaires au-delà d'un certain seuil. Si tu continues à tirer sur l'élastique, il ne s'allongera plus mais se cassera. Maintes situations non linéaires surviennent dans la vie courante. Le cerveau notamment ne fonctionne certainement pas de façon linéaire. Pour reprendre l'exemple de l'orchestre, le plaisir que procure l'écoute de l'ensemble des instruments exécutant une symphonie de Beethoven est supérieur à la somme des plaisirs éprouvés en écoutant chaque instrument séparément, et le plaisir d'écouter une phrase mélodique est supérieur à celui que procure chaque note individuelle. Dans certains systèmes, quand des composantes distinctes sont assemblées, des propriétés dites « émergentes » apparaissent, qui font que le tout est plus que la somme des parties.

M. – Le pouvoir d'une communauté est plus grand que la somme des facultés individuelles de ses membres. Cette constatation est illustrée dans le bouddhisme par une image prosaïque mais parlante : on essaierait en vain de balayer la poussière avec cent brins d'herbe séparés, mais cette tâche devient facile dès qu'on les assemble pour faire un balai.

La linéarité des phénomènes ne peut donc être qu'une approximation, un cas de figure théorique qui s'appliquerait à une « Idée » platonicienne de ton élastique. Celui-ci vieillit, ses propriétés se transforment à chaque fraction de seconde. Son élongation ne peut jamais demeurer exactement proportionnelle à la force d'étirement croissante qui lui est appliquée. Pour le bouddhisme, aucun système ne peut être vraiment linéaire ; cela impliquerait une vision artificielle d'un monde dans lequel seraient à l'œuvre des forces parfaitement constantes, exercées par des entités immuables. Or, aucune entité permanente ne peut exister dans un flux d'événements interdépendants en transformation continuelle.

T. – Pour un physicien, le vieillissement de l'élastique (ou de toute chose) est imperceptible à l'échelle de temps sur laquelle se déroulent les mesures. La description de l'élastique comme système linéaire reste donc une excellente approximation.

La deuxième raison pour laquelle le réductionnisme a connu un tel succès, en dépit de la nature holistique du monde, est que de nombreux systèmes physiques sont gouvernés presque entièrement par des forces locales. Le comportement de tels systèmes dépend principalement de forces et influences qui s'exercent dans leur entourage immédiat.

En fait, les physiciens considèrent que tous les phénomènes physiques dans la Nature peuvent s'expliquer par l'action de quatre forces fondamentales : les deux forces nucléaires forte et faible, la force électromagnétique et la force gravitationnelle. La force nucléaire forte est responsable de la cohésion des noyaux atomiques. Elle est la colle qui lie ensemble les protons et les neutrons constituant ces noyaux, ainsi que les quarks dont ces particules sont elles-mêmes formées. Sa portée est infime : elle n'agit qu'à l'échelle des noyaux d'atomes, soit un dix-millième de milliardième de centimètre. La force nucléaire faible est responsable de la radioactivité, c'est-à-dire de la transmutation de noyaux d'atomes qui perdent spontanément une partie de leur masse en émettant des particules ou des rayonnements électromagnétiques. Le champ d'action de la force nucléaire faible est encore plus restreint : il n'est que le dixième de celui de la force forte. La force électromagnétique tient ensemble les atomes, les molécules et les doubles hélices de l'ADN. Son domaine d'action est celui des choses de la vie et c'est elle qui est responsable de la forme d'un pétale de rose ou des contours d'une statue de Rodin. Elle confère de la solidité aux choses et nous empêche de traverser les murs ou de passer la main à travers les pages de ce livre.

Enfin vient la force de gravité qui nous colle à la Terre, nous empêche de flotter dans l'air et nous fait tomber quand nous trébuchons. Son domaine d'action s'étend à l'univers entier. C'est elle qui est responsable de son architecture. Elle fait tourner les planètes autour du Soleil et lie ce dernier à des centaines de milliards d'autres soleils pour former notre galaxie, la Voie lactée. Elle assemble des milliers de galaxies en amas, et des dizaines d'amas en super-amas.

Les portées des forces électromagnétique et gravitationnelle sont en principe infinies, mais l'intensité de la force électromagnétique décroît en fonction du carré de la distance entre deux charges électriques, et celle de la force gravitationnelle en fonction du carré de la distance entre deux masses. Leur influence en un endroit donné est donc due à l'environnement local, non à l'univers lointain, car les forces entre deux charges électriques ou deux masses très éloignées sont presque nulles. Ainsi la chute d'une pomme dans un verger est principalement causée par l'influence gravitationnelle de la Terre. L'influence de la Lune, du Soleil et autres objets célestes, sur le mouvement de la pomme est négligeable.

M. – Certes, mais elle n'est pas inexistante. Aucun objet de l'univers n'est soumis à des influences *exclusivement* locales. C'est important d'un point de vue ontologique, car un objet qui existerait indépendamment du reste de l'univers ne pourrait avoir aucune interaction avec les autres composantes de cet univers. En quelque sorte, *il ne lui appartiendrait plus*, ce qui revient à dire que, pour nous, il n'existerait pas. S'il existait tout seul, il serait soit sans cause, soit sa propre cause, ce qui est absurde.

T. – Il existe certes des influences non locales. Nous avons vu lors de notre discussion sur l'interdépendance et la globalité des phénomènes, sur le phénomène EPR, le pendule de Foucault et le principe de Mach, qu'en dehors des forces connues il existe dans l'univers de mystérieuses interactions immanentes et omniprésentes qui ne font intervenir ni force ni échange d'énergie, et que la physique ne sait pas encore décrire.

En ce qui concerne les quatre forces connues, les interactions avec les objets lointains par l'intermédiaire de ces forces existent bien, mais elles sont si faibles qu'on peut les négliger dans nos calculs. On n'a besoin de prendre en compte que les interactions avec les objets locaux : d'où le terme de « localité ». Cette approximation facilite grandement l'étude de certains phénomènes. Ainsi, pour calculer les orbites des sondes planétaires qu'elle lance, la NASA n'a besoin de prendre en compte que l'influence gravitationnelle du Soleil et de son cortège de neuf planètes. La gravité des centaines de milliards d'étoiles de la Voie lactée peut être négligée. Comment le bouddhisme peut-il acquérir une connaissance des choses sans recourir au réductionnisme ? Pense-t-il qu'on ne peut comprendre une petite partie de la Nature sans en comprendre le tout ?

M. – Le bouddhisme ne rejette pas le réductionnisme comme un outil permettant de comprendre les mécanismes de la nature et d'analyser les aspects les plus subtils des lois de cause à effet. Mais son approche fondamentale est d'une autre nature : il est davantage concerné par les effets qu'une perception erronée du mode d'existence des phénomènes peut avoir sur notre existence en termes de bonheur et de souffrance. Dans ce sens, il s'inquiétera d'une approche *réificatrice* et non du réductionnisme en tant que tel. Réifier les phénomènes, nous l'avons dit, c'est attribuer une existence intrinsèque à leurs propriétés et caractéristiques telles qu'elles sont acceptées par le sens commun. Ce processus conduit également à faire de la conscience une chose concrète et à fragmenter notre monde. C'est ce que font, sans bien s'en rendre compte, la quasi-totalité des êtres dans leurs perceptions ordinaires des choses. C'est aussi l'attitude qui domine en science, en dépit du fait que cette approche n'est plus compatible avec les développements récents de la science elle-même. Cette disparité oblige nombre de scientifiques à se livrer à des acrobaties sans fin pour concilier les résultats de la mécanique quantique avec leur vision solide du macrocosme.

Le bouddhisme préfère donc donner la priorité à la compréhension de l'irréalité des phénomènes et à l'intégration de cette compréhension dans notre expérience vécue, plutôt qu'à la description de la multiplicité de leurs propriétés apparentes. La voie médiane que le bouddhisme adopte en réfutant tout à la fois le néant et le réalisme permet ainsi de résoudre sans heurts bien des paradoxes sur lesquels butent les scientifiques.

Tu as mentionné précédemment la notion d'Idée platonicienne. La conception platonicienne de la réalité a été influente si longtemps que ceux qui ont été imprégnés de cette tradition de pensée trouvent la conception bouddhique de la réalité difficile à accepter. La notion centrale du concept platonicien de la réalité est qu'il existe un monde d'Idées, de pures entités qui agissent sur notre monde, sans être pour autant affectées par le monde. Le bouddhisme a réfuté de nombreuses façons l'existence d'entités immuables et autonomes au sein de la réalité.

T. – Platon et d'autres philosophes soutenaient leur argument qu'il existe, sur un autre plan, un monde de perfection en invoquant le pouvoir étonnant qu'ont les mathématiques de décrire la réalité concrète. Platon pensait qu'il y avait deux niveaux de réalité : la réalité du monde physique accessible à nos sens et à nos instruments de mesure – un monde impermanent, changeant, éphémère et illusoire – et celle du vrai monde des Idées éternelles et immuables. Le monde sensible et temporel ne serait que le pâle reflet du monde des Idées. Tu connais la fameuse allégorie des hommes de la caverne que Platon introduisit dans son dialogue intitulé *La République* pour illustrer la dichotomie entre les deux mondes. Il existe au-dehors de la caverne un monde vibrant de couleurs, de formes et de lumière que les hommes ne peuvent pas voir et auquel ils n'ont pas accès. Tout ce qu'ils perçoivent, ce sont les ombres projetées par les objets et les êtres vivants du monde extérieur sur les parois de la caverne. Au lieu de l'exubérance des couleurs et de la netteté des formes de la glorieuse réalité, ils n'ont droit qu'à la sombre tristesse et aux contours flous des ombres. Pour Platon, semblable au monde des ombres, le monde accessible à nos sens n'est qu'une pauvre représentation du monde des Idées. Or le monde des Idées, illuminé par le Soleil de l'intelligence, est aussi celui où règnent les relations mathématiques et les structures géométriques parfaites.

La conviction que la régularité sous-jacente de la Nature peut être exprimée en termes mathématiques est le fondement de la méthode scientifique. Certains scientifiques ont même décrété – affirmation excessive, à mon sens – qu'une discipline qui ne peut être exprimée en langage mathématique ne saurait être qualifiée de science.

M. – Certes, Galilée écrivait que tout ce qui ne relevait pas de l'étude des propriétés mesurables et quantifiables des corps matériels (formes, nombres et mouvements) n'était pas de la science. Une telle prise de position restreint considérablement le domaine d'investigation de ce qu'on appelle « science ». N'oublions pas que ce mot vient de la racine latine *scire*, qui signifie « savoir ». Restreindre le savoir à ce qui peut être traduit en équations mathématiques semble absurde. Cela exclut d'emblée l'expérience vécue. Pour prendre un exemple simple, comprendre que la bonté réchauffe les cœurs et que la haine les afflige est un savoir, un élément de science. On peut constater ce phénomène de façon répétée, analyser son mécanisme et comprendre ses causes. Envisageons l'hypothèse que la nature profonde de l'esprit est paisible et que l'animosité ou la jalousie ne sont que des perturbations temporaires qui voilent cette nature. Soumettons ensuite cette hypothèse à la vérification de l'expérience contemplative. Quel rôle les mathématiques ont-elles à jouer dans tout cela ? Tout savoir vérifié par l'expérience et acquis avec méthode et rigueur peut être considéré comme une science, qu'il soit d'ordre qualitatif ou quantitatif, exprimé en langage mathématique, descriptif, imagé, symbolique ou subjectif. La notion de « science exacte » ne doit pas seulement faire référence à la description de faits quantifiables avec une précision de dix chiffres après la virgule. Une science est exacte dans la mesure où elle appréhende correctement la vraie nature des choses.

T. – La proposition que tout savoir scientifique doit pouvoir être exprimé en termes mathématiques est en effet absurde. Néanmoins, le succès étonnant des mathématiques dans la description de la réalité constitue l'un des plus profonds mystères qui soient. Cela me semble être une raison convaincante pour accepter l'idée qu'il existe un monde abstrait de vérité, ou de lois naturelles, dont nous ne pouvons entrevoir qu'une partie.

L'idée que le monde physique n'est que le reflet de l'ordre mathématique a vu le jour dans la Grèce antique. « Le nombre est le principe et la source de toute chose », proclamait Pythagore au VIe siècle av. J.-C. « Le livre de la Nature est écrit dans un langage mathématique », reprit en écho Galilée vingt-deux siècles plus tard, et, depuis lors, cet écho n'a cessé de s'amplifier. Au XXe siècle, le physicien Eugene Wigner s'étonne de « la déraisonnable efficacité des mathématiques à décrire le réel ».

Les exemples de cette extraordinaire prescience des mathématiques ne manquent pas dans l'histoire des sciences. Dans presque tous les cas où la découverte d'un phénomène physique nouveau a mené les physiciens en terrain inconnu, ils ont découvert que les mathématiciens les y avaient précédés, guidés non par la Nature, mais par la pensée pure. Ainsi, lorsque Einstein a découvert dans les années vingt que la gravité courbe l'espace, il n'a plus pu utiliser la géométrie d'Euclide qui ne décrit que les espaces plats. Il a donc été enchanté de trouver les travaux du mathématicien Bernhard Riemann qui avait développé la théorie des géométries courbes dès le XIXe siècle[4].

Dans les années soixante-dix, le mathématicien Benoît Mandelbrot était à la recherche d'un concept nouveau pour décrire la géométrie de l'irrégulier. La géométrie euclidienne fonctionne parfaitement quand il s'agit de décrire des lignes droites, des cubes ou des sphères, mais elle perd pied dès que l'on considère des objets irréguliers, tordus, disloqués, discontinus ou rugueux. Or c'est l'irrégulier qui domine dans le monde réel. Les concepts euclidiens, comme la ligne droite ou le cercle, sont de puissantes abstractions de la réalité qui nous ont permis de faire progresser considérablement l'étude de la Nature, mais ils ont leurs limites. « Les nuages ne sont pas des sphères, les montagnes ne sont pas des cônes, et les éclairs ne sont pas des lignes droites », se plaît à souligner Mandelbrot. Pour décrire la géométrie de l'irrégulier, il dut avoir recours au concept de « dimension fractionnaire » : la dimension d'un objet irrégulier n'est plus représentée par un nombre entier comme 1, 2 ou 3, mais par une fraction. Ce sont les « objets fractals ». Là encore, Mandelbrot s'aperçut que l'idée de dimensions fractionnaires avait été proposée dès 1919 par le mathématicien Felix Hausdorff[5].

Pourquoi des entités abstraites qui sortent de l'esprit des mathématiciens et ne sont en général d'aucune utilité dans la vie courante se trouvent-elles en accord avec des phénomènes naturels ? À tel point que les physiciens en sont tout surpris lorsqu'une théorie physique nouvelle, celle des supercordes par exemple, ne possède pas d'emblée l'outillage mathématique requis.

La question est donc : quelle est exactement la nature des mathématiques ? Parmi la communauté savante on trouve deux points de vue opposés. Pour les *constructivistes*, les mathématiques n'existent pas réellement. Selon le philosophe David Hume, « toutes nos idées ne sont que des copies de nos impressions ». Les formes géométriques n'ont de réalité que dans les formes de la Nature. Dans le camp opposé se trouvent les *réalistes* pour qui les mathématiques possèdent une « réalité » distincte de notre pensée. Elles constituent un vaste ensemble que nous pouvons explorer et découvrir avec notre raison, tout comme un explorateur découvre la forêt amazonienne. Que nous en soyons conscients ou non, les mathématiques sont *là*. Nombre des plus grands mathématiciens se sont ralliés à ce point de vue. Écoutons Descartes parler des figures géométriques : « Lorsque j'imagine un triangle, encore qu'il n'y ait peut-être en aucun lieu du monde hors de ma pensée une telle figure, et qu'il n'y en ait jamais eu, il ne laisse pas néanmoins d'y avoir une certaine nature ou forme, ou essence déterminée de cette figure, laquelle est immuable et éternelle, que je n'ai point inventée et qui ne dépend en aucune façon de mon esprit[6]. »

M. – S'il ne l'a pas inventée, je me demande qui d'autre l'a fait pour lui. Et si elle ne dépendait pas dc son esprit, il aurait bien du mal à y penser !

T. – Plus proche de nous, le mathématicien anglais Roger Penrose écrit : « Les concepts mathématiques semblent posséder une réalité profonde, qui va au-delà des discussions de tel ou tel mathématicien. C'est comme si la pensée humaine était guidée vers une vérité qui a sa réalité propre et qui n'est que partiellement révélée à chacun d'entre nous[7]. »

Ce sentiment d'une réalité mathématique indépendante de notre esprit est d'autant plus fort que les mathématiques semblent posséder une vie qui est indépendante de leur créateur, comme si elles entraînaient irrésistiblement le chercheur vers la Vérité : « Nous ne pouvons nous empêcher de penser que les formules mathématiques ont une vie propre, qu'elles en savent plus que leurs découvreurs et qu'elles nous donnent plus que nous leur avons donné », remarquait le physicien allemand Heinrich Hertz.

M. – Je ne vois franchement pas pourquoi cette adéquation entre le monde concret du réel et le monde abstrait des mathématiques te semble si étrange. Le fait que ce que *nous* concevons soit en accord avec la réalité que *nous* percevons n'a rien d'étonnant. Notre manière d'explorer puis d'ordonner nos perceptions du monde est nécessairement en accord avec nos concepts mathématiques, parce que nos perceptions et nos concepts sont tous deux des produits de notre esprit. Penser que le monde physique n'est qu'un reflet de l'ordre mathématique c'est, me semble-t-il, prendre les choses à l'envers.

Le bouddhisme dirait plutôt que les mathématiques ne sont que des concepts humains appliqués à l'ordre de la nature, un ordre qui est lui-même un reflet de l'interdépendance et des lois de causalité auxquelles appartient la conscience. Le fait que des propositions mathématiques cohérentes *suivent* ou *précèdent* la mise en évidence de leurs équivalents naturels ne fait aucune différence. Cela ne confère pas à ces propositions un statut particulier ou un mode d'existence fondamentalement différent. Faut-il s'étonner que l'arithmétique s'applique au dénombrement des cailloux sur un chemin, que la notion de dimensions fractionnaires s'applique à des objets fractals ? L'arithmétique et la géométrie n'existent « en elles-mêmes » ni dans notre esprit ni dans le monde extérieur.

T. – Pourtant, je ne pense pas que l'efficacité « déraisonnable » des mathématiques à décrire le monde découle pour autant de l'interaction de notre conscience avec le monde extérieur et de l'ensemble de nos expériences vécues, car une grande partie des mathématiques s'est élaborée de façon totalement abstraite.

M. – En étudiant les mathématiques, les mathématiciens ne font qu'étudier la façon dont leur cerveau fonctionne, dont notre intellect élabore peu à peu une manière de lire les phénomènes. Ce système interprétatif est naturellement *prêt* à être appliqué à tout phénomène nouveau qui se présente. Après tout, c'est sa raison d'être. Il n'est donc pas surprenant que cet outil mental polyvalent soit parfois en avance sur nos observations et puisse être utilisé à des fins que nous n'avions pas imaginées. Les mathématiques peuvent envisager toutes sortes de possibilités logiques qui n'ont pas encore trouvé ou ne trouveront jamais d'équivalents dans la Nature, sans que cela confère pour autant une existence autonome à ces idées.

Pour le bouddhisme, la « pensée pure » n'est pas l'intelligence, mathématique ou autre, mais la présence éveillée qui constitue la faculté fondamentale de l'esprit d'être conscient. Cet aspect « lumineux » de l'esprit s'oppose à l'absence de conscience qui caractérise le caillou, par exemple. Notre intelligence est intimement conditionnée par son support physique, notre corps, et par l'expérience acquise par notre conscience. L'étonnement des physiciens quand ils trouvent des outils mathématiques n'est donc pas différent de la surprise de celui qui découvre soudainement que deux personnes qu'il connaissait fort bien sont de proches parents, ce qu'il ignorait complètement.

T. – Autrement dit, parce que notre conscience coexiste avec le monde phénoménal, tout ce qu'elle conçoit devrait être conforme à ce monde.

M. – N'en concluons pas pour autant que toutes les fantaisies imaginées par l'esprit ont leurs équivalents dans le monde ! Tout système conceptuel cohérent, qu'il soit d'ordre logique ou mathématique, est nécessairement un reflet de l'interaction entre notre conscience et le monde pour la simple raison que nous ne pouvons les séparer l'un de l'autre sans les faire disparaître.

T. – Personnellement, je continue à préférer me tourner vers Platon et la notion d'un monde d'Idées mathématiques pures.

M. – La position du bouddhisme est claire à ce propos. Bien qu'il ne se soit pas livré à des débats avec les philosophes grecs, il s'est confronté avec des philosophes hindous dont les positions sur ce sujet semblent proches de celles de Platon. Le bouddhisme a réfuté cette notion d'Idée par la simple logique. Certains pensaient en Inde que l'Idée « arbre », par exemple, était le principe essentiel de tous les arbres de la nature, lesquels n'étaient que des manifestations grossières ou des « cas particuliers » de cette Idée.

T. – C'est presque mot pour mot l'argument de Platon.

M. – Si ce principe « arbre » n'existait pas, dit le philosophe hindou, nous ne pourrions concevoir la notion abstraite d'arbre ; elle est à la fois indépendante de tout arbre en particulier et applicable à tous les arbres. Les bouddhistes répondirent qu'il fallait choisir : ou cette Idée « arbre » avait un lien existentiel avec les arbres de la nature, ou elle n'en avait pas. Si elle en avait un, ce lien devait se traduire par certains phénomènes corroborés par l'expérience. Or ce n'est pas le cas. Si l'Idée « arbre » était intrinsèquement liée à tous les arbres, ils devraient tous pousser quand un arbre pousse, et tous mourir quand un arbre meurt.

Si cette idée n'a aucun lien avec les arbres de la nature, elle ne sert à rien. Elle est aussi imaginaire que les poils d'une tortue ou les cornes d'un lièvre. On peut donc s'en passer. De plus, comment une idée *immuable* pourrait-elle avoir une interface avec ce qui est *transitoire* ? Cette Idée n'est donc qu'une étiquette mentale, rien de plus.

T. – Platon dit exactement le contraire. Il distingue l'Idée parfaite d'un arbre de toutes ses manifestations imparfaites dans le monde. Il postule deux figures de Dieu, l'une appelée le Bien, éternel et immuable, réside dans le monde des Idées ; l'autre, le Démiurge, façonne la matière du monde contingent et changeant des arbres, dans ce cas, conformément aux formes parfaites du monde des Idées.

M. – Y a-t-il une connexion entre l'Idée d'un arbre et sa manifestation ? S'il n'y en a aucune, l'Idée est inutile. À quoi bon alors l'envisager ?

T. – Platon aurait répondu qu'il s'agit de caractéristiques générales et idéales.

M. – Ce n'est qu'une construction mentale, aussi utile soit-elle pour classer certaines plantes parmi la famille des « arbres ». Envisager ou non cette Idée n'a aucune influence sur l'existence de l'arbre. Et si l'Idée a une interface avec la réalité grossière, elle ne peut être immuable.

T. – Tu as certes mis le doigt sur le problème. Il y a une dichotomie fondamentale entre le monde changeant de l'expérience et celui, immuable, des Idées. Platon n'essaya pas de concilier les deux, se contentant de postuler deux figures de Dieu et de déclarer que seul le Bien était vrai, le Démiurge n'en étant qu'une pâle et illusoire représentation. La doctrine chrétienne a tenté de résoudre le problème par l'introduction de l'idée d'une création du monde *ex nihilo* par un Dieu hors du temps et de l'espace. Mais elle se retrouve face au même dilemme : ou bien Dieu est le créateur et la cause du monde changeant, mais alors il est aussi contingent et temporel, ou bien il est immuable et sa création est elle aussi immuable. Un Dieu invariant ne peut créer un monde changeant.

Les découvertes de la science moderne suggèrent, à mon sens, une autre solution possible : la Nature est gouvernée par des lois d'organisation et de complexité qui sont hors du temps, et par là même immuables et invariantes. Mais malgré cela, le monde n'est pas immuable. Il peut changer car, grâce au flou quantique et au chaos, l'univers peut donner libre cours à sa créativité en brodant à partir de ces lois. En choisissant parmi un large éventail de possibilités, l'univers peut être changeant et contingent.

M. – Un invariant qui s'occupe du changement ? Des lois hors du temps ? Pourquoi pas hors des phénomènes ? Dans ce cas, à quoi s'appliquent-elles ? Quelque chose d'immuable qui est hors du temps y reste, il ne crée pas un univers.

T. – J'admets qu'en ce qui concerne la création de l'univers, ma proposition ne peut résoudre la dichotomie entre un Dieu immuable et l'acte de créer qui implique une violation de cette immuabilité. Mais une fois l'univers créé, Dieu n'a plus besoin d'être dans le temps. Il se détourne de la création et n'a plus besoin, pour reprendre tes termes, de s'occuper du changement. C'est l'univers qui s'en charge.

M. – En se détournant de sa création, Dieu perd sa toute-puissance. Avec les Idées platoniciennes et le triangle de Descartes, cela fait beaucoup de monde dans le ciel de l'immuable. Du point de vue bouddhiste, tout cela n'a guère de sens. Une entité qui existe « en soi » est seule, reste seule, et n'a rien à voir avec notre univers. Pourquoi vouloir toujours geler par de tels concepts le jeu de la vraie magie : celle du déploiement irréel de l'infinité des phénomènes ? Pourquoi les abstractions auraient-elles une réalité ontologique ? N'est-ce pas l'essence même d'une abstraction que d'être une construction mentale ?

T. – Pourtant, comment expliquer la façon dont l'intuition mathématique jaillit, soudaine et inattendue, de façon complètement spontanée et sans préparation apparente ? (L'inspiration poétique pourrait être décrite de la même manière.) Ce contact fulgurant avec le monde des Idées mathématiques peut surgir aux endroits les plus inattendus, comme Archimède criant *eurêka !* dans sa baignoire. Henri Poincaré raconte comment la solution à un problème mathématique qui lui échappait depuis des semaines lui apparut soudainement avec une aveuglante clarté, sans préparation apparente, et au moment où il s'y attendait le moins [8] :

À ce moment, je quittai Caen, que j'habitais alors, pour prendre part à une course géologique entreprise par l'École des mines. Les péripéties du voyage me firent oublier mes travaux mathématiques ; arrivés à Coutances, nous montâmes dans un omnibus pour je ne sais quelle promenade ; au moment même où je mettais le pied sur le marchepied, l'idée me vint, sans que rien dans mes pensées antérieures parût m'y avoir préparé – je ne fis pas la vérification ; je n'en aurais pas eu le temps, puisque, à peine assis dans l'omnibus, je repris la conversation commencée ; mais j'eus tout de suite une entière certitude. De retour à Caen, je vérifiai les résultats à tête reposée pour l'acquit de ma conscience.

La soudaineté, la brièveté et la certitude immédiate caractérisent donc l'intuition mathématique. Pour moi, ces intuitions spontanées renforcent l'idée que lorsque l'esprit fait des découvertes mathématiques, il entre en contact avec le monde platonicien des concepts mathématiques. Roger Penrose est sans équivoque là-dessus :

J'imagine que quand l'esprit perçoit une idée mathématique, il entre en contact avec le monde platonicien des concepts mathématiques... La communication entre mathématiciens est possible, car chacun d'eux a eu un accès direct à la Vérité et a été en contact avec le même monde des Idées éternelles... Ces vérités éternelles semblent avoir une existence antérieure dans un monde éthéré[9].

M. – Franchement, je pense qu'il y a des explications plus simples à l'intuition. Si l'on admet que les intuitions mathématiques sont extraites du monde des Idées, il faudrait également envisager une Idée Poésie avec laquelle Baudelaire, Tagore, Rilke, et bien d'autres poètes seraient soudainement entrés en contact, une Idée Décision pour les indécis qui soudain se décident, et ainsi de suite. Les Idées de Platon ne font que refléter la croyance en des causes premières, immuables, qui agissent à sens unique. Elles excluent le conditionnement mutuel. Or, il ne peut y avoir d'agent causal qui ne soit affecté en retour.

La conscience qui conçoit les mathématiques n'est pas extérieure à la Nature. La façon dont nous percevons le monde est intimement liée au fonctionnement de notre esprit – au point que certaines écoles bouddhistes ont été jusqu'à définir le monde extérieur comme une « image de notre pensée ». Bien sûr, les neurobiologistes affirment au contraire que notre structure mentale n'est qu'une « empreinte » du monde extérieur sur notre système neuronal. En fait, en vertu de l'interdépendance, l'influence est mutuelle, et les mathématiques ne sont qu'un reflet parmi d'autres de cette interdépendance.

L'interdépendance transcende la fragmentation entre « extérieur » et « intérieur ». L'intuition que certaines personnes peuvent avoir des mathématiques est un reflet de l'interpénétration naturelle de la conscience et du monde phénoménal. En fait, le point sur lequel il faudrait s'interroger, c'est comment, à partir de cet état de complète interpénétration, on voit surgir l'illusion de la séparation. Pour le bouddhisme, la dichotomie entre « moi » et le « monde » est la première manifestation de l'ignorance, c'est en quelque sorte le « péché originel » du bouddhisme, qui n'a d'ailleurs d'originel que le nom, car nous le commettons à chaque instant de notre existence.

T. – Comment le bouddhisme explique-t-il alors qu'il n'y a pas plus de gens qui sont capables de découvrir des vérités mathématiques ? Tous les êtres n'ont pas vu ce que Riemann ou Srinivasa Ramanujan ont perçu. Ramanujan était un mathématicien de génie dont le parcours illustre remarquablement cette idée d'intuition mathématique. Né dans une famille pauvre de Madras, en Inde, il n'avait reçu qu'une éducation très sommaire. En majeure partie autodidacte, il redécouvrit à sa manière et dans une grande solitude intellectuelle de nombreux résultats mathématiques célèbres. Bien plus, il trouva, d'une façon intuitive et sans démonstration rigoureuse, des centaines de théorèmes qui continuent aujourd'hui, plus de cinquante années après sa mort, à nous échapper. Or les problèmes que Ramanujan abordait de manière si originale et si intuitive étaient bien souvent les mêmes qui préoccupaient les mathématiciens traditionnels de son époque.

Voici donc un homme qui, issu d'un milieu culturel radicalement différent, n'a pas reçu de formation académique mais retrouve cependant les mêmes idées mathématiques que ses homologues couverts de diplômes. Je ne peux m'empêcher de penser qu'il a puisé son inspiration dans le même monde platonicien des Idées mathématiques que ses collègues. De même, quand j'entends parler de personnes capables de calculs mentaux prodigieux, ou de « savants autistes » qui, en dépit de leur handicap, résolvent des problèmes mathématiques très complexes, j'évoque naturellement cet accès au monde des Idées.

M. – C'est un peu comme quelqu'un qui se voit dans un miroir sans se reconnaître. Les mathématiciens communiquent avec le monde éthéré de leur cerveau. La biologie a récemment mis en évidence, chez les mathématiciens et calculateurs prodiges, des différences dans les aires du cerveau correspondant à la vision et au langage, ce qui leur permettrait de percevoir de manière presque visuelle des relations mathématiques qui nous échappent habituellement. Einstein disait qu'il avait parfois l'impression de « voir » la solution d'un problème. Il existe d'autres cas tout aussi étonnants que celui de Ramanujan, notamment celui des jumeaux qui, après cinq minutes de réflexion, étaient tous les deux capables de fournir la liste des nombres premiers à vingt-cinq chiffres [10]. Le psychologue qui a étudié leur cas – il faut dire en passant qu'ils n'avaient par ailleurs qu'un quotient intellectuel très faible – raconte qu'un jour, il fit tomber par terre une boîte d'allumettes. D'une même voix, les jumeaux s'exclamèrent : « 111 ! », le nombre exact des allumettes qu'ils voyaient aussi clairement que nous sommes capable de voir qu'il y a quatre verres sur une table.

Les biologistes avancent donc l'hypothèse que les mathématiques sont étroitement liées au fonctionnement de notre cerveau [11]. Cette idée rejoint celle du bouddhisme, selon laquelle les mathématiques ne sont qu'une façon de lire les phénomènes et n'impliquent nullement l'existence d'entités douées d'existence propre.

Selon notre degré d'intelligence, les concepts mathématiques mettent en évidence certains aspects de l'interdépendance des phénomènes. Le poète interprétera les correspondances entre notre esprit et les phénomènes en termes de beauté. Le physicien les exprimera par une formule mathématique. L'univers n'est pas « trop compliqué » pour notre conscience, car c'est *notre* conscience qui détermine *notre* univers. Le degré de complexité des lois physiques reflète le degré d'intelligence des mathématiciens qui les ont formulées. Ce serait donc une erreur que de considérer les mathématiques et les lois physiques comme plus « malignes » que l'esprit qui les conçoit. Pour un individu qui n'est pas rompu aux mathématiques, les équations de la physique ne décrivent pas l'univers : elles n'ont aucun sens. De même, des lois plus complexes que celles qui leur sont intelligibles n'existent pas non plus pour les mathématiciens, car ils sont incapables de les concevoir.

Les importantes différences entre les facultés cognitives des individus se retrouvent dans d'autres domaines. Prenons les contemplatifs : la compréhension intellectuelle de la vacuité qu'a un débutant est à peine comparable à la connaissance née de l'expérience directe qui caractérise l'Éveil d'un Bouddha. On dit que ces deux compréhensions diffèrent comme le dessin d'une lampe et la lampe elle-même. On peut développer, entraîner, purifier et transformer son esprit de façon considérable. On peut passer graduellement de la confusion totale dominée par la haine et les autres poisons mentaux à un état intermédiaire de sérénité, de joie altruiste et de maîtrise de soi, et l'on parvient finalement à l'Éveil qui permet une vision authentique de la nature ultime des phénomènes. À ce stade, la connaissance s'accompagne d'une certitude immédiate qui transcende toute forme de pensée discursive.

T. – Pour expliquer les différences entre ceux qui sont doués pour les mathématiques et ceux qui le sont moins, tu évoques à la fois la neurobiologie et l'entraînement de l'esprit. En neurobiologie, les dernières recherches concernant l'activité mathématique dans le cerveau – elles n'en sont encore qu'à leurs balbutiements – disent en effet que cette activité paraît être le résultat de la collaboration étroite entre deux aires du cerveau, celle associée à la vision (les deux lobes pariétaux inférieurs et la scissure interpariétale) qui jouerait le rôle de moteur de l'intuition mathématique, et celle associée au langage (le lobe frontal inférieur gauche) qui traduirait l'intuition en formules symboliques. En 1999, une équipe de neurologues canadiens a annoncé que les deux lobes pariétaux du cerveau d'Einstein, respectivement associés à la vision et à l'intuition mathématique, étaient de 15 % plus volumineux que la moyenne, ce qui expliquerait peut-être le génie du physicien. L'intuition joue en effet un rôle primordial en science, et les grands chercheurs l'ont toujours largement mise en œuvre. La formulation mathématique (qui fait intervenir l'aire du langage) vient plus tard, pour étayer l'intuition. Dans l'histoire racontée plus haut, Poincaré avait eu la certitude immédiate que le résultat entrevu en un éclair lors de son voyage était juste. Il ne le vérifia, dans un langage mathématique rigoureux, qu'à son retour, par acquit de conscience. La démonstration mathématique n'a donc fait que corroborer un résultat déjà obtenu par l'intuition. Cela dit, la neurobiologie est encore loin de savoir exactement comment nous pensons ou créons.

M. – En bref, pour le bouddhisme, la faculté de percevoir l'harmonie de l'univers est inhérente à notre esprit. La formulation de lois en termes d'équations, de nombres, de relations, de correspondances et de structures est un produit de la pensée conceptuelle. Mais notre conceptualisation de ce qui n'est qu'interdépendance n'a aucune existence en elle-même.

13

LA RAISON ET LA CONTEMPLATION

Comment connaître le monde ?

L'accumulation de concepts et d'informations permet-elle d'atteindre la connaissance ultime ? Quelles sont les limites de la logique et de la raison discursive sur lesquelles est fondée la science ? Celle-ci pourra-t-elle jamais répondre à toutes nos questions sur le monde et révéler la « vérité ultime » ? De quelle manière l'approche rationnelle et analytique de la science diffère-t-elle des méthodes de la science contemplative du bouddhisme ? Comment vérifier la validité d'une science contemplative qui repose sur l'introspection et l'expérience subjective ?

THUAN : En science, les méthodes fondamentales de découvertes sont l'expérimentation et la théorie fondée sur l'analyse. Si le bouddhisme n'ignore pas la raison et l'analyse, il semble cependant que sa méthode principale soit la contemplation. Peux-tu me dire si le mot « connaissance » a la même signification pour un bouddhiste que pour un scientifique ? Le genre de connaissance que l'on acquiert par la méditation est-elle de même nature qu'une connaissance rationnelle ? Le contemplatif ne doit-il pas délaisser le processus analytique de la connaissance scientifique et purifier son esprit de toute forme de pensée et de concept ? Ne doit-il pas réduire la pensée au silence afin d'arriver à une saisie immédiate de la réalité ?

MATTHIEU : Selon les traités bouddhiques, le mot « logique » (*pramana* en sanskrit) signifie « moyen de connaissance correcte ». Cette logique s'impose dans presque tous les aspects de la connaissance, scientifiques ou contemplatifs. On distingue toutefois une connaissance valide dite « conventionnelle », et une connaissance valide ultime ou absolue. La première nous renseigne sur l'apparence des choses (et nous permet de faire la distinction entre un plan d'eau et un mirage, entre une corde et un serpent), mais seule la seconde nous permet d'appréhender la nature ultime des phénomènes (la vacuité, l'absence d'existence propre). Toutes les deux sont valides dans leur registre respectif.

La logique et la raison sont également les outils utilisés par la méditation analytique quand elle observe le fonctionnement des pensées et met en évidence les mécanismes du bonheur et de la souffrance. Il s'agit alors de reconnaître la façon dont fonctionne notre esprit : comment procède-t-il pour percevoir quelque chose et en élaborer une image mentale ? Quelle sorte d'événements mentaux favorisent notre paix intérieure et ouvrent notre esprit aux autres ? Quels processus vont par contre avoir un effet destructeur ? Cette analyse nous amène à comprendre comment les pensées s'enchaînent pour finalement nous enchaîner.

Lorsque la méditation tend à développer en nous des qualités fondamentales comme la bonté et la compassion, le raisonnement, allié à l'expérience, nous ouvre les yeux sur les conséquences néfastes de la haine et sur les avantages de la patience dans la vie quotidienne. S'entraîner à cultiver les émotions et les façons de penser qui conduisent à un bonheur véritable, et se libérer des facteurs mentaux qui vont à l'encontre de cette recherche, transforme graduellement le flux de nos pensées, et finalement notre tempérament. L'amour et la patience ne sont pas des états d'esprit positifs par définition ou par décret divin, mais parce qu'ils sont les causes vérifiables de notre bonheur et de celui d'autrui.

T. – L'Éveil représente-t-il un niveau de connaissance encore plus élevé ?

M. – Il y a plusieurs différences entre l'Éveil et la connaissance ordinaire. Tout d'abord, l'Éveil n'est pas une connaissance de la multiplicité des phénomènes extérieurs et des événements mentaux, mais de leur nature essentielle. Son mode de connaissance lui aussi diffère : la dualité sujet-objet disparaît et l'intellect raisonnant fait place à une conscience directe, claire et éveillée qui se mêle à la nature ultime des choses jusqu'à ne plus faire qu'un avec elle. Loin d'être illogique, ce mode de connaissance relève d'une logique absolue, elle-même fondée sur la compréhension de la vacuité, et transcende la logique conventionnelle issue de la pensée linéaire.

T. – Peut-on parler d'une connaissance « intuitive » ? ou bien « mystique » ?

M. – Les termes « intuitif » et « mystique » prêtent à confusion. Si l'on entend par intuition une forme de connaissance directe et immédiate, nous ne sommes pas loin du compte. Mais si nous assimilons cette intuition à un vague pressentiment de l'invérifiable, une impression floue surgie du subconscient, elle n'est plus alors que le reflet de nos tendances et de notre confusion habituelles. En revanche, si l'on entend par « mystique » une union intime, non duelle, avec la nature de l'esprit, qui est claire, lumineuse et libre de concepts, ce terme s'applique bien à la contemplation bouddhique.

Certainement, on peut avoir, pendant la pratique de la méditation, ce qu'on pourrait appeler des expériences mystiques. Mais il faut se méfier de ces expériences passagères. Si elles n'améliorent pas la compréhension de la nature ultime de l'esprit, ces expériences égarent plus qu'elles n'éclairent. Plutôt que de guetter l'extase ou de s'abîmer dans une quiétude passive, mieux vaut mener la méditation analytique jusqu'à son point extrême, puis laisser l'esprit reposer, au-delà des concepts, dans un état de simplicité lumineuse. Alors la réalisation de la nature ultime de l'esprit se fait vaste, profonde et immuable comme le ciel. On remonte à la source même des pensées et on observe ce qui reste quand elles disparaissent, état qui est, par nature, indescriptible. Indescriptible ne signifie pas que cet état est trop obscur pour être décrit. Bien que les mots soient aussi impuissants à le définir qu'à décrire la couleur à un aveugle, pour un méditant accompli, rien n'est plus clair et évident que la présence éveillée de l'esprit affranchi du processus conceptuel.

T. – N'est-ce pas pour cette raison, et à cause des limites inhérentes au langage conventionnel, que le bouddhisme fait usage de métaphores ou d'allégories pour exprimer la nature de l'Éveil ? Ne se sert-il pas de propositions déconcertantes telles les *koan* du bouddhisme zen afin de faire exploser la logique, de suspendre le raisonnement et d'abandonner les sentiers battus ? Un *koan* est une énigme contemplative destinée à ouvrir l'esprit du disciple. Par exemple, lorsqu'un maître, après avoir frappé des mains, demande : « Quel est le son d'une seule main ? », cette question a pour but de briser momentanément chez le disciple l'enchaînement des pensées discursives afin qu'il puisse, dans l'intervalle entre deux pensées, avoir un aperçu de la nature de l'esprit qui est au-delà des élaborations mentales.

M. – Quand il s'agit d'exprimer les différents degrés de réalisation de la nature de l'esprit et de la vacuité des phénomènes, on se trouve souvent à court de mots. On ne va pas à l'encontre du raisonnement logique, celui-ci est simplement insuffisant. On dit qu'il est aussi difficile au méditant d'énoncer sous forme de mots la réalisation de la nature de l'esprit qu'au muet de décrire la saveur du miel. C'est pourquoi on a souvent recours à des images qui ne sont jamais parfaites, mais qui montrent certains aspects de la réalisation spirituelle à la manière d'un doigt pointé vers la lune : mais c'est la lune qu'il faut regarder, pas le doigt !

Dans le cadre d'une telle approche, un maître spirituel qui veut briser nos habitudes conceptuelles et nous faire découvrir la fraîcheur naturelle de l'esprit libéré des constructions mentales peut parfois utiliser des moyens inattendus. Par une claire nuit d'automne, sur les pentes montagneuses qui dominent le monastère de Dzogchen, dans le Tibet oriental, lieu grandiose où j'ai eu la chance de séjourner, un ermite tibétain du XIXe siècle, nommé Patrul Rinpotché, dormait à la belle étoile avec l'un de ses disciples. Il l'interpella soudain :

« Ne m'as-tu pas dit que tu ignorais toujours ce qu'est la véritable nature de l'esprit ?

– C'est vrai.

– Ce n'est pourtant pas difficile. »

Il l'invita à venir s'étendre à ses côtés. Le disciple, qui s'appelait Loungtok, s'étendit sur le dos et contempla le ciel. Patrul Rinpotché reprit :

« Tu entends les chiens du monastère aboyer ?

– Oui.

– Tu vois les étoiles briller ?

– Oui.

– Eh bien, c'est ça la méditation ! »

À cet instant précis, Loungtok réalisa spontanément la nature de l'esprit. L'effet cumulé d'années de méditation, de la présence du maître et d'un moment privilégié avait permis l'épanouissement de cette réalisation intérieure...

Par essence la connaissance ultime – l'Éveil – est au-delà des concepts. Les autres moyens de connaissance sont tous incomplets. Une théorie ne peut décrire qu'un aspect de la réalité, car elle utilise des propositions limitées par la nature même de la pensée conceptuelle. Cette limitation ne te rappelle-t-elle pas le fameux théorème d'incomplétude du mathématicien autrichien Kurt Gödel ?

T. – Le théorème de Gödel implique en effet qu'il existe, en mathématiques tout au moins, des limites au raisonnement rationnel. Ce théorème est généralement considéré comme la découverte logique la plus importante du XXe siècle. En 1900, l'Allemand David Hilbert avait lancé le défi d'asseoir toutes les mathématiques sur une base logique solide. Kurt Gödel releva le défi, mais pas dans le sens où Hilbert l'entendait. Il proposa en 1931 un théorème qui est peut-être le plus extraordinaire et le plus mystérieux de toutes les mathématiques. Il montra qu'un système d'arithmétique cohérent et non contradictoire contient inévitablement des propositions « indécidables », c'est-à-dire des énoncés mathématiques dont on ne peut pas dire par la logique s'ils sont vrais ou faux. D'autre part, il est impossible de démontrer qu'un système est cohérent et non contradictoire sur la seule base des axiomes (des propositions premières admises sans démonstration) contenus dans ce système. Pour ce faire, il faut « sortir du système » et imposer des axiomes supplémentaires qui lui sont extérieurs. En ce sens, le système ne peut être qu'incomplet en lui-même. C'est pourquoi le théorème de Gödel est aussi souvent appelé « théorème d'incomplétude[1] ».

Ce théorème fit l'effet d'un coup de tonnerre dans le monde des mathématiques. Gödel avait démontré que la logique avait des limites et que le rêve de Hilbert – à savoir démontrer de façon rigoureuse la cohérence de toutes les mathématiques – était une chimère. Le théorème eut aussi d'immenses répercussions dans d'autres domaines de la pensée comme la philosophie ou l'informatique. En philosophie, parce qu'il a montré que le pouvoir de la pensée rationnelle n'était pas sans limites, et en informatique, parce qu'il implique l'existence de problèmes de mathématiques qui ne pourront jamais être résolus par un ordinateur.

M. – Le bouddhisme a longtemps affirmé que la pensée linéaire et la logique discursive ont des limites intrinsèques. La voie de l'Éveil ne rejette pas la raison, mais elle en transcende les limites. La raison ne suffit pas pour exprimer la vérité ultime parce que les limitations inhérentes à la structure du raisonnement empêchent une connaissance directe de l'Absolu. Pour avoir une compréhension réelle de la nature de l'esprit, il faut briser le carcan des constructions mentales. L'Éveil transcende la pensée discursive qui fonctionne dans le cadre de la dualité sujet-objet.

T. – Le résultat étonnant de Gödel a montré qu'il y a une limite naturelle à la connaissance scientifique. Pour transcender cette limite, il me semble qu'il faudra faire appel à d'autres modes de connaissance, tels que ceux que tu décris.

M. – C'est un point important, car nos contemporains se font une image presque mystique de la science ; ils la conçoivent comme une discipline qui pourra un jour répondre à toutes nos questions. Or c'est loin d'être le cas. Sans même parler d'Éveil ou de connaissance spirituelle, la majeure partie du vécu échappe à ce que nous appelons communément la science.

T. – La science n'est pas non plus aussi objective dans son analyse que la description idéale de la méthode scientifique pourrait le laisser entendre. Le scientifique travaille au sein d'une société et d'une culture. Consciemment ou non, il est influencé par leurs vues métaphysiques. Dans l'interprétation des résultats, il est également influencé par sa formation professionnelle – l'apprentissage avec les maîtres, les interactions avec les collègues, la lecture des travaux publiés. Ainsi, une fois réalisées, les observations du monde extérieur et les expériences sont analysées et interprétées à la lumière du monde intérieur de concepts et de théories de chaque scientifique. Par exemple, l'astrophysicien fera appel à une théorie de la formation des galaxies, tandis que son collègue physicien invoquera une théorie des forces nucléaires. L'adhésion à une théorie plutôt qu'à une autre n'est pas non plus dépourvue de préjugés. Le chercheur sera influencé par les vues de ses maîtres ou de ses collègues proches (ce qu'on appelle une « école » scientifique), ou, pire encore, par des phénomènes de mode. Or, en science comme dans tous les autres domaines, il faut se méfier des modes. Une théorie qui rallie la majorité des voix n'est pas nécessairement la bonne. La plupart de ceux qui l'adoptent le font non pas après un examen critique, mais par conformisme et inertie intellectuelle, ou encore parce que cette théorie est défendue par quelques chefs de file particulièrement éloquents ou influents.

En tant qu'être pensant, le scientifique ne peut pas observer la Nature de manière parfaitement objective. Einstein a écrit :

Les concepts physiques sont de libres créations de l'esprit humain, même s'ils ont l'air d'être déterminés uniquement par le monde extérieur. Nos efforts pour appréhender la réalité ressemblent à ceux de quelqu'un qui cherche à comprendre le mécanisme d'une montre fermée. Il voit le cadran et les aiguilles qui bougent, il entend même le tic-tac, mais il n'a aucun moyen d'ouvrir le boîtier. S'il est ingénieux, il se forme l'image d'un mécanisme qui serait responsable de tout ce qu'il observe, mais il ne pourra jamais être certain que son image soit la seule capable d'expliquer ses observations. Il ne pourra jamais comparer son modèle avec le mécanisme réel, et ne peut même pas imaginer la possibilité que cette comparaison ait un sens[2].

Lorsque plusieurs théories plausibles mais incompatibles sont avancées à propos d'un même phénomène, le choix entre ces théories résulte souvent de préférences métaphysiques. Ainsi, en raison de son attachement au réalisme, Einstein n'a jamais pu accepter la description probabiliste de la réalité atomique et subatomique qu'offre la mécanique quantique. Il a passé de longues années à tenter de trouver des failles dans la théorie, sans jamais y parvenir. Ce qui l'a conduit à s'éloigner de la physique des particules et à manifester un intérêt limité pour les grandes découvertes qui ont révolutionné ce domaine dans les années cinquante.

M. – Les théories scientifiques sont plus souvent influencées par des choix métaphysiques qu'on ne pourrait le penser. Le chercheur occidental a tendance à supposer qu'il existe un réel pur et dur derrière le voile des apparences et à chercher une cause première à l'univers. Le chercheur qui a baigné dans une culture orientale remettra plus facilement en cause la solidité du réel. Il sera plus ouvert à l'idée d'une interdépendance des phénomènes dans un monde sans véritable début. Le scientifique hérite ainsi de son milieu culturel des manières de penser qui dessinent le cadre métaphysique dans lequel il va concevoir ses théories.

Alan Wallace, philosophe des sciences et traducteur de textes bouddhiques, remarque :

Devant des théories disparates qui toutes rendent également compte d'un même ensemble de données expérimentales et conduisent à des prédictions identiques, le chercheur risque de se décourager et de passer à autre chose. Il peut aussi faire l'hypothèse qu'une et une seule de ces théories (ou une théorie qui reste à énoncer) décrit la réalité physique [...]. Croire à une réalité physique susceptible en dernier ressort d'être représentée par une théorie et une seule participe d'une hypothèse métaphysique défendue de nos jours par bien des scientifiques [...]. S'il n'est pas exceptionnel de rencontrer en physique des théories incompatibles à propos des mêmes phénomènes, qu'est-ce que cette discipline a donc à nous apprendre sur la nature de l'Univers objectif ? Il semble en tout état de cause que la physique en tant que telle a pour mission de présenter un éventail de possibilités ; à chacun de choisir celle qui lui paraît la plus réaliste en fonction de ses préférences métaphysiques ! [...] Peut-on limiter le nombre de théories possibles censées rendre compte d'un même ensemble de preuves ? Mais qui saurait fixer la limite de la créativité de l'imagination humaine, ou des théories qui excèdent notre imagination ? [...] Si c'est en fin de compte pour des raisons métaphysiques que nous choisissons de retenir telle explication de l'Univers plutôt que telle autre, pourquoi limiter l'éventail de nos choix à ceux que nous propose la science[3] *?*

T. – Mais les préjugés scientifiques ne sont pas tous mauvais. Ils peuvent même être une source d'inspiration importante pour le travail du scientifique. En effet, sans opinion préconçue, en l'absence de tout paradigme, comment le scientifique pourrait-il choisir, parmi la multitude d'informations que la Nature lui envoie, celles qui sont les plus chargées de sens et les plus susceptibles de révéler des lois et des principes nouveaux ? Le tri de la réalité constitue une étape essentielle de la démarche scientifique. Les plus grands scientifiques sont ceux qui ont su le mieux exercer cet art, pour aller à l'essentiel en négligeant l'insignifiant. Nous avons vu comment Newton a su choisir des systèmes linéaires et non chaotiques pour construire sa théorie de la gravitation universelle. La réalité est donc inévitablement transformée par le monde intérieur. Et le scientifique ne voit que ce qu'il peut ou veut bien voir.

M. – Einstein disait encore : « Par principe, il est tout à fait incorrect d'essayer d'asseoir une théorie uniquement sur les magnitudes observables. En réalité, ce qui se produit est exactement l'inverse. C'est la théorie qui décide de ce que nous pouvons observer[4]. »

T. – Le père de la théorie de l'évolution, Charles Darwin, racontait à ce propos une anecdote révélatrice. Au cours d'un voyage, il passa toute une journée au bord d'une rivière et n'y vit que des cailloux et de l'eau. Onze ans plus tard, il revint sur les lieux pour rechercher les traces d'un glacier. L'évidence lui sautait aux yeux. Un volcan éteint n'aurait pas pu laisser plus de traces de son activité passée que cet ancien glacier. Darwin avait découvert ce qu'il cherchait dès qu'il avait su où regarder. On peut multiplier les exemples similaires.

M. – Les scientifiques ont également tendance à placer les faits nouveaux dans un cadre conceptuel déjà établi et répugnent à remettre en cause le cadre métaphysique dans lequel ils ont l'habitude d'opérer.

T. – Oui, mais ceci dit les révolutions scientifiques sont justement provoquées par l'accumulation de faits nouveaux qui, n'entrant plus dans l'ancien schéma, nous forcent à réviser notre cadre conceptuel. Cela se produit également quand des hommes géniaux entrevoient des connexions nouvelles entre des phénomènes a priori séparés. Selon l'historien des sciences Norwood Russell Hanson : « L'observateur modèle n'est pas celui qui voit et rapporte ce qu'ont vu et rapporté tous les observateurs normaux, mais celui qui voit dans des objets familiers ce que personne d'autre n'y a encore vu[5]. » Newton a découvert la gravitation universelle quand il a compris la relation entre la chute d'une pomme et le mouvement de la Lune autour de la Terre. La relativité s'est imposée à Einstein dès qu'il a entrevu l'interconnexion entre le temps et l'espace. Ces exploits de créativité et d'imagination ne sont pas le fait du hasard mais le fruit d'années d'intense maturation intérieure qui, nourrie de concepts, restitue, transformés et unifiés, des éléments extérieurs apparemment dissociés.

Je ne crois pas que le manque d'objectivité inhérent à la méthode scientifique signifie que la science dans son ensemble soit fondamentalement défectueuse. La science est protégée par un garde-fou solide grâce auquel elle finit toujours par revenir sur le droit chemin, même si elle s'égare de temps à autre et se retrouve parfois dans des culs-de-sac. Ce garde-fou est l'interaction constante entre la théorie et l'observation. Il y a deux possibilités : soit les nouvelles observations ou les résultats des expériences récentes sont en accord avec la théorie du moment, et cette dernière est renforcée ; soit il y a désaccord, et la théorie doit être modifiée ou écartée au profit d'une autre qui prévoit elle aussi des phénomènes vérifiables expérimentalement. Le scientifique retourne à son télescope ou à son accélérateur de particules. La nouvelle théorie ne sera acceptée que si ses prévisions sont confirmées.

Il faut également que les observations et les mesures qui la corroborent soient reproductibles et confirmées indépendamment par d'autres chercheurs et d'autres techniques. Cette démarche est fondamentale, surtout quand il s'agit de découvertes qui remettent en cause les théories généralement acceptées et, pour employer les termes du philosophe des sciences Thomas Kuhn, « font changer de paradigme[6] ». Les chercheurs sont conservateurs par nature. Ils n'aiment pas que d'un jour à l'autre des théories nouvelles viennent chambouler des connaissances acquises au prix de tant d'efforts. Heureusement pour la bonne marche de la science, car il ne suffit pas de détruire, il faut aussi rebâtir. Or, il est très ardu de reconstruire sur des ruines.

La méthode expérimentale consiste donc en un incessant va-et-vient entre l'observation et la théorie, qui permet de se rapprocher lentement d'une description exacte des phénomènes, au risque de s'engager dans des fausses pistes, de commettre des erreurs et de revenir à la case départ. La science progresse non pas en ligne droite, comme on se lc représente trop souvent de manière simpliste, mais en zigzag.

M. – Le va-et-vient entre la théorie et l'expérience permet de vérifier qu'une théorie explique et prédit correctement certains faits sans pour autant remettre en cause les préjugés métaphysiques des chercheurs. Un chercheur peut parfaitement prouver à un autre qu'il s'est trompé sur la durée de vie ou sur la masse d'une particule, sans que cela les empêche d'être tous deux convaincus que la particule existe réellement. À chaque nouvelle révolution scientifique, les chercheurs croient avoir enfin accédé à une vision définitive de la réalité. La fausse certitude qui accompagne cette illusion est, elle aussi, un préjugé philosophique. En 1939 Alfred North Whitehead écrivait : « Il y a cinquante-sept ans, j'étais étudiant à Cambridge, j'apprenais la science et les mathématiques sous la férule d'hommes brillants. Depuis le début du siècle, j'ai vu tous leurs postulats de base s'effondrer. Face à cette situation, pourtant, les découvreurs de nouvelles hypothèses scientifiques déclarent : *"Nous tenons enfin une certitude*[7]*"*. »

T. – La suffisance intellectuelle de certains scientifiques les a même conduits à annoncer en grande pompe la fin de la science : on a tout compris, il ne reste plus rien à découvrir ! L'histoire des sciences leur a, jusqu'ici, toujours donné tort. À la fin du XIXe siècle, Lord Kelvin, physicien spécialisé en thermodynamique, avait proclamé avec éclat que l'étude de la physique était complète et que tout ce qu'il restait à faire aux physiciens des générations futures, c'était d'affiner les mesures et de combler les décimales. Il ne pouvait se tromper plus lourdement : quelques années plus tard, la relativité et la mécanique quantique bouleversaient la physique.

Pour ma part, je pense que nous ne pourrons jamais connaître toute la vérité en nous limitant à la voie de la science. Nous ne cesserons pas d'approcher du but, mais nous ne le toucherons jamais. Le théorème de Gödel nous a montré les limites de la raison. La mélodie restera toujours secrète.

M. – Mais la conception d'une approche asymptotique de la vérité (c'est-à-dire que la science s'en rapproche toujours plus sans jamais l'atteindre) est-elle toujours soutenable ? Il faudrait également s'entendre sur le but dont tu parles. S'agit-il cerner une réalité hypothétique qui, la physique quantique le montre, se dérobe dès qu'on l'approche de trop près, ou bien d'atteindre à une connaissance ultime comme l'Éveil décrit par le bouddhisme ?

T. – Personnellement, je ne suis pas tout à fait d'accord avec Kuhn [8] qui rejette la notion d'un « but » vers lequel la science tendrait de manière asymptotique. Je pense qu'il y a un but, celui d'une connaissance complète et détaillée des phénomènes de l'inanimé et du vivant. La science tend vers ce but et son progrès est certain : notre connaissance du monde est infiniment plus riche que celle qui prévalait à la Renaissance. Seulement, cette progression ne suit pas une courbe asymptotique parfaite ; elle comporte de nombreux détours et retours en arrière. En revanche, j'admets que la science n'a pas les moyens d'atteindre la connaissance ultime dont parle le bouddhisme.

Tu parles souvent du bouddhisme comme d'une science contemplative. Dans quel sens emploies-tu le mot « science » ? Peux-tu appliquer à la contemplation la méthode que je viens de décrire ?

M. – J'entends par « science » un savoir rigoureux, cohérent et vérifiable qui inclut non seulement l'étude des phénomènes physiques, mais l'ensemble du vécu. Pourquoi limiter la définition de la « science » à ce qui peut être vérifié par des instruments ou des équations ? Une science doit pouvoir être mise à l'épreuve, confirmée par l'expérience et accessible à tout expérimentateur. Ce dernier point ne signifie pas que le premier venu doive avoir accès à la science aussi facilement qu'il allume son poste de télévision. Ce n'est le cas ni des sciences naturelles, ni des sciences contemplatives. Il faut au physicien des années de formation avant de pouvoir comprendre les équations de l'univers, et des années au contemplatif avant d'acquérir une connaissance correcte et une maîtrise durable de son esprit. Il serait donc injuste d'arguer : « Vous, les contemplatifs, vous prétendez détenir une compréhension intime de la conscience, mais qu'est-ce que cela me fait, à moi qui ne peux accéder à cette connaissance pour la vérifier ? » La plupart de ceux qui tiennent ce discours seraient bien incapables d'expliquer sur quelles bases ils acceptent le résultat de l'équation de Schrödinger[9] ou la valeur de la vitesse de la lumière. Qu'il s'agisse de science ou de contemplation, la vérification directe implique une formation par le raisonnement et par l'expérience. L'important n'est pas d'obtenir des résultats immédiats, mais de pouvoir y accéder par des moyens adéquats et vérifiables.

La validité d'une science repose donc sur les résultats obtenus par des chercheurs qui ont consacré suffisamment de temps et d'énergie à la confirmation de leurs hypothèses. S'ils tombent d'accord, on peut raisonnablement leur faire crédit et appeler « science » leur savoir. Au contraire, la science contemplative est essentiellement fondée sur l'expérience personnelle, et celui-là seul qui s'est consacré à vivre une telle expérience peut véritablement la partager.

T. – Mais n'y a-t-il pas une différence importante entre le savoir intersubjectif de la tradition contemplative bouddhiste et le savoir objectif qui est le fondement des sciences de la nature ? Le premier cas revient à dire : « Placez-vous là où je suis et vous verrez ce que je vois », et le deuxième : « Quel que soit l'endroit où on se place, si on regarde vers ce repère, on voit la même chose. » On peut prendre l'exemple de l'illusion d'optique créée par les deux flèches suivantes, dites de Müller-Lyer :

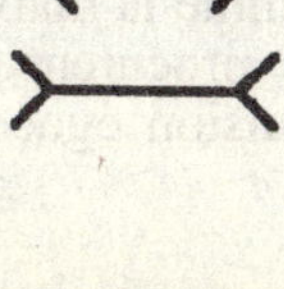

Le savoir objectif résulte ici de l'emploi d'une règle : n'importe qui constate, en lisant les graduations de la règle mise en coïncidence avec les extrémités des traits, que les deux traits ont la même longueur. Le savoir intersubjectif résulte de l'interrogation de témoins sur leur appréciation de la différence de longueur entre les deux traits. On s'aperçoit qu'ils s'accordent pour estimer qu'il y a une différence de longueur, de 5 % par exemple, entre les deux flèches, la première étant plus courte que la deuxième. L'accord est aussi massif dans un cas et dans l'autre, mais l'un s'effectue par la médiation d'un objet commun (la règle), et l'autre directement par confrontation d'expériences vécues.

M. – Cela n'implique pas que la contemplation bouddhiste ne soit pas scientifique. Si on définit, par exemple, l'objet des sciences naturelles comme le domaine de ce qui peut être étudié physiquement, mesuré ou calculé, on exclut dès le départ tout phénomène vécu à la première personne, et tout phénomène immatériel. Si on oublie cette limitation, on en vient rapidement à affirmer que l'univers, c'est *tout* ce qui est objectifiable à la troisième personne, et *uniquement* ce qui est matériel. Consciemment ou non, on prend alors une position métaphysique.

T. – C'est très fâcheux. On risque ainsi de passer à côté de découvertes importantes. Mais, cette exclusion de tout ce qui est immatériel a sans doute été nécessaire au développement des sciences naturelles. Si la contemplation bouddhiste est vraiment une science, quelles sont alors les hypothèses du chercheur bouddhiste ?

M. – Le but étant essentiellement de trouver les moyens permettant de mettre un terme à la souffrance, on commence par examiner l'esprit afin de comprendre ce qui engendre en lui un état de satisfaction profonde et ce qui, au contraire, détruit sa sérénité. On s'aperçoit que des sentiments comme la malveillance, la jalousie, le désir et l'envie ne procurent aucun contentement durable. Nés d'une pulsion égocentrique, ils excitent notre convoitise pour tout ce qui semble agréable, et nous incitent à rejeter tout ce qui paraît déplaisant. Ils nous projettent dans la recherche illusoire du bonheur qui n'engendre que des souffrances. Prendre conscience de cette méprise nous montre que nous avons besoin de transformer les facteurs mentaux négatifs qui obscurcissent notre jugement. L'hypothèse de travail sera la suivante : la souffrance naît des pensées négatives qui elles-mêmes sont engendrées par l'attachement au moi. En démasquant l'imposture de cet attachement, nous nous libérerons peu à peu de la cause première de la souffrance.

T. – Passons au stade de l'expérience.

M. – Au stade de l'expérience, on analyse les caractéristiques du moi jusqu'à comprendre que ce moi n'est qu'une étiquette mentale. On constate alors ce qui se passe lorsqu'on dissout toute forme d'attachement à la notion même de moi. L'expérience consiste aussi à observer les effets bénéfiques de certains facteurs mentaux comme la générosité, la patience ou l'amour et les effets néfastes de leurs contraires. Ce qui conduit à identifier peu à peu les lois qui les régissent. On examine également les différentes méthodes propres à libérer l'esprit de ces poisons mentaux et, surtout, on les met en pratique.

T. – Ces propositions sont-elles vraiment des lois au sens où nous les avons définies précédemment, c'est-à-dire des constats de rapports nécessaires et constants entre différents phénomènes ?

M. – Elles fonctionnent de manière cohérente. La haine, par exemple, n'apporte *jamais* de bonheur à long terme. Certains peuvent trouver une satisfaction sadique dans un accès de haine, mais tout le monde sait qu'on ne peut pas vivre en paix avec ce genre de sentiment. Ses mécanismes sont soumis à la loi de causalité. La colère et la jalousie détruisent inéluctablement toute joie, alors que l'amour et la compassion l'engendrent. Nous avons beau essayer de nous cacher cette vérité, nous ne pouvons pas échapper à ses conséquences. Il ne s'agit pas d'une démarche abstraite, mais d'une investigation expérimentale associée à une profonde réflexion, aussi longue, méthodique et rigoureuse que celle du savant qui analyse des données physiques et mathématiques. Cette réflexion ne se traduit pas par des équations, mais les mois et les années passés à observer le fonctionnement de l'esprit rendent ce dernier limpide, stable et serein.

T. – Au départ, les premières données viennent de l'observation des autres. Ensuite, on se retourne vers soi et on s'observe soi-même ?

M. – Les deux vont de pair. Si l'observation des autres peut nous ouvrir les yeux, le plus important est de tourner notre regard vers l'intérieur et d'observer notre propre esprit. Même si nous parvenons à donner le change aux autres, nous avons plus de mal à nous cacher la vérité à nous-mêmes. C'est pourquoi nous devons constamment regarder dans le miroir de notre esprit. L'expérience contemplative détruit les idées préconçues sur le monde et sur nous-mêmes et nous met en face de la véritable nature des choses. Elle nous montre avec évidence que le moi n'est qu'une construction mentale. Cette découverte a de profondes répercussions sur la façon de voir le monde et sur notre manière d'être.

T. – Venons-en à l'étape finale de la vérification. En science, l'observation et l'expérimentation sont de nature objective, c'est-à-dire que leurs résultats ne dépendent pas du scientifique qui les effectue. Un physicien vietnamien ou américain obtiendra les mêmes mesures que son collègue français, si celles-ci sont correctement faites. Cette objectivité est à la base de la méthode expérimentale. Un résultat scientifique, surtout s'il sort de l'ordinaire, n'est accepté par la communauté scientifique que s'il a été vérifié indépendamment par des équipes utilisant des instruments et des méthodes différents. Par contre, l'acquisition de la connaissance par le bouddhiste repose sur la méditation et l'introspection qui sont a priori personnelles et subjectives. Une telle connaissance peut-elle être universelle ?

M. – La science introspective a longtemps souffert d'un préjugé défavorable en Occident parce qu'on ne savait pas trop comment l'aborder. On disait que l'esprit n'est pas un outil fiable et que les expériences qu'il pouvait tenter à son propre sujet n'étaient pas reproductibles. Cette attitude tenait simplement au fait que ceux qui s'étaient intéressés à l'introspection n'avaient, d'une part, pas accordé suffisamment de valeur à l'expérience vécue à la première personne ; et que d'autre part, ils ne bénéficiaient pas encore de l'immense expérience accumulée par les contemplatifs orientaux.

L'expérience intérieure a une valeur indéniable pour celui qui la fait, et ses résultats à long terme peuvent être jugés objectivement. Notre manière d'être, de parler et d'agir est transformée, elle tend vers l'altruisme, la sérénité, la tolérance, la force d'âme, qui sont les principaux critères de succès de cette expérience. En outre, s'il est vrai qu'un observateur extérieur ne peut pas vérifier l'effet de telle ou telle pratique bouddhiste sur mon esprit, en revanche, il pourra vérifier la validité du résultat sur son propre esprit, s'il se donne la peine d'en faire lui-même l'expérience.

T. – Quelle est la procédure utilisée ?

M. – Tu parlais de l'utilisation, en physique et en astrophysique, d'instruments de plus en plus puissants. Dans la méthode contemplative, l'instrument est toujours l'esprit. Au début, il est mal ajusté, capricieux, inconstant et désorienté. Il est aussi difficile à calmer qu'un animal sauvage pris dans un filet. Il faut donc le régler et agrandir son champ de vision, comme on agrandit le diamètre du télescope. Cet entraînement n'est pas un but en soi, mais il est nécessaire pour affiner l'outil de l'introspection. Grâce à un effort soutenu, l'esprit devient plus stable, calme et maniable. On élimine les vagues des émotions grossières, puis la houle de l'agitation mentale et des pensées discursives. On identifie les mécanismes fondamentaux de l'attirance, de la répulsion, de l'obscurcissement ou de la clarification de l'esprit, de l'asservissement ou de la liberté intérieure.

T. – Je voudrais savoir s'il est nécessaire de dépasser la méditation purement analytique, et comment on y parvient. D'autre part, identifier les pensées perturbatrices signifie-t-il les neutraliser ?

M. – Il ne faut pas vouloir les bloquer, mais remonter à leur source et regarder leur nature première. On s'aperçoit alors que les pensées n'ont pas le pouvoir d'aliénation qu'on leur prête. Si on les examine, on découvre qu'elles n'ont ni forme, ni couleur, ni localisation, et qu'elles s'évanouissent au fur et à mesure qu'on les scrute. Elles viennent de nulle part et n'ont nulle part où aller lorsqu'elles disparaissent. Leur apparente solidité s'évanouit comme la gelée matinale fond sous les rayons du soleil. Ensuite, on peut demeurer dans la simplicité primordiale de l'esprit, la clarté naturelle de l'instant présent, la sérénité immuable de la transparence ultime de l'esprit, sans évoquer le passé ni imaginer l'avenir, sans espoir ni crainte. Cet exercice n'aurait aucun intérêt en soi si, maintes fois répété, il ne conduisait à reconnaître le caractère insaisissable des pensées. Cette reconnaissance de leur vacuité nous libère de leur empire. Les pensées perturbatrices perdent peu à peu leur pouvoir de soulever en nous des tempêtes intérieures et de nous rendre négatifs envers les autres. Au fil du temps, on devient expert dans ce processus de libération et, lorsque les pensées surviennent, on les regarde aller et venir comme un vieil homme tranquille regarde des enfants jouer.

T. – Pour le commun des mortels, combien de temps faudrait-il pour parvenir à ce stade ? Toute une vie ?

M. – Pas nécessairement. Cela dépend des facultés et de la persévérance de chacun. Dans un premier temps, reconnaître les pensées au moment où elles naissent, c'est comme repérer dans une foule quelqu'un que l'on connaît bien. À un stade plus avancé les pensées se libèrent d'elles-mêmes, comme le serpent qui dénoue sans aide extérieure un nœud fait avec son propre corps. Cette « libération » n'a bien sûr rien à voir avec le fait de donner libre cours à tous nos caprices. Libération veut dire ici que les pensées cessent de s'enchaîner et donc de plonger notre esprit dans la confusion. Enfin, à la troisième étape, on maîtrise parfaitement la libération des pensées qui ne peuvent donc plus nous causer aucun tort. On dit qu'elles sont comme un voleur dans une maison vide : le voleur n'a rien à gagner et le propriétaire n'a rien à perdre. Les pensées naissent et se dissolvent sans laisser de traces, comme lorsqu'on fait un dessin avec le doigt sur la surface de l'eau.

T. – Mais cette expérience ne varie-t-elle pas considérablement d'un individu à l'autre, au contraire d'une expérience scientifique qui, elle, doit être reproductible ?

M. – L'expérience contemplative personnelle n'est pas directement observable par un tiers, comme le sont les expériences scientifiques ordinaires, et ne présente pas d'évidences objectives. Le contemplatif risque parfois de mal évaluer la valeur de son expérience. Cependant, comme je l'ai mentionné, les résultats sont une transformation durable de la personne, conséquence qui, elle, a un caractère objectif.

De plus, dans le domaine de l'introspection, les buts atteints témoignent d'une remarquable cohérence – la paix intérieure, le non-attachement, la compassion, la force d'âme, etc. – et cela malgré la diversité des individus. Les moyens, les techniques dont disposent les pratiquants sont d'une grande similarité. Les textes décrivent très en détail les étapes de ce cheminement. Certes, nous sommes tous diversement doués pour suivre ce genre de discipline et nous parvenons à une maîtrise plus ou moins grande de notre esprit – on pourrait dire que certains construisent des « télescopes mentaux » d'un mètre de diamètre, et d'autres de dix mètres –, mais tous ceux qui s'engagent sur ce chemin observent grosso modo les mêmes effets.

T. – Les descriptions d'auteurs différents concordent-elles ?

M. – Il faut rappeler ici la distinction entre objectivité et intersubjectivité. Conduite correctement, l'approche contemplative aboutit à un accord intersubjectif remarquable, au fil des siècles et des générations de pratiquants. Les descriptions n'utilisent pas nécessairement les mêmes images, mais les étapes de la progression et les résultats concordent. Par exemple certains auteurs disent que la pensée se comporte d'abord comme une cascade bouillonnante, puis comme une rivière avec d'occasionnels tourbillons, puis comme un grand fleuve paisible dont la surface est parcourue de quelques risées, enfin comme un océan dont les profondeurs ne sont jamais troublées. Il existe de très nombreux volumes où l'on trouve des descriptions plus techniques et de nombreux détails que l'on peut vérifier, pourvu, encore une fois, qu'on s'en donne la peine. Ces textes décrivent aussi les étapes de la méditation non conceptuelle, de la contemplation pure de la nature de l'esprit, au terme de laquelle on parvient à l'Éveil, l'état ultime de la connaissance intérieure.

T. – Celui du Bouddha ?

M. – Du Bouddha et de ceux qui ont suivi ses traces. Il y a certes des niveaux intermédiaires de réalisation spirituelle dont l'atteinte suffit largement à conférer une sérénité appréciable. L'Éveil du Bouddha est plus vaste que celui d'un débutant sur la voie, de la même façon, dit-on, que l'immensité du ciel par rapport à ce qu'on en voit à travers le chas d'une aiguille. Dans les deux cas, ce qu'on voit, c'est tout de même le ciel. Sans être parvenu à l'Éveil ultime, on peut déjà en découvrir certaines qualités. D'une façon générale, on peut dire que la science contemplative est essentiellement qualitative, alors que la science physique est essentiellement quantitative.

T. – Soit, mais pour revenir à l'Éveil, le Bouddha n'est-il pas le seul à l'avoir atteint ? Chacun de nous peut-il y accéder ?

M. – Fort de son expérience, le Bouddha affirme que tous ceux qui suivront correctement la voie qu'il a tracée parviendront au même résultat que lui. N'a-t-il pas dit : « Je vous ai montré le chemin, il vous incombe de le parcourir » ? Chaque être a le potentiel nécessaire pour atteindre la connaissance parfaite de la nature de l'esprit. C'est en quelque sorte la « bonté originelle » de l'être selon le bouddhisme. Celui qui se libère de tous les facteurs mentaux négatifs qui obscurcissent son esprit connaîtra une paix et une compassion indestructibles.

T. – Mais comment savoir si l'on se trompe ? Dans les sciences naturelles, on confronte les prédictions d'une théorie – l'orbite d'une planète, par exemple – avec l'observation. S'il y a concordance, la théorie passe l'épreuve la tête haute. S'il n'y en a pas, la théorie doit être revue ou rejetée.

M. – Si les informations scientifiques ressemblent à une carte géographique, les enseignements du Bouddha ressemblent à un guide de voyage. Au fur et à mesure qu'on progresse, la voie devient de plus en plus claire. On constate que si l'on s'écarte des instructions du guide, on se trouve confronté à des obstacles qui rendent la progression plus lente. Ces obstacles peuvent engendrer le découragement, le doute, la confusion ou l'aversion, mais ils peuvent aussi, si on sait les utiliser, se transformer à leur tour en facteurs de rapides progrès. Tous ces cas de figure se trouvent analysés de façon très précise dans de nombreux traités.

T. – Cela commence à ressembler au va-et-vient entre la théorie et l'expérience des sciences naturelles. La théorie, c'est la supposition que l'attachement au moi est à la source de tous nos troubles ; la méthode est l'analyse de ce moi et de ses effets ; l'expérience est l'application de cette méthode par l'introspection et la contemplation ; et le résultat est l'élimination de l'attachement et des émotions obscurcissantes qui en découlent. Si on bute sur des obstacles, d'autres outils contemplatifs sont mis en œuvre pour les surmonter. On va et vient entre ces diverses méthodes pour se débarrasser de l'ego, jusqu'à déterminer celle qui s'avère la plus appropriée et la plus efficace pour telle ou telle personne. Je comprends mieux maintenant pourquoi tu emploies les termes de « science contemplative ». Par leur esprit, les méthodes du bouddhisme pour parvenir à l'Éveil sont proches de la méthode scientifique. Ce qui me surprend surtout, c'est que l'introspection soit reproductible.

M. – Les recherches de la psychologie dans le domaine de l'introspection ont le plus souvent avorté par manque de persévérance et faute d'avoir tenu compte de l'expérience de traditions millénaires. On a hâtivement conclu que les résultats n'étaient pas reproductibles. L'introspection exige de la persévérance pour aller jusqu'au bout de l'analyse, faute de quoi on se lasse rapidement. L'introspection est également restée suspecte aux yeux des sciences naturelles, parce qu'elle a consisté, jusqu'à récemment, en une démarche essentiellement qualitative. Quand on aborde un domaine d'étude nouveau en sciences naturelles, la première chose dont on veut disposer, c'est de données, de graphiques, d'images.

T. – Les neurologues tentent bien de développer des méthodes quantitatives pour déceler la conscience.

M. – Certes, les techniques de l'imagerie mentale ont accompli d'immenses progrès. On peut par exemple distinguer les zones du cerveau qui sont actives lorsqu'on fait un geste, de celles qui le sont lorsqu'on ne fait que penser à ce geste. De même, les zones actives ne sont pas les mêmes lorsqu'on entend un mot abstrait ou un mot concret. Récemment, Francisco Varela avec son équipe a mis en évidence le phénomène qui relie les différentes parties du cerveau lors de la reconnaissance d'un objet[10]. Un programme de recherche commence également à se développer avec des sujets qui se sont entraînés à diverses méthodes contemplatives pendant de nombreuses années. Les résultats préliminaires sont très intéressants et ces recherches seront sans doute bientôt publiées. Mais l'introspection pure, l'observation de la nature ultime de l'esprit, qui est indispensable au contemplatif, pourra-t-elle être décrite un jour sur le plan neurologique ? On pourra sans doute déceler des différences d'activité cérébrale, mais celles-ci devront toujours être complétées par le récit de l'expérience introspective. Sinon, les résultats ne nous renseigneront guère sur la *qualité vécue* de la méditation, de la même façon que la reconnaissance d'activités cérébrales distinctes correspondant à la vision du rouge et du bleu ne nous apprend rien sur l'expérience vécue des couleurs.

T. – Il faut dire qu'on est encore très loin de comprendre comment le cerveau fonctionne lorsque nous aimons, haïssons, créons ou ressentons de la joie ou de la peine. Prenons garde que l'imitation systématique des méthodes quantitatives des sciences naturelles dans les sciences cognitives ne mène à des excès, comme ce fut le cas au début de ce siècle avec le béhaviorisme qui, pour promouvoir la psychologie au rang de science « objective », prônait l'étude du comportement des êtres vivants par l'observation exclusive de leurs réponses à des stimuli externes. Parce qu'ils rejetaient tout ce qui ne peut être observé directement, les béhavioristes niaient l'existence même de l'esprit, ce qui est absurde.

M. – Même si on ne décelait aucun effet mesurable chez des sujets engagés dans la pratique contemplative, cela ne remettrait pas en cause la validité de l'expérience intérieure et son pouvoir de transformation. En revanche, le scientifique peut avoir toutes les qualités et les défauts imaginables, cela ne changera rien à l'expérience de chimie ou à la mesure qu'il effectue de la longueur d'onde d'une lumière stellaire.

Le but primordial en matière de science contemplative est de devenir un être humain meilleur. La manière de vivre qu'implique cette démarche peut paraître décourageante. Trouver en soi l'énergie nécessaire pour se débarrasser de ses défauts n'est pas de tout repos. L'idée de nous attaquer à notre moi nous répugne. Nous nous réfugions dans une inertie qui constitue l'un des principaux obstacles à la vie spirituelle.

T. – La psychologie et les sciences cognitives en Occident étudient-elles les mêmes sujets ?

M. – La psychologie se penche sur les sentiments, les comportements, les souvenirs, bref tous les mécanismes qui conditionnent nos états de conscience. Les sciences cognitives élucident les processus mentaux liés à la perception, à la mémoire, à l'apprentissage... Mais, quel que soit l'intérêt grandissant de ces recherches, elles ne visent pas *principalement* à engendrer une transformation de l'individu.

T. – La psychologie ainsi que la psychanalyse ne peuvent-elles pas nous aider à atteindre ce but ?

M. – Théoriquement, la psychologie le pourrait, mais sans doute devrait-elle élargir son champ d'action en faisant appel à certaines techniques méditatives. Dans le cas de la psychanalyse, le but est différent. La psychanalyse vise à instaurer un compromis, une stabilisation, un *statu quo* acceptable pour l'ego, à revenir à un état « normal », c'est-à-dire ordinaire. Il s'agit de retrouver une adéquation entre les forces pulsionnelles dont le moi est le théâtre et les exigences de la société.

La science contemplative, elle, vise à dissiper l'illusion du moi. Dans le premier cas le moi devient la préoccupation première ; on le renforce même, et on se trouve englué dans l'illusion de ce moi que l'on manipule de toutes les façons imaginables comme un bout de papier collant que l'on passe d'un doigt à l'autre sans pouvoir s'en débarrasser. Dans le deuxième cas, on brûle cette illusion comme des plumes qui ne laissent aucune cendre. Le but poursuivi se situe donc bien au-delà d'une stabilisation et d'un rééquilibrage de notre état ordinaire.

L'Éveil n'est pas la normalisation de nos émotions perturbatrices, encore moins la reconstruction de l'ego, il implique une totale libération de leur emprise. Il comporte également une dimension de joie intérieure et de plénitude immuable qui semble totalement absente de la psychanalyse. La science contemplative a un aspect complémentaire : elle permet non seulement d'appréhender la nature de l'esprit mais aussi d'affiner notre compréhension de la nature du monde phénoménal grâce à l'interdépendance entre la conscience et le monde qu'elle perçoit.

T. – Pour un scientifique, le bonheur intellectuel né de la découverte, lorsqu'un petit pan du voile cachant les secrets de la nature se lève et que des aspects jusque-là inconnus de l'univers se révèlent, est très stimulant. Mais cela ne suffit pas à remplir une vie humaine. Ces instants où la vérité se dévoile sont fulgurants, mais très brefs. Depuis la naissance de la science moderne au XVIe siècle, notre connaissance a connu une croissance exponentielle, mais elle ne nous a pas rendus plus sages. La science contemplative peut nous aider à acquérir cette sagesse. La situation est d'autant plus urgente que l'homme a maintenant le pouvoir de perturber l'équilibre écologique de la planète entière et même de s'autodétruire, que les problèmes éthiques se posent de façon de plus en plus aiguë (surtout dans le domaine de la génétique) tandis que l'écart entre pauvres et nantis ne cesse de s'accentuer...

chacun comme [illegible]. Le but [illegible] bien au-delà [illegible] d'un [illegible] de [illegible].

14

LA BEAUTÉ EST DANS L'ŒIL QUI LA CONTEMPLE

Existe-t-il une notion de beauté dans l'investigation scientifique et les théories qui la guident ? Qu'est-ce que la beauté pour le bouddhisme ?

THUAN : Bien souvent, les théories qui décrivent le mieux la nature et sont les plus conformes aux expériences sont aussi les plus belles. Je vais essayer de dire quelques mots de cette notion paradoxale de beauté en science. Je dis paradoxale car, en général, l'activité scientifique est considérée comme rationnelle, froide, dépourvue de toute émotion esthétique. Mais les scientifiques ont toujours parlé de beauté. Écoutons par exemple les paroles éloquentes du mathématicien Henri Poincaré :

Le scientifique n'étudie pas la Nature pour un but utilitaire. Il étudie parce qu'il y trouve du plaisir ; et il y trouve du plaisir parce que la Nature est belle. Si la Nature n'était pas belle, elle ne vaudrait pas la peine d'être étudiée, et la vie ne vaudrait pas la peine d'être vécue.

Nous n'avons aucune peine à percevoir la beauté intrinsèque des phénomènes naturels, celle des roses et des couchers de Soleil, des étoiles et des galaxies. Je ne puis m'empêcher d'être émerveillé quand l'image d'une pouponnière stellaire ou le dessin exquis des bras spiraux d'une galaxie éloignée de millions d'années-lumière s'esquisse sur l'écran qui me transmet les observations du télescope. Mais, au-delà de la beauté physique, il y a une beauté plus subtile et abstraite, celle des théories.

Une théorie est « belle » quand elle a un caractère inévitable, nécessaire, et qu'une fois élaborée elle s'impose comme une évidence. Face à une belle théorie, un physicien se dira : « Elle est tellement belle qu'elle doit être vraie. Pourquoi ne l'ai-je pas vue auparavant ? » Ainsi, la théorie de la relativité d'Einstein est belle comme une fugue de Bach à laquelle on ne peut changer une note sans que toute l'harmonie ne s'écroule, ou parfaite comme le sourire de la Joconde auquel on ne peut changer le moindre trait sans en détruire l'équilibre. La première caractéristique d'une belle théorie est donc son apparente inévitabilité.

Sa deuxième qualité, c'est sa simplicité. Il ne s'agit pas nécessairement de la simplicité des équations, mais des idées qui sous-tendent la théorie. L'univers héliocentrique de Copernic, où toutes les planètes tournent autour du Soleil, est plus simple que l'univers géocentrique de Ptolémée selon lequel la Terre occupe la place centrale, tandis que les planètes se déplacent sur des cercles dont les centres se déplacent eux-mêmes sur d'autres cercles (que l'on appelle épicycles). Le modèle copernicien est beau parce qu'il a besoin de moins d'hypothèses pour rendre compte du mouvement des planètes. Une belle théorie ne s'embarrasse pas de fioritures inutiles. Elle satisfait aux exigences du rasoir d'Occam : « Tout ce qui n'est pas nécessaire est inutile. »

Enfin, la dernière qualité d'une belle théorie, la plus indispensable bien sûr, c'est sa vérité, son critère ultime de validité étant sa conformité avec la Nature et le fait qu'elle révèle des connexions jusque-là insoupçonnées.

MATTHIEU : Peut-être faudrait-il nuancer ce propos. De quelle « vérité » s'agit-il ? Lorsque tu parles de conformité avec la Nature, cela revient en fait à une adéquation empirique, n'est-ce pas ? Comme nous en avons discuté, l'expérimentation scientifique ne nous permet pas de dire que nous avons révélé la nature ultime des phénomènes.

T. – Je parle ici de la vérité révélée par nos instruments de mesure, ou, en termes bouddhiques, de la « vérité conventionnelle ». Considérons par exemple la théorie de la relativité générale d'Einstein. De l'avis général des physiciens, c'est la théorie la plus belle et l'édifice intellectuel le plus harmonieux que l'esprit scientifique ait jamais conçu. Non seulement elle a relié et unifié des concepts fondamentaux de la physique qui étaient jusque-là totalement distincts – l'espace et le temps, la matière, l'énergie et le mouvement, l'accélération et la gravité –, mais elle a également révélé des phénomènes extraordinaires et complètement inconnus. La relativité générale n'a pas cessé de nous étonner par ses richesses imprévues. En 1915, année de sa publication, on pensait que l'univers était statique. En fait, les équations d'Einstein montraient que l'univers devait être dynamique, soit en expansion, soit en contraction. Einstein n'avait pas suffisamment confiance dans sa propre théorie, sinon il aurait pu établir, quatorze ans avant la découverte de Hubble, que l'univers était en expansion.

Les « trous noirs » sont un autre exemple de phénomène prévu par la relativité. De nouveau, Einstein n'y a pas cru. Il disait que la Nature abhorrait ces singularités dans l'espace-temps que sont les trous noirs, et que la relativité ne pouvait les décrire. Là encore, il aurait dû faire confiance à sa théorie, car, depuis, des trous noirs ont bel et bien été détectés dans la Voie lactée et dans d'autres galaxies.

Le troisième exemple est celui des lentilles gravitationnelles. La relativité nous dit qu'il existe des endroits où des galaxies massives courbent l'espace et dévient la lumière d'objets lointains, créant ainsi des « mirages cosmiques ». Ces galaxies sont appelées « lentilles gravitationnelles » car, comme les lentilles de nos lunettes, elles dévient et focalisent la lumière qui passe près d'elles. Elles ont été découvertes en 1979.

Inévitable, simple et conforme au vrai : voilà les traits d'une belle théorie !

M. – Je dirais que l'adéquation au vrai correspond assez bien à la notion bouddhiste de la beauté. Mais ce qu'on appelle vrai, dans ce cas, c'est plutôt l'adéquation à la nature profonde de l'être humain.

La définition la plus simple consiste à dire que la beauté est ce qui nous procure un sentiment de plénitude qui, selon les circonstances, peut être ressenti comme du plaisir ou du bonheur. Cela nous permet d'envisager divers niveaux de beauté associés à divers degrés de plénitude. On pourra qualifier de beauté relative ce qui nous procure une satisfaction momentanée, et de beauté absolue ce qui conduit à une plénitude durable, voire irréversible.

La beauté spirituelle, celle du visage d'un Bouddha par exemple, est particulièrement féconde, parce qu'elle nous fait ressentir l'existence de l'Éveil et la possibilité de l'atteindre. Tout dépend donc du plaisir que procurent les formes, les couleurs, les sentiments et les idées. De ce fait, la beauté peut être perçue de façon très différente selon les individus et les sociétés.

T. – La beauté obéit en effet à des critères qui dépendent du contexte culturel, social, psychologique ou même biologique. Le modèle de la beauté féminine au temps du peintre Renoir était une femme aux formes plantureuses. Dans les années soixante, c'était plutôt la silhouette longiligne du top model Twiggy. Alors que le peintre Vincent Van Gogh est mort dans la misère, désespéré de n'avoir pu vendre ses toiles, un demi-siècle plus tard, elles s'arrachent à prix d'or. L'appréciation de la beauté d'une théorie scientifique est nettement moins dépendante du contexte culturel : un physicien vietnamien percevra la beauté de la relativité générale aussi bien que son collègue français ou américain.

M. – Parce que ce sont des personnes possédant une formation analogue. Je doute qu'un membre d'une tribu primitive puisse jamais percevoir la beauté de cette théorie !

On peut également considérer la beauté comme l'harmonie des parties avec le tout. Dans l'art bouddhiste, il existe une iconographie très précise définissant les proportions idéales pour dessiner le Bouddha. On utilise une grille sur laquelle se placent très exactement la courbe des yeux, l'ovale du visage et les différentes parties du corps. Ces traits correspondent à une harmonie parfaite et sont les reflets extérieurs de l'harmonie intérieure de l'Éveil.

T. – J'ai toujours été frappé par le fait que toutes les représentations de Bouddha, qu'il s'agisse d'un dessin ou d'une sculpture, communiquent invariablement par leur équilibre et leur beauté un profond sentiment de sérénité.

M. – De l'accessoire à l'essentiel, la beauté varie donc en fonction de la manière dont chacun conçoit le plaisir esthétique. On trouve, chez tous les êtres pensants, certaines constantes dans leur conception fondamentale du bonheur et de la plénitude. L'amour et l'altruisme sont beaux, tandis que la haine ou la jalousie sont laides. Regarde comment les premiers peuvent embellir un visage, et les autres le défigurer. La vraie beauté devient une adéquation avec la nature profonde de l'être humain.

Pour le bouddhisme, cette nature est une perfection intrinsèque qui, toute d'amour et de connaissance, est absolument belle. Plus nous sommes en accord avec notre nature profonde, plus nous découvrons la beauté intérieure qui est en chacun de nous. La beauté ultime est l'accord parfait avec la nature de Bouddha, la connaissance suprême, l'Éveil. À la vue d'un être très noble, un sage, un maître spirituel rayonnant, on sait intuitivement que l'on est en présence d'une grande beauté spirituelle : sur ce visage rayonne l'harmonie redécouverte.

Loin d'appartenir à l'objet lui-même, les caractéristiques de la beauté relative sont intimement liées à l'observateur. Il est évident que le même objet peut être perçu comme beau par certains et laid par d'autres. Un objet est perçu comme beau quand il correspond à ce qu'on espérait. Un mathématicien s'émerveille de la beauté d'une équation élégante, et un ingénieur de la beauté d'une machine. Celui qui aspire au calme écoute avec délice un prélude de Bach. L'ermite qui contemple la transparence ultime de l'esprit n'éprouve pas un tel besoin. Son harmonie avec la nature de l'esprit et des phénomènes se situe sur un autre plan. Pour lui, toutes les formes sont perçues comme la manifestation de la pureté primordiale, tous les sons comme l'écho de la vacuité et toutes les pensées comme le jeu de la connaissance. Il ne fait plus de distinction entre l'harmonieux et le discordant, le beau et le laid. La beauté est devenue omniprésente et la plénitude immuable. Il est dit : « Sur une île d'or on chercherait en vain des cailloux ordinaires. »

15

DE LA MÉDITATION À L'ACTION

Se transformer soi-même afin de transformer le monde : ce pourrait être la devise d'un pratiquant bouddhiste. Mais comment agir sur le monde et à quel niveau ? Pour le contemplatif, la question est de savoir jusqu'à quel point et pendant combien de temps il doit poursuivre ce processus de transformation intérieure avant de pouvoir agir sur le monde. Ne ferait-il pas mieux de se consacrer immédiatement à soulager la souffrance des autres ? Les efforts déployés par le bouddhisme dans le domaine de l'action humanitaire sont-ils suffisants ?

THUAN : Le bouddhisme préconise-t-il une action sur le monde ? Cette action devrait jouer un rôle aussi important dans notre vie que notre développement spirituel ; il serait en effet trop égoïste de trouver la paix et le bonheur uniquement pour soi, alors que nous sommes entourés de souffrance. Les informations ne parlent que de guerre, de misère, d'épidémies ou de mort. Quel sens aurait un îlot de plénitude au milieu d'un océan de malheurs ?

Certains Occidentaux ont cru voir dans le bouddhisme une philosophie passive et défaitiste qui prône le retrait du monde et l'acceptation de toutes les circonstances, car on ne peut pas « lutter » contre son karma. Que penser de cette interprétation ? Le bouddhisme ne place-t-il pas, au contraire, la compassion au cœur de ses préoccupations ?

MATTHIEU : À première vue, contemplation et action semblent être deux pôles de vie totalement opposés. D'un côté, les contemplatifs, dont la seule action sur le monde semble être la méditation et la prière. De l'autre, les individus aux occupations incessantes, parfois couronnées de succès, parfois sources d'amères déceptions, mais se succédant sans trêve comme les ondulations de la houle en haute mer. Faute d'être fondée sur une recherche authentique de transformation personnelle, que l'on peut appeler au sens large « spiritualité », cette frénésie est souvent peu efficace. Ce manque de points de repère et d'assise intérieure prive l'action de justesse, et les bienfaits potentiels qu'elle pourrait apporter à la société ne sont pas à la mesure des efforts entrepris.

Jeter un pont entre la vie contemplative et la vie active me semble donc être une nécessité. De plus, l'expérience prouve qu'une attitude égocentrique rend impossible la véritable transformation intérieure qui doit se traduire par l'altruisme. On ne peut trouver cette plénitude ni en s'enfermant en soi-même ni en se contentant d'une pratique purement extérieure.

La compassion sans action est hypocrite. Elle apporte une bien maigre consolation à ceux qui souffrent. Il faut donc agir chaque fois que l'occasion se présente et, mieux encore, tenter d'aller au-devant de la souffrance. Notre bonheur lui-même est intimement lié au bonheur des autres : la plupart des difficultés humaines viennent de ce que nous ne prenons guère en considération l'intérêt d'autrui. Le bonheur individuel que l'on construit en ignorant le malheur des autres, ou pire, qu'on bâtit sur ce malheur, ne sera jamais qu'une pâle imitation du vrai bonheur. Comme le dit Shantidéva :

Tout le bonheur du monde
Vient d'un cœur altruiste
Et tout son malheur
De l'amour de soi.

À quoi bon tant de paroles ?
Le sot est attaché à son propre intérêt
Et le Bouddha se dévoue à l'intérêt d'autrui :
Vois par toi-même la différence[1] *!*

Les traités sur la vie contemplative bouddhiste soulignent que celui qui se retire dans un ermitage de montagne uniquement pour échapper aux tracas de la vie ordinaire ne diffère en rien des bêtes et des oiseaux sauvages qui passent toute leur vie dans ces lieux retirés. Un tel renonçant ne progressera pas d'un pouce vers l'Éveil.

À l'exception des catastrophes naturelles, la majorité des souffrances humaines sont dues à la malveillance, l'avidité, la jalousie, l'indifférence, bref à l'attitude égocentrique qui nous empêche de penser au bonheur d'autrui. L'une des pratiques de base du bouddhisme consiste d'abord à considérer autrui comme aussi important que soi-même, puis à se mettre à sa place et, finalement, à lui donner plus d'importance qu'à soi-même[2]. Remédier en profondeur à son propre égocentrisme est un puissant moyen d'alléger la souffrance des autres.

Il faut donc distinguer les remèdes à court terme et l'action à long terme. Khyentsé Rinpotché, mon maître, disait :

Quand on pense à tous les êtres qui souffrent sans être secourus, on ne peut qu'être soulevé par une immense compassion qui doit s'étendre à chacun d'eux, amis comme ennemis. Cette compassion ne suffit bien sûr pas : les êtres ont besoin d'aide. Cependant, l'aide immédiate que nous pouvons leur apporter en leur offrant de la nourriture, des vêtements, de l'argent ou de l'affection, si vitale soit-elle, ne peut, dans le meilleur des cas, que soulager temporairement leurs souffrances. Si l'on veut apporter aux autres un bien-être durable, il faut d'abord se transformer soi-même. »

Vouloir agir tout de suite, sans d'abord se préparer, c'est comme vouloir opérer sur-le-champ des malades dans la rue, sans prendre le temps de construire des hôpitaux. Il est vrai que les innombrables travaux nécessaires à la construction d'un hôpital par eux-mêmes ne guérissent personne, mais une fois terminés ils permettent de soigner les malades avec infiniment plus d'efficacité.

Le vrai contemplatif constate qu'il est impuissant à soulager durablement la souffrance autour de lui et comprend que, pour en être capable, il doit d'abord se maîtriser lui-même et connaître parfaitement les mécanismes du bonheur et de la souffrance. Ce n'est qu'après avoir acquis une force intérieure suffisante qu'on peut être vraiment utile aux autres, en soulageant directement leurs souffrances ou en inspirant des changements dans la société où l'on vit.

Ainsi, du début à la fin de la voie bouddhiste, c'est la compassion qui permet de venir à bout de la haine, de l'avidité, de la jalousie et des autres poisons mentaux, et de mettre fin au cycle infernal de la souffrance, pour soi-même et pour autrui.

T. – Le mal doit évidemment être combattu à la racine. Mais cette vision n'est-elle pas trop idéaliste ? Peut-on s'attendre à une transformation personnelle chez des criminels aussi monstrueux que Hitler, Staline ou Pol Pot ? Ne faut-il pas intervenir avec des moyens adaptés pour mettre un terme au mal qu'ils font ?

M. – Il ne serait pas très raisonnable de proposer la transformation personnelle comme remède immédiat dans le cas de criminels dont les tendances destructrices semblent imperméables à tout sentiment humain. Passé un certain stade, la folie meurtrière échappe à la raison et exige l'utilisation de moyens plus radicaux. Mais cela ne diminue en rien la valeur des remèdes à long terme. Négliger leur importance témoignerait d'une autre forme d'étroitesse d'esprit, semblable à celle d'un médecin qui ne prescrirait que des analgésiques, sans traitement de fond. Au cours de l'histoire, on a vu comment, dans certaines occasions malheureusement trop rares, le souci de transformation personnelle peut changer toute une société. Je pense au cas du Tibet.

T. – La position politique du Dalaï-Lama est celle de la non-violence, et j'admire le fait qu'il s'y tienne malgré toutes les vicissitudes que traverse son pays. Il faut certainement une grande force d'esprit pour ne pas céder à la tentation de répondre à la violence par la violence. Je sais que cette attitude suscite une sympathie croissante de par le monde. Mais, malheureusement, et c'est là le hic, nous sommes entourés d'autres sociétés qui n'adhèrent pas à ce point de vue pacifiste, et on ne peut donc pas éviter la guerre et l'oppression. Faut-il tout subir sans riposter, au risque de perdre son pays, sa culture ou sa vie ? Certains Tibétains ont publiquement mis en doute la politique de non-violence du Dalaï-Lama, parce que l'oppression chinoise continue sans répit, qu'un génocide a décimé la population tibétaine et que l'éradication systématique de la culture bouddhique se poursuit de nos jours.

M. – Choisir la violence pour se libérer le plus vite possible d'une oppression injuste – un moindre mal pour s'affranchir d'un plus grand mal – est un pari risqué, car dans la plupart des cas la violence engendre la haine, qui à son tour entraîne davantage de violence.

Le pacifiste risque aussi de se trouver en contradiction avec lui-même et d'en venir à déclarer, comme le fit récemment un commandant en chef de l'armée colombienne : « Nous voulons la paix, mais la seule façon d'avoir la paix, c'est de détruire ceux qui ne la veulent pas[3]. »

Par contre, si on adhère avec constance aux principes de la non-violence, lorsqu'on parvient finalement à un accord, la paix qui s'ensuit a toutes les chances d'être durable. La non-violence n'est pas une démarche passive. Ne pas agresser celui qui nous agresse n'empêche pas d'employer tous les moyens possibles – le dialogue, la volonté politique, la fermeté économique – afin de remédier au mal et de diminuer globalement la souffrance. C'est par la force de la non-violence que Gandhi a fait bouger toute une nation. Il est donc crucial d'évaluer dans son ensemble la souffrance qui découle de chaque situation. Le recours à la force n'est justifié que lorsqu'il limite la souffrance, jamais lorsqu'il la multiplie.

En fait, c'est plutôt la naïveté et la complaisance des chefs d'État occidentaux à l'égard des despotes en général – et des dirigeants chinois dans le cas du Tibet – qui m'apparaissent comme la pire caricature de la non-violence, car elles stigmatisent une attitude laxiste et crédule qui ne repose sur aucun principe défendable, qu'il s'agisse du respect des droits de l'homme ou du droit international. C'est une faiblesse semblable qui a conduit les gouvernements européens à fermer les yeux sur la montée du nazisme dans les années trente, et les intellectuels occidentaux à frayer avec le communisme après la guerre.

Sans doute l'histoire jugera-t-elle de la même manière ceux qui tolèrent aujourd'hui encore l'existence des *laogaï*, les goulags chinois. De ces milliers de camps de travaux forcés proviennent une bonne partie des produits manufacturés que nous achetons sans nous en rendre compte, et des jouets que nous offrons aux enfants pour Noël. Mais sans doute les dirigeants des pays libres sont-ils beaucoup moins effrayés par le jugement futur de l'histoire que par un acte courageux présent.

T. – Je ne pense pas qu'il s'agisse de naïveté de la part des dirigeants occidentaux, mais plutôt d'une conséquence perverse de la mondialisation dont on parle tant. Les économies étant irréversiblement liées les unes aux autres, les chefs d'État occidentaux n'osent pas tenir tête à la Chine à propos du Tibet, de peur de perdre l'immense marché que représente de plus en plus sa population d'un milliard et demi d'habitants. Il ne faut pas oublier qu'un individu sur quatre sur le globe est chinois. Que cette attitude des dirigeants occidentaux relève de la Realpolitik ne la justifie pas pour autant.

M. – Nous sommes donc d'accord que pour agir de façon constructive sur le monde, il faut commencer par acquérir la *capacité* d'agir. La première constatation de celui qui s'engage sur un tel chemin, c'est celle de sa propre impuissance. Il ne peut s'aider lui-même, car il n'a pas élucidé les mécanismes du bonheur et de la souffrance ; il est d'autant moins en mesure de secourir les autres.

Le contemplatif ressemble à un cerf blessé qui se cache dans un endroit retiré sur une montagne pour guérir ses blessures et retrouver ses forces. Mais ses maux à lui sont l'ignorance, la haine, l'avidité, l'orgueil, la jalousie, et toutes les émotions négatives qui détruisent le calme intérieur et celui des autres. La paix intérieure, en reléguant nos tourments égoïstes à l'arrière-plan, nous rend naturellement plus sensible à la souffrance des autres. Comprendre peu à peu l'interdépendance globale des êtres nous amène à regarder le monde autrement et à agir de manière plus juste. Un être qui s'est mis au service des autres fait rayonner l'harmonie autour de lui. Il suffit de constater comment le simple fait de rester un instant auprès du Dalaï-Lama fait ressortir ce qu'il y a de meilleur en nous-mêmes. J'ai vu nombre de journalistes, de politiciens blasés ou de célébrités imbues d'elles-mêmes transformés par une demi-heure passée en sa compagnie. Ce contact avec un être qui déborde à chaque instant d'amour et se sent intimement concerné par le sort de chacun les avait bouleversés et inspirés.

T. – De fait, j'ai eu moi-même le bonheur de rencontrer le Dalaï-Lama. Sa personne irradie une telle force, une telle sérénité, une telle « volonté tranquille » qu'on ne peut s'empêcher d'être bouleversé au plus profond de soi. C'est donc ainsi que tu définis l'action bouddhiste : faire rayonner l'harmonie qu'on a trouvée soi-même ?

M. – Oui, et, de toute façon, il n'y a guère d'autres moyens. On peut de l'extérieur imposer une discipline au corps et à la parole des autres, mais seul leur esprit peut adhérer de plein gré à cette discipline. On a vu, au cours de l'histoire, de grands esprits parvenir à propager un message altruiste, à éveiller chez un grand nombre le sens de la responsabilité envers les autres. Mahatma Gandhi, Martin Luther King, le Dalaï-Lama, mère Teresa (qui recueillait sans aucune discrimination tous les mourants qu'elle trouvait sur les trottoirs de Calcutta) en sont des exemples inspirants.

T. – Certes, bien qu'il faille se rappeler que Gandhi et Martin Luther King sont tous deux tombés sous les balles d'assassins. La violence des hommes a malheureusement fini par les rattraper. Mais il est certain que leur message de non-violence a fait davantage avancer leur cause que n'aurait pu le faire la violence, et la conscience de l'humanité en a été profondément marquée. Dis-moi : les sociétés bouddhistes s'engagent-elles aussi activement dans l'action humanitaire que les chrétiens, par exemple ?

M. – Il reste beaucoup à faire en ce domaine. Regarde la communauté tibétaine en exil. Maintenant qu'elle a surmonté les épreuves de l'exode, le Dalaï-Lama lui rappelle sans cesse qu'elle doit se consacrer à des œuvres humanitaires. Il préconise la construction d'écoles et de cliniques pour aider les populations déshéritées des pays qui ont accueilli et continuent d'accueillir les réfugiés tibétains. Les bouddhistes, dit-il, devraient suivre l'exemple de leurs frères et sœurs chrétiens qui vont au-devant de la souffrance avec un dévouement et une détermination infatigables.

En Inde, le docteur Ambedkar, allié de Gandhi et principal rédacteur de la Constitution indienne, lui-même issu de la caste des intouchables, s'est converti au bouddhisme. Non seulement il a fait renaître le bouddhisme en Inde, sa terre d'origine, mais dans cet esprit il a consacré sa vie à améliorer le sort des intouchables. En Thaïlande, les monastères bouddhistes sont les plus grands centres d'accueil des malades du sida et de réhabilitation des toxicomanes. En 1991, l'abbé Prajak Kutajitto a lutté farouchement avec les villageois du petit bourg de Pakham pour protéger une vaste forêt menacée par les intérêts de grandes sociétés financières. Pour cela il a enduré des représailles et l'emprisonnement. En Birmanie, Aung San Suu Kyi, prix Nobel de la paix, n'a cessé de mener un combat non violent contre la junte militaire au pouvoir depuis 1988. À New York, Bernard Glasmann a créé un réseau bouddhiste mondial d'entraide aux sans-abri [4] et de protection de l'environnement. Il considère que le travail social et la pratique spirituelle ne font qu'un. Dans notre monastère, nous consacrons maintenant une grande partie de nos moyens à la réalisation de projets humanitaires. La notion d'entraide est donc très vivante dans les sociétés bouddhistes, jusqu'au niveau des gouvernants. Mais il ne faut jamais perdre de vue la nécessité d'acquérir une discipline intérieure et l'importance de la transformation personnelle.

T. – On estime très souvent que la spiritualité équivaut à une religion, à une simple croyance, ou, pis, à un culte superstitieux.

M. – Comme le fait remarquer le Dalaï-Lama, plus de la moitié de l'humanité n'est pas croyante. Beaucoup se déclarent catholiques, protestants, hindous ou musulmans parce qu'ils ont été élevés dans cette tradition. Mais lorsqu'ils sont confrontés aux aléas quotidiens ou aux grandes décisions de l'existence, ils ne tiennent pas vraiment compte des enseignements de leur religion. Ceux qui pensent et agissent en harmonie avec leur foi constituent aujourd'hui une minorité.

Il convient donc de distinguer la spiritualité au sens large, celle qui a pour objet de faire de nous des êtres humains meilleurs, et la religion. L'adhésion à une religion reste une option facultative, tandis que devenir meilleur est une nécessité. C'est pourquoi le Dalaï-Lama parle de « spiritualité laïque », au risque de choquer parfois les autres représentants religieux. Pour lui, il est clair qu'on ne peut pas écarter de la spiritualité plus de la moitié de l'humanité sous prétexte qu'elle n'est pas croyante. De la naissance à la mort, nous avons besoin de tendresse et d'altruisme, qu'il s'agisse de les recevoir ou de les prodiguer. Lorsqu'elles sont pratiquées de manière authentique, les grandes religions et traditions spirituelles permettent de développer l'amour, la compassion, la patience et la tolérance. Mais ceux qui sont dépourvus d'inclination religieuse ne doivent pas pour autant se sentir étrangers à cette démarche.

T. – Comment verrais-tu se développer dans la société occidentale cette possibilité d'une spiritualité laïque ?

M. – Il faudrait que notre formation personnelle et l'éducation en général revalorisent les valeurs humaines et éthiques qui favorisent la transformation intérieure. Les parents et les enseignants, qui, dans ce domaine, sont souvent tout aussi désemparés que les enfants, pensent que la spiritualité est une affaire personnelle et ne doit pas être incluse dans l'éducation. Or, il me semble que l'on devrait offrir dans les écoles la possibilité de connaître toutes les grandes traditions spirituelles du monde, et pas seulement leur histoire, mais l'essence de leur enseignement et de leur éthique. Concevoir la laïcité comme une absence totale d'éducation spirituelle est à mon sens un appauvrissement et une limitation de la liberté intellectuelle. Faute d'avoir été en contact avec des idées qui auraient pu les inspirer, nombre de jeunes pensent que la vie n'a aucun sens.

T. – Cela justifie-t-il pour autant de transformer l'école en « self-service » des croyances ? Il y a certes le danger de la perte des repères, mais il y a aussi le très réel danger du réveil des intégrismes. Et là, la laïcité traditionnelle, neutre par l'abstention, a sans doute du bon. Car, attention, vouloir mêler éducation et religion, c'est s'aventurer en terrain miné ! Cette voie peut mener à de redoutables excès, déraper vers un endoctrinement des enfants, comme ce fut le cas pour le mouvement « créationniste » aux États-Unis.

M. – C'est-à-dire ?

T. – En 1999, à l'orée du XXIe siècle, l'État du Kansas, aux États-Unis, a banni du programme scolaire la théorie de l'évolution de Darwin et celle du big bang sous prétexte qu'elles contredisaient les enseignements de la Bible ! Heureusement, cette situation n'a pas duré longtemps.

M. – Il ne s'agit certes pas de mettre différents dogmes en compétition pour essayer de récolter un maximum d'adeptes ! Au contraire, libre de tout esprit partisan, cette approche permettrait d'offrir aux jeunes un éventail complet de ce que les grands courants spirituels ont à offrir, de mettre en évidence leurs convergences et leurs divergences, tout en faisant la part égale à tous les points de vue, agnosticisme y compris. Le problème actuel est que nous manquons de points de repère.

T. – Ce concept de spiritualité laïque me semble bien répondre aux interrogations de nos sociétés occidentales. Personnellement, il me convient parfaitement. J'essaie de vivre selon certains principes que j'ai appris dans la tradition bouddhiste tout en faisant mon métier d'astrophysicien. Par contre, ton exemple est extrême. Tu as quitté la société occidentale et la recherche scientifique pour te faire moine dans un monastère tibétain au Népal. Il est évident que tout le monde ne peut pas suivre ton cheminement spirituel.

M. – C'est bien ce que je cherchais à exprimer en disant que la spiritualité est destinée aussi bien à ceux qui vivent dans le monde qu'à ceux qui ont choisi une vie contemplative. Si la spiritualité était réservée aux moines et aux nonnes, ce n'est plus la moitié, mais 99,99 % de l'humanité qui en seraient exclus ! La spiritualité commence par un travail sur l'esprit dont nous sommes tous capables. Toutefois, se contenter de connaissances théoriques, aussi complètes soient-elles, risque de faire de nous un de ces êtres qui ne se trompent sur rien, sauf sur l'essentiel !

Conclusion du scientifique

Au terme de ces entretiens, je dois dire mon admiration accrue pour la manière dont la pensée bouddhique analyse le monde des phénomènes. J'avoue que j'étais pourtant plein d'appréhension au début de notre entreprise. Je connaissais et appréciais surtout l'aspect pratique du bouddhisme qui aide à acquérir la connaissance de soi, à progresser spirituellement, à devenir un être humain meilleur. En d'autres termes, pour moi le bouddhisme était avant tout une voie vers l'Éveil, une voie contemplative au regard principalement tourné vers l'intérieur.

Je savais que la science et le bouddhisme utilisent des méthodes d'investigation du réel totalement différentes. En science, ce sont l'intellect et la raison qui tiennent le rôle principal. Divisant, catégorisant, analysant, comparant et mesurant, le scientifique exprime les lois de la nature dans le langage hautement élaboré des mathématiques. L'intuition n'est pas absente en science, mais elle n'est utile que si elle peut être formulée dans une structure mathématique cohérente. Par contre, l'intuition – l'expérience intérieure – joue le premier rôle dans la démarche contemplative. Elle n'essaie pas de fragmenter la réalité, mais tente de l'appréhender dans sa totalité. Le bouddhisme ne fait pas appel aux instruments de mesure et aux observations sophistiquées qui fournissent la base expérimentale de la science. Ses énoncés sont de nature plus qualitative que quantitative. Je n'étais donc pas du tout sûr qu'une démarche consistant à confronter la science et le bouddhisme puisse avoir un sens. Je redoutais que le bouddhisme n'ait que peu à dire sur la nature du monde phénoménal, car ce n'est pas sa préoccupation principale, alors que c'est fondamentalement celle de la science. Si cela avait été le cas, nous aurions couru le risque de tenir deux discours parallèles, sans jamais nous rencontrer sur un terrain commun.

À mesure que nos conversations se sont poursuivies, je me suis rendu compte que mes craintes n'étaient pas fondées : non seulement le bouddhisme a réfléchi sur la nature du monde, mais il l'a fait de façon profonde et originale. Il l'a fait non pas pour la connaissance du monde phénoménal en soi, ce qui est le propos de la démarche scientifique, mais parce qu'en comprenant la vraie nature du monde physique – la vacuité, l'interdépendance – il peut dissiper les brumes de l'ignorance et ouvrir le chemin vers l'Éveil. Notre discussion a été mutuellement enrichissante. Elle a suscité de nouvelles interrogations, des points de vue inédits, des synthèses inattendues qui demandaient et demandent encore approfondissement et clarification.

Ces entretiens s'inscrivent dans la lignée des dialogues précédents entre la science et le bouddhisme. L'enseignement principal que j'en ai retiré est qu'il existe une convergence et une résonance certaines entre les deux visions, bouddhiste et scientifique, du réel. Certains énoncés du bouddhisme à propos du monde des phénomènes évoquent de manière étonnante telles ou telles idées sous-jacentes de la physique moderne, en particulier des deux grandes théories qui en constituent les piliers : la mécanique quantique – physique de l'infiniment petit –, et la relativité – physique de l'infiniment grand. Bien que radicalement différentes, les manières respectives d'envisager le réel dans le bouddhisme et dans la science n'ont pas débouché sur une opposition irréductible, mais, au contraire, sur une harmonieuse complémentarité. Et cela, parce qu'ils représentent l'un comme l'autre une quête de la vérité, dont les critères sont l'authenticité, la rigueur et la logique.

Examinons, par exemple, le concept d'« interdépendance des phénomènes », idée fondamentale du bouddhisme. Rien n'existe en soi ni n'est sa propre cause. Une chose ne peut être définie que par rapport à d'autres. L'interdépendance est nécessaire à la manifestation des phénomènes. Sans elle, le monde ne pourrait pas fonctionner. Un phénomène quel qu'il soit ne peut donc survenir que s'il est relié et connecté aux autres. La réalité ne peut pas être localisée et fragmentée, mais doit être considérée comme holistique et globale.

Cette globalité du réel, plusieurs expériences en physique nous l'imposent. Dans le monde atomique et subatomique, les expériences de type EPR nous disent que la réalité est « non séparable », que deux grains de lumière qui ont interagi continuent à faire partie d'une seule et même réalité. Quelle que soit la distance qui les sépare, leurs comportements sont instantanément corrélés, sans aucune transmission d'information. Quant au monde macroscopique, sa globalité nous est démontrée par le pendule de Foucault dont le comportement s'accorde non pas à son environnement local, mais à l'univers tout entier. Ce qui se trame sur notre minuscule Terre se décide dans l'immensité cosmique.

Le concept d'interdépendance dit que les choses ne peuvent se définir de manière absolue, mais seulement relativement à d'autres. C'est, en substance, la même idée qui définit le principe de la relativité du mouvement en physique, énoncé pour la première fois par Galilée, puis repris et développé au plus haut point par Einstein. « Le mouvement est comme rien », disait Galilée. Il voulait dire par là que le mouvement d'un objet ne peut être défini de façon absolue, mais seulement par rapport au mouvement d'un autre objet. Aucune expérience ou mesure faite par un passager dans un wagon de chemin de fer qui se déplace à une vitesse constante et dont toutes les fenêtres sont fermées ne lui permettra de dire si le wagon est immobile ou en mouvement. C'est seulement en ouvrant une fenêtre et en regardant le paysage défiler que le passager s'en rendra compte. Tant qu'aucune référence n'est faite à l'extérieur, le mouvement est équivalent au non-mouvement. Les choses n'ont pas d'existence en elles-mêmes, mais seulement par rapport à d'autres événements, dit le bouddhisme. Le mouvement n'a de réalité que par rapport au paysage qui passe, dit le principe de la relativité.

Le temps et l'espace ont aussi perdu le caractère absolu que leur avait conféré Newton. Einstein nous dit qu'ils ne peuvent se définir que relativement au mouvement de l'observateur et à l'intensité du champ de gravité dans lequel il se trouve. Aux abords d'un « trou noir », singularité dans l'espace où la gravité est si intense que même la lumière ne peut plus en sortir, une seconde peut prendre des airs d'éternité. Comme le bouddhisme, la relativité dit que le passage du temps, avec un passé déjà révolu et un futur encore à venir, n'est qu'illusion, car mon futur peut être le passé d'un autre et le présent d'un troisième : tout dépend de nos mouvements relatifs. Le temps ne passe pas, il est simplement là.

Découlant directement de la notion d'interdépendance il y a celle de la vacuité qui ne signifie pas le néant, mais l'absence d'existence propre. Puisque tout est interdépendant, rien ne peut se définir et exister par soi-même. La notion de propriétés intrinsèques existant en elles-mêmes et par elles-mêmes n'est plus de mise. De nouveau la physique quantique nous tient un langage étonnamment similaire. D'après Bohr et Heisenberg, nous ne pouvons plus parler d'atomes ou d'électrons en termes d'entités réelles possédant des propriétés bien définies, comme la vitesse ou la position. Nous devons les considérer comme formant un monde non plus de choses et de faits, mais de potentialités. La nature même de la matière et de la lumière devient un jeu de relations interdépendantes : elle n'est plus intrinsèque, mais peut changer par l'interaction entre l'observateur et l'objet observé. Cette nature n'est plus unique, mais duelle et complémentaire. Le phénomène que nous appelons « particule » prend la forme d'ondes quand on ne l'observe pas. Dès qu'il y a mesure ou observation, il reprend son habit de particule. Parler d'une réalité intrinsèque pour une particule, d'une réalité existant sans qu'on l'observe, n'a pas de sens car on ne peut jamais l'appréhender. Rejoignant le concept bouddhique de *samskara*, qui veut dire « événement », la mécanique quantique relativise radicalement la notion d'objet en la subordonnant à celle de mesure, c'est-à-dire à celle d'un événement. De plus, le flou quantique impose une limite fondamentale à la précision de la mesure de cette réalité. Il existera toujours une certaine incertitude soit dans la position, soit dans la vitesse d'une particule. La matière a perdu sa substance.

La notion bouddhique d'interdépendance est synonyme de vacuité qui, à son tour, est synonyme d'impermanence. Le monde est comme un vaste flux d'événements et de courants dynamiques tous connectés les uns aux autres et interagissant continuellement. Ce concept de changement perpétuel et omniprésent rejoint ce que dit la cosmologie moderne. L'immuabilité aristotélicienne des cieux et l'univers statique de Newton ne sont plus. Tout bouge, tout change, tout est impermanent, du plus petit atome à l'univers entier en passant par les galaxies, les étoiles et les hommes.

Propulsé par une explosion primordiale, l'univers se dilate. Cette nature dynamique est contenue dans les équations de la relativité. Avec la théorie du big bang, l'univers acquiert une histoire. Il a un commencement, un passé, un présent et un futur. Il mourra un jour dans un brasier infernal ou dans un froid glacial. Toutes les structures de l'univers – planètes, étoiles, galaxies ou amas de galaxies – sont en mouvement perpétuel et participent à un immense ballet cosmique : mouvement de rotation autour d'elles-mêmes, de révolution, d'éloignement ou d'approche les unes par rapport aux autres. Elles ont aussi une histoire : elles naissent, évoluent et meurent. Les étoiles suivent des cycles de vie et de mort qui se mesurent en millions, voire en milliards d'années.

Le monde atomique et subatomique n'est pas en reste. Là aussi, tout est impermanence. Les particules peuvent changer de nature : un quark peut changer de famille ou de « saveur », un proton peut devenir un neutron avec émission d'un positon et d'un neutrino. Dans des processus d'annihilation avec l'antimatière, la matière peut se muer en pure énergie. Le mouvement d'une particule peut se transformer en particule, ou vice versa. En d'autres termes, la propriété d'un objet peut se muer en objet. Grâce au flou quantique de l'énergie, l'espace qui nous entoure est peuplé d'un nombre inimaginable de particules dites « virtuelles », à l'existence fantomatique et éphémère. Apparaissant et disparaissant dans des cycles de vie et de mort d'une durée infinitésimale, elles exemplifient l'impermanence au plus haut degré.

Le réel peut donc être perçu de diverses façons, et des chemins différents, l'un issu du monde intérieur, l'autre du monde extérieur, peuvent mener à la même vérité. Le bouddhisme ne s'étonnera sans doute pas de cette concordance. Puisque le monde phénoménal est inévitablement observé à travers le filtre de la conscience, et du fait que cette dernière est interdépendante du monde extérieur, la nature fondamentale des phénomènes ne peut être étrangère à l'esprit éveillé du Bouddha.

J'ai toutefois une réserve à formuler sur l'approche

bouddhique du « principe anthropique » selon lequel il y a eu un réglage extrêmement précis des constantes physiques et des conditions initiales de l'univers pour que celui-ci héberge la vie et la conscience. Pour rendre compte de ce réglage, j'ai fait le pari pascalien de l'existence d'un principe créateur. Ce principe – je le conçois dans le sens de Spinoza et d'Einstein – se manifeste dans les lois de la Nature et fait que le monde est rationnel et intelligible. Cette position va à l'encontre de celle du bouddhisme qui n'admet pas l'idée d'un principe créateur (ou d'un Dieu horloger). Selon lui, l'univers n'a nul besoin d'être réglé pour que la conscience apparaisse : les deux coexistant fondamentalement, ils ne peuvent s'exclure. De nouveau, le concept d'interdépendance offre une explication. J'admets que cela puisse justifier le réglage de l'univers. Mais il est moins évident que ce concept puisse répondre à la question existentielle de Leibniz : « Pourquoi y a-t-il quelque chose plutôt que rien ? » J'ajouterai : « Pourquoi les lois physiques sont-elles ce qu'elles sont et non autres ? » Ainsi nous pourrions très bien imaginer vivre dans un univers décrit seulement par les lois de Newton. Or ce n'est pas le cas. Ce sont les lois de la mécanique quantique et de la relativité qui rendent compte de l'univers connu.

L'optique bouddhique soulève d'autres points d'interrogation. S'il n'y a pas de créateur, l'univers ne peut être créé. Il n'a donc ni commencement ni fin. Le seul univers compatible avec le point de vue bouddhiste est donc un univers cyclique, avec une série sans fin de big bang et de big crunch. Scientifiquement, le fait que l'univers va un jour s'effondrer sur lui-même, donnant lieu à un big crunch, est néanmoins loin d'être établi. Cela dépend de la quantité totale de matière invisible dans l'univers, or cette quantité n'est pas connue. Selon les dernières observations astronomiques, l'univers paraît ne pas contenir assez de matière invisible pour arrêter et inverser son mouvement de dilatation

– il pourrait même être en accélération –, ce qui semblerait, en l'état actuel de notre connaissance du cosmos, exclure un univers cyclique. Quant au concept de flots de conscience coexistant avec l'univers matériel dès les premières fractions de seconde du big bang, la science est encore très loin de pouvoir le vérifier. Certains neurobiologistes pensent qu'il n'est nul besoin d'un continuum de conscience coexistant avec la matière, que le premier peut émerger de la deuxième, une fois passé un certain seuil de complexité.

Poussières d'étoiles, nous partageons la même histoire cosmique avec les lions des savanes et les fleurs de lavande. Connectés à travers l'espace et le temps, nous sommes tous interdépendants. Le simple fait de respirer nous relie à toute l'espèce humaine : les milliards de molécules d'oxygène que nous inhalons avec chaque bouffée d'air ont été un jour ou l'autre dans les poumons de chacun des cinquante milliards d'individus à avoir vécu sur Terre. Cette perspective cosmique et planétaire souligne non seulement notre interdépendance, mais aussi la vulnérabilité de notre planète et notre isolement parmi les étoiles. Les problèmes de l'environnement qui menacent notre havre dans l'immensité cosmique transcendent les barrières de race, de culture et de religion. Les poisons industriels, les déchets radioactifs et les gaz responsables de l'effet de serre qui réchauffe notre planète ne connaissent pas les frontières nationales. Ces problèmes et les autres – la pauvreté, les guerres, la famine – qui menacent l'humanité peuvent être résolus si nous prenons conscience de notre interdépendance et du fait que notre intérêt et notre bonheur sont inextricablement liés à ceux des autres, en d'autres termes, si nous nous laissons guider par la compassion pour développer notre sens de ce que le Dalaï-Lama a si justement appelé la « responsabilité universelle ».

La science se doit de reprendre sa place dans le giron de la culture humaine. Elle s'en est quelque peu éloignée par le passé à cause d'une vision trop fragmentée, mécaniste et réductionniste. Ce n'est plus le cas aujourd'hui, comme ces entretiens le montrent amplement. Il n'y a aucun doute que la science va continuer à exercer un impact toujours croissant sur nos vies. Face aux problèmes éthiques et moraux qui, dans certains domaines comme la génétique, se font de plus en plus urgents et aigus, la science doit avoir comme compagne de route la spiritualité, pour que nous n'oubliions pas notre humanité. La science a pour but la compréhension du monde des phénomènes. Ses applications techniques peuvent, selon les cas, améliorer ou desservir notre bien-être extérieur. La spiritualité vise à améliorer notre bien-être intérieur afin que nous soyons capables d'améliorer le bien-être de tous. Certains, comme le prix Nobel de physique Steven Weinberg, n'ont que faire de la spiritualité. Weinberg pense que les religions sont à l'origine de nombre de maux dans le monde. Il écrit de manière résolument provocante : « Avec ou sans religion, les êtres bons se conduiront bien et ceux qui sont mauvais mal. Mais seule la religion peut pousser des êtres bons à faire le mal. Un des grands accomplissements de la science a été, sinon de rendre impossible pour les gens intelligents le fait d'être croyants, tout au moins de leur permettre de ne pas être croyants[1]. » Et Weinberg de citer certaines influences néfastes de la religion : les croisades, les pogromes, les djihad et autres guerres de Religion, et même l'esclavage. Je pense qu'il a tort. Tout d'abord, il oublie de mentionner tout le mal que la science, incorrectement appliquée, a pu causer à l'humanité et à son écosphère. Hiroshima et Nagasaki, la Terre qui s'échauffe, le trou d'ozone qui s'agrandit, les « recherches » des médecins nazis, etc. : les exemples ne manquent pas ! Ensuite, la religion dont il parle (je préfère parler de spiritualité) n'est pas la « vraie », mais une de ses versions déformées.

Les gens qui participaient aux guerres de Religion

ne pouvaient être mus par le sentiment de compassion envers les autres qui est à la base de toute religion. Aux propos antireligieux de Weinberg, je préfère de loin la vision cosmique d'Einstein avec laquelle je me sens beaucoup plus en accord : « La religion du futur sera une religion cosmique. Elle devra transcender l'idée d'un Dieu existant en personne et éviter le dogme et la théologie. Couvrant aussi bien le naturel que le spirituel, elle devra se baser sur un sens religieux né de l'expérience de toutes les choses, naturelles et spirituelles, considérées comme un ensemble sensé. » Ces propos vont dans le sens de toute notre discussion. Et Einstein précise en plus : « Le bouddhisme répond à cette description. [...] S'il existe une religion qui pourrait être en accord avec les impératifs de la science moderne, c'est le bouddhisme [2]. » Cela ne peut être mieux exprimé. La science peut fonctionner sans la spiritualité. La spiritualité peut exister sans la science. Mais l'homme, pour être complet, a besoin des deux.

Conclusion du moine

Nombreux sont ceux qui pensent que toute tentative de rapprochement entre la science et la spiritualité est vouée à l'échec. Certains considèrent la spiritualité comme une mystification, d'autres que la science est trop matérialiste, d'autres encore que science et spiritualité sont deux domaines inconciliables. Refuser ainsi de leur trouver des points communs revient a entériner l'existence de frontières infranchissables entre le savoir et le vécu, le sujet et l'objet, la matière et la conscience. Ce dualisme a la vie dure et crée des barrières injustifiées, alors que l'approche contemplative n'exige pas de se frayer un chemin à contre-courant de la science, mais simplement d'établir une hiérarchie entre les domaines de la connaissance et les moyens qui permettent d'y accéder.

Ce qui nous importe le plus dans l'existence n'est pas la somme d'informations que nous pouvons accumuler, mais les réponses à des questions telles que : pourquoi vivons-nous ? Pourquoi mourons-nous ? Pourquoi souffrons-nous ? Pourquoi sommes-nous heureux ? Pourquoi aimons-nous ? Pourquoi haïssons-nous ? Cela nous mène à vérifier si l'objet de nos recherches répond à ces questions, et s'il vaut bien tout le temps qu'on lui consacre.

Dans le domaine scientifique, cet examen concerne

deux domaines : la science fondamentale et ses applications. La recherche fondamentale se donne pour but de décrire et d'expliquer la Nature. Bien que cette intention soit fort louable, la curiosité que l'on peut manifester pour l'étude de la chimie des étoiles ou la classification des insectes n'en reste pas moins secondaire au regard des questions fondamentales de l'existence. Si on considère les moments qui ont le plus de sens dans notre vie, on évoquera l'amour, l'amitié, la tendresse, la joie de vivre, la beauté d'une scène naturelle d'un paysage, la paix intérieure, l'altruisme. En général la science n'a pas grand-chose à y voir.

Quant aux applications de cette science, elles concernent principalement notre santé, notre durée de vie, notre liberté d'action et notre confort. L'espérance de vie a considérablement augmenté. La qualité globale des soins médicaux s'améliore sans cesse, malgré des disparités choquantes (2 765 dollars par an de dépenses publiques et privées de santé pour un Américain et 3 dollars pour un Vietnamien). Si notre liberté matérielle, notre confort quotidien et notre pouvoir d'action sur le monde ne cessent de croître, en revanche plusieurs aspects de notre existence se sont dégradés. Nous avons pollué à peu près tout ce qui pouvait l'être et de nouveaux fléaux ravagent la planète et ses habitants. Le dogme du développement technologique et économique à tout prix mérite-t-il vraiment le piédestal sur lequel on l'a installé ? Cette question souligne la confusion que ce dogme fait naître entre le possible et le désirable.

C'est après avoir renoncé au projet d'établir une connaissance universelle susceptible d'expliquer tout sur tout que la science a connu ses plus grands succès. En se concentrant sur l'étude des phénomènes naturels, elle a mis au point des méthodes efficaces pour les découvrir, les mesurer, les décrire, puis agir sur eux. La somme de savoir issue de cet effort est si vaste qu'elle fait parfois oublier l'incapacité de la science à offrir des réponses aux questions fondamentales de l'existence. Cette inaptitude n'est pas un échec, puisque la science, qui délimite clairement le champ de son investigation et de ses possibilités, n'a jamais eu pour but de nous aider à trouver le bonheur ni de faire régner la paix autour de nous.

La science étudie des « observables » et les théories physiques se révèlent plus ou moins aptes à l'interprétation des phénomènes observés. « Le but de la science est d'augmenter et d'ordonner notre expérience[1] », écrivait Niels Bohr. « Elle n'a pas pour but de révéler l'essence réelle des phénomènes[2]. » L'espoir des sciences fondamentales de comprendre la nature ultime de la réalité semble donc chimérique. Les méthodes de la science ne conduisent généralement qu'à une grille de lecture des phénomènes permettant de décrire et de prédire leur comportement expérimental. La science finit donc par se heurter à des obstacles qui montrent que la nature de la réalité est différente de ce qu'elle avait envisagé. Ce sont précisément ces obstacles, mis en évidence par la mécanique quantique et la relativité, qui peuvent pousser la science à ouvrir un dialogue avec le bouddhisme. En s'interrogeant sur la réalité ultime des phénomènes et de la conscience comme étape nécessaire à l'Éveil, le bouddhisme peut résoudre le dilemme du scientifique pris entre la réalité apparente du macrocosme et l'effondrement de la réalité solide dès qu'on pénètre dans le monde des particules. Mais il va plus loin, puisqu'il traduit ses conclusions dans une attitude pragmatique face à l'existence.

La technologie, quant à elle, conçoit la science comme un moyen de se servir du monde et de poursuivre son rêve de le maîtriser. Bref, la science fondamentale est connaissance théorique, la technologie connaissance utilitaire, et la science contemplative connaissance libératrice. Elles devraient donc se compléter sans s'opposer.

Pour moi, les aspects les plus fascinants de la rencontre entre les sciences naturelles et le bouddhisme résident dans l'analyse de la réalité ultime des choses et de la nature de la conscience. Nos entretiens m'ont beaucoup appris et m'ont confronté à de nouvelles questions. La nature de la conscience est une question captivante entre toutes. Est-elle entièrement réductible au cerveau ? Est-elle un phénomène émergent de la matière ? Peut-elle – comme le pense le bouddhisme – se poursuivre indépendamment d'un support physique ? Les contemplatifs bouddhistes font état de différents niveaux de conscience qu'ils définissent sur la base d'une expérience introspective réelle. Leur méthode mérite toute l'attention des chercheurs qui fondent leurs travaux sur la méthode scientifique empirique. Je suis particulièrement heureux qu'une ligne de recherche passionnante commence maintenant à rassembler neurobiologistes et contemplatifs, suite à l'impulsion que donna à ce mouvement notre ami regretté, Franscico Varela.

Que dire du pari de Thuan en faveur d'un principe organisateur de l'univers ? Il est certain que le problème des origines appelle une prise de position métaphysique. Rappelons la phrase de François Jacob : « Un domaine entier est totalement exclu de toute enquête scientifique, celui qui concerne l'origine du monde[3]. » Mais une position métaphysique n'équivaut pas systématiquement à un pari, dont le bouddhisme ne voit aucunement la nécessité. Pour le bouddhisme, quand on envisage la question d'un début, la seule position métaphysique qui résiste à l'analyse est celle de l'absence de début. Toute autre possibilité ramène inévitablement à l'idée d'une cause sans cause, d'un immuable qui se transforme ou d'un néant qui devient quelque chose. Pour s'en tenir au pari finaliste, il faudrait d'abord pouvoir résoudre ce genre de contradictions.

Quant à la question de Leibniz – « Pourquoi y a-t-il quelque chose plutôt que rien ? » – sur laquelle Thuan revient, elle n'a de sens que d'un point de vue réaliste matérialiste. Elle présuppose que les phénomènes aient une réalité propre. Avancer la présence d'un principe organisateur ne résout rien. La question devient alors : « Pourquoi y a-t-il un principe organisateur plutôt que rien ? » Selon le bouddhisme, elle pourrait être reformulée de deux façons. La première : « Pourquoi y a-t-il une manifestation des phénomènes plutôt que rien ? » Réponse : « C'est parce que tout est vide que tout peut apparaître. » La deuxième : « Pourquoi devrait-il y avoir rien, alors que quelque chose est possible ? » Réponse : « Ni existant ni non existant, ce rien n'est pas intrinsèquement différent de quelque chose de possible. » Pour le bouddhisme, il n'y a jamais eu de réalité solide douée d'existence intrinsèque. L'Éveil consiste simplement à se réveiller du rêve de l'ignorance qui attribue aux choses cette existence intrinsèque.

Comme le dit Thuan : « Selon les dernières observations astronomiques, l'univers paraît ne pas contenir assez de matière invisible pour arrêter et inverser son mouvement de dilatation – il pourrait même être en accélération –, ce qui semblerait, en l'état actuel de notre connaissance du cosmos, exclure un univers cyclique. » Cette question est encore loin d'être résolue. Les scientifiques bouillonnent d'idées nouvelles à ce sujet. Le magazine français de vulgarisation scientifique *Science et Vie* a consacré son numéro de janvier 2000 à « l'avant-big bang ». D'éminents scientifiques y présentent leurs visions révolutionnaires de l'univers et de la cosmologie. Andreï Linde parle d'univers en cascade et de big bang se produisant à chaque instant. Martin Rees évoque un « multivers » constitué d'univers multiples qui se régénéreraient sans cesse et ne connaîtraient pas de fin. Pour Gabriele Vaneziano, le big bang ne serait pas le début de l'univers, mais un simple tournant de son histoire. La diversité, le caractère contradictoire et l'incompatibilité parfois de ces scénarios (qui ne seront certainement pas les derniers) reflètent la précarité de toute théorie cosmologique envisageant le début de l'univers.

Au regard du bouddhisme, l'accent mis par la pensée occidentale – qu'elle soit religieuse, philosophique ou scientifique – sur la notion de début est lié à sa croyance invétérée en la réalité des phénomènes : les choses « existent » bel et bien comme nous les voyons, il faut donc qu'il y ait eu un commencement. Ce parti pris a obligé les scientifiques à se livrer à toutes sortes d'acrobaties pour réconcilier les découvertes de la physique quantique avec une vision rassurante du monde qui éviterait de remettre en cause notre perception ordinaire des choses. Les efforts que font les physiciens pour maintenir certaines représentations classiques (par exemple celle de corps matériels existant en soi et ayant des propriétés intrinsèques) se heurtent naturellement à des difficultés lorsqu'ils doivent les confronter aux phénomènes mis en évidence par leurs propres découvertes. Ces difficultés ne proviennent pas seulement de l'inertie inhérente au fait d'appartenir à une école scientifique particulière. Elles sont dues à une résistance beaucoup plus profonde dès qu'il s'agit de remettre en question la réalité des phénomènes et du sujet qui les observe. Selon Michel Bitbol, le débat philosophique sur la physique moderne semble régi par la maxime suivante : « Chaque fois qu'une interprétation réaliste est disponible en physique théorique, adoptez-la quoi qu'il advienne[4]. » Il suffirait pourtant que les physiciens tirent les conclusions de la mécanique quantique pour transformer leur vision du monde.

Quand Steven Weinberg, prix Nobel de physique, déclare : « Seule la religion peut pousser des êtres bons à faire le mal », on pourrait lui répondre de façon tout aussi dogmatique : « Seule la spiritualité peut pousser des êtres mauvais à faire le bien. » Face aux atrocités parfois commises au nom de la science (dont nous avons parlé au premier chapitre de ces entretiens), on pourrait ajouter que seule la science peut donner une excuse à des gens normaux pour faire le mal sous couvert de respectabilité. Mais ce serait adopter une attitude aussi extrême que celle de Weinberg. Il est plus juste de dire que la valeur de toute activité, même celles qui endossent le respectable habit de la science et de la religion, dépend entièrement de nos motivations.

Je ne pense pas que ce que j'appelle la « science contemplative » relève principalement de l'intuition. Ce terme évoque une expérience beaucoup trop vague pour s'appliquer à l'expérience directe de la méditation qui, si elle n'était pas fondée sur la raison et la logique, n'aurait aucune valeur. À un certain niveau de la contemplation, la raison doit être transcendée, mais cela ne signifie pas qu'au-delà de ce stade la méditation aille à l'encontre de la raison : elle en dépasse simplement les limites, processus que Thuan a rapproché du théorème d'incomplétude de Gödel. La philosophie et la contemplation bouddhiques n'ont pas pour but de construire un édifice théorique grandiose, ni de prétendre tout expliquer. Elles exigent des résultats tangibles en termes de transformation intérieure. À ce sujet, Khyentsé Rinpotché conseillait :

Le signe de la sagesse est le contrôle de soi, et le signe que l'on a mûri dans son expérience spirituelle est l'absence d'émotions conflictuelles. Cela veut dire que lorsqu'on est devenu sage et savant, on doit, dans la même proportion, être devenu serein, paisible et discipliné – et non pas négligent, arrogant et bouffi d'orgueil. Vérifiez constamment que vous réussissez à utiliser la pratique spirituelle pour dompter vos émotions négatives. Si une pratique quelconque donne un résultat contraire, si elle accroît votre égoïsme, votre confusion et vos pensées négatives, vous feriez mieux de l'abandonner, elle n'est pas faite pour vous.

S'il est nécessaire de se fier aux instructions que nous prodiguent des maîtres accomplis, dont l'expérience est supérieure à la nôtre – comme on écoute en mer les conseils d'un marin chevronné –, il importe de ne pas accepter une vérité simplement parce qu'elle est énoncée par quelqu'un que l'on respecte. La valeur des paroles du Bouddha réside dans la possibilité donnée à chacun d'en vérifier l'exactitude. Comme l'écrit François Jacob : « Le danger pour le scientifique [j'ajouterais : et pour le contemplatif] c'est de ne pas mesurer les limites de sa science, donc de sa connaissance. C'est de mêler ce qu'il croit et ce qu'il sait. Et surtout, c'est la certitude d'avoir raison [5]. »

Dans le domaine des sciences naturelles, les révolutions successives de la connaissance montrent que la notion de « certitude définitive » restera à jamais précaire. Oserai-je dire qu'à propos de la nature ultime de l'esprit, des mécanismes du bonheur et de la souffrance, et de la réalité des phénomènes, l'Éveil intérieur apporte une certitude d'une autre nature ? Cette certitude découle d'une découverte intérieure qui se vérifie à chaque instant par l'expérience. Elle apparaît comme une compréhension immuable de la nature véritable des choses et se traduit par des qualités humaines que nous souhaitons tous posséder.

Car, en fin de compte, sans ces qualités, à quoi bon échafauder d'interminables constructions intellectuelles pareilles à un château bâti sur un lac gelé ? De même que ce dernier disparaîtra sous l'eau dès le printemps venu, la méditation purement conceptuelle qui ne se traduit pas par des changements profonds de notre être ne résistera pas aux épreuves de l'existence.

Selon le bouddhisme, la compréhension de la vacuité s'exprime par un amour et une compassion sans limites. L'ermite tibétain Shabkar écrivait [6] :

Qui a la compassion détient tous les enseignements ;
Qui ne l'a pas n'en détient aucun.

Même celui qui médite la vacuité
A besoin de la compassion, car elle en est le cœur.

Pour reprendre une métaphore utilisée dans les textes bouddhiques, seule la chaleur de cette compassion unie à la sagesse peut faire fondre le minerai de notre esprit, afin d'en libérer l'or qui est notre nature profonde.

NOTES

Introduction.

1. Parmi les nombreux participants à ces séminaires, citons Richard J. Davidson, Anne Harrington, Jerome Engel, Paul Ekman, Robert Livingstone, Eliot Sober et Francisco J. Varela pour les sciences cognitives et la biologie ; David Finkelstein, Arthur Zajonc et Anton Zeilinger pour la physique ; Owen Flannagan, Daniel Goleman, Charles Taylor et Lee Yearly pour la philosophie.

2. *Passerelles*, Albin Michel, 1995. *Quand l'esprit dialogue avec le corps*, sous la direction de Daniel Goleman, Trédaniel, 1997. *Dormir, rêver, mourir. Explorer la conscience avec le dalaï-lama*, sous la direction de Francisco J. Varela, NiL, 1999. D'autres ouvrages sont parus en langue anglaise, tels *Consciousness at the Crossroads, Conversation with the Dalai Lama on Brain Science and Buddhism*, Zara Houshmand, Robert B. Livingstone et B. Alan Wallace, Snow Lion, 1999, trad. Fayard, 2000 ; *Mind Science : An East-West Dialogue, the Dalai Lama and Participants in the Harvard Mind Science Symposium*, édité par Daniel Goleman et Robert A.F. Thurman, Wisdom Publications, Boston, 1991.

3. B. Alan Wallace, *Science et Bouddhisme*, Calmann-Lévy, 1998.

4. Werner Heisenberg, *Across the Frontiers*, New York, Harper and Row, 1974, chapitre 3, « Wolfgang Pauli's Philosophical Outlook ».

5. Trinh Xuan Thuan, *La Mélodie secrète,* Fayard, 1988,

édition de poche, Gallimard, Folio-Essais, 1991 ; *Le Chaos et l'Harmonie*, Fayard, 1998, édition de poche, Gallimard, Folio-Essais, 2000 ; *Un astrophysicien*, Champs-Flammarion, 1995 ; *Le Destin de l'univers*, Découvertes-Gallimard, 1992.

Chapitre 1. À la croisée des chemins.

1. Dilgo Khyentsé Rinpotché, *Le Trésor du cœur des êtres éveillés*, Le Seuil, Points Sagesse, 1994.

2. Sur le concept de vacuité dans le bouddhisme, voir *Comprendre la vacuité*, Padmakara, 1993, et Patrick Carré, *Éloge de la vacuité*, Pauvert, 2000.

Les aspects du bouddhisme et les citations que nous présentons dans ce dialogue ne sont pas spécifiques du bouddhisme tibétain. Elles reflètent les vues philosophiques du bouddhisme indien qui sont fondées sur les paroles du Bouddha Shakyamuni (569-489 ? av. J.-C.) et des grands commentateurs indiens, principalement ceux qui exposent la philosophie de la Voie du Milieu (*Madhyamika*). Parmi eux, Nagarjuna (IIe siècle apr. J.-C, mais selon d'autres sources il pourrait être né en 212 av. J.-C.), Chandrakirti (VIIe siècle apr. J.-C.) et Shantidéva (685-763 ?). Les dates du Bouddha ne sont pas établies avec certitude. Selon les calculs fondés sur les registres du Vinaya conservés au Sri Lanka, le Bouddha aurait vécu de 483 à 403 av. J.-C. Mais si on situe le règne de l'empereur Ashoka (268-231 av. J.-C.) deux siècles après la mort du Bouddha, les dates de ce dernier seraient 569 à 489 av. J.-C. D'autres études proposent des dates différentes.

3. En ce qui concerne l'histoire de cette méprise, voir Roger-Pol Droit, *Le Culte du néant*, Le Seuil, 1997.

4. Cité dans Gampopa, *Le Précieux Ornement de la libération*, Padmakara, 1999, p. 257.

5. Chiffres extraits du rapport « Programme des Nations unies pour le développement » sur l'état du monde en 1998.

6. Concernant la notion d'interdépendance dans le bouddhisme, voir chapitre 4.

Chapitre 2. Être et ne pas être.

1. Un vrai kaléidoscope d'ondes accompagne à tout instant notre existence. Les ondes radio sont les moins énergétiques. Il suffit d'un petit tour de bouton pour qu'elles soient converties par le miracle de l'électronique moderne en une symphonie de Beethoven ou en un feuilleton sur l'écran du poste de télévision. Mêlées aux ondes radio, les ondes de lumière visible provenant du Soleil et filtrant par la fenêtre ricochent partout sur la surface des objets qui nous entourent, puis pénètrent dans nos yeux, ce qui nous permet de voir ces objets. Les ondes ultraviolettes du Soleil et les ondes X en provenance de l'espace viennent s'ajouter au tout.

2. Les deux forces nucléaires forte et faible, la force électromagnétique et la force de gravité. Tout phénomène physique peut s'expliquer par l'interaction de ces quatre forces fondamentales.

3. Au temps de Planck, l'univers est si comprimé et sa densité si grande que la gravité, d'ordinaire négligeable à l'échelle subatomique, devient aussi importante que les forces nucléaires forte et faible, et que la force électromagnétique.

4. Pour une description claire et détaillée de la théorie des supercordes, voir l'ouvrage de Brian Greene, *L'Univers élégant,* Robert Laffont, 2000.

5. Les lois de la physique n'ont été vérifiées expérimentalement que pour des temps supérieurs à environ un millionième de millionième (10^{-12}) de seconde après le big bang. Avant cela, l'énergie des particules élémentaires dans l'univers était trop importante pour pouvoir être reproduite par nos plus grands accélérateurs de particules de manière à permettre l'étude de la physique dans ces conditions extrêmes.

Pour plus de détails sur l'histoire de l'univers, voir *La Mélodie secrète*, *op. cit.*

6. Shantidéva, *Bodhicharyavatara*. Traduction française : *La Marche vers l'Éveil*, Padmakara, 1991, chapitre 9, p. 147-148.

Chapitre 3. À la recherche du grand horloger.

1. Blaise Pascal, *Pensées*, Hachette, 1921.

2. Jacques Monod, *Le Hasard et la Nécessité*, Le Seuil, 1970.

3. Steven Weinberg, *Les Trois Premières Minutes de l'univers*, Le Seuil, 1978.

4. Freeman J. Dyson, *Les Dérangeurs d'univers,* Payot, 1987.

5. Selon le spécialiste des supercordes Brian Greene, interrogé par Matthieu au cours d'une conversation : « La réponse se trouve dans la cosmologie. Aux premiers instants de l'univers, son énergie se manifeste sous la forme de vibrations des cordes. Pourquoi alors un certain nombre de cordes se mettent-elles à vibrer d'une certaine façon et un autre groupe de cordes d'une autre façon ? Nous pensons qu'il y a une compétition entre l'entropie (la quantité physique qui mesure le désordre : l'univers « recherche » un désordre maximal) et l'énergie (l'univers recherche des états d'énergie de plus en plus bas, comme une balle qui roule sur la pente d'une colline), ce qui détermine combien de cordes vont vibrer selon chaque mode possible. »

6. Les énoncés des versions forte et faible du principe anthropique sont dus à Brandon Carter dans *Confrontation of Cosmological Theories with Observation,* M.S. Longair (Reidel, Dordrecht, 1974), p. 291.

7. Toutefois, le hasard vrai n'est pas démontrable, car les conséquences de l'indéterminisme et d'un chaos déterministe sont indistinguables.

8. Un trou noir est une singularité dans l'espace résultant de l'effondrement gravitationnel d'une étoile massive à la fin de sa vie. Le trou est « noir » car la gravité y est si grande que la lumière ne peut pas s'en échapper.

9. François Jacob, *La Souris, la mouche et l'homme*, Odile Jacob, 1997, p. 216.

10. Voir Trinh Xuan Thuan, *Le Chaos et l'Harmonie*, *op. cit.*, chapitres 2 à 6.

11. Thomas d'Aquin, *Somme théologique*, t. I (questions 1-119), par Albert Raulin, Aimon-Marie Roguet *et al.*, Éditions du Cerf, 1984.

12. Bertrand Russell, *Why I Am Not a Christian*, Routlegde, Londres, 1957, p. 15.

13. Dans son *Commentaire de la logique* (*Pramana-vartika*), Dharmakirti écrit : « Qui empêcherait l'effet d'une cause complète ? »

14. *Le Dalaï-Lama parle de Jésus*, Brépols, 1996, p. 79.

15. *Ibid.*

16. *Ibid.*

17. *Ibid.*, p. 79-80.

Chapitre 4. L'univers dans un grain de sable.

1. Pour un développement détaillé sur la notion d'interdépendance et de causalité réciproque, voir Joanna Macy, *Mutual Causality in Buddhism and General Systems Theory*, State University of New York Press, Albany, 1991.

2. *Selected Works of the Dalai Lama VII*, trad. Glenn H. Mullin, Ithaca, Snow Liong, 2e édition, 1985, p. 118.

3. Fabrice Midal, *Les Mythes et dieux tibétains*, Le Seuil, 2000.

4. Erwin Schrödinger, *L'Esprit et la Matière*, Le Seuil, 1980.

5. On peut rapprocher cela de Kant qui appelait « objective » l'existence conventionnelle et « en soi » l'existence autonome.

6. Ou, plus précisément, afin de ne pas nous lier à une ontologie de particules qui est critiquée plus bas : « les propriétés des phénomènes A et B sont corrélées ».

7. Selon une conversation que nous avons eue avec Michel Bitbol, la mécanique quantique ne nous dit rien sur la réalité : au premier degré, elle se contente de prédire les phénomènes. C'est nous qui, ensuite, essayons d'interpréter ces prédictions par des images métaphysiques. Nous avons présenté ici le point de vue de la majorité des physiciens. Quelques physiciens isolés, comme l'Américain David Bohm, ont proposé d'autres interprétations de la mécanique quantique qui conduisent à d'autres lectures des corrélations EPR.

8. Bernard d'Espagnat, *Le Réel voilé,* Fayard, 1994.

9. Werner Heisenberg, *Physique et Philosophie*, Albin Michel, 1961, p. 107.

10. William Blake, *Auguries of Innocence*, in *Complete*

Writings of William Blake, éd. Geoffrey Keynes, New York, Oxford University Press, 1985.

11. *Avamtasaka Sutra : The Flower Ornament Scripture*, traduction Thomas Cleary, Shambhala Publications, Boston et Londres, 1993, p. 959.

12. Asvaghosa, *The Awakening of Faith*, Hakeda (traducteur), Columbia University Press, p. 55.

13. *Comprendre la vacuité*, *op. cit.*, p. 86.

14. *Madhyamaka Prajnamula*, de Nagarjuna.

15. *Soutra requis par Sagara* (*Saganagaraja-paripriccha Sutra*, catalogue Tohoku, T. 152).

Chapitre 5. Les mirages du réel.

1. Sir James Jeans écrivait : « Nous ne pouvons jamais comprendre ce que sont les événements, mais devons nous limiter à décrire des schémas d'événements en termes mathématiques ; aucun autre but n'est possible. Les physiciens qui essaient de comprendre la nature travaillent dans différents domaines à l'aide de diverses méthodes. On peut labourer, semer et récolter, mais le résultat sera toujours une feuille de formules mathématiques qui ne décriront jamais la nature elle-même. [...] Ainsi, nos études ne peuvent jamais nous mettre en contact avec la réalité. » *Physics and Philosophy,* Cambridge University Press, 1931, p. 15-17.

2. Shantidéva, *La Marche vers l'Éveil*, *op. cit.*, chapitre 9, p. 144.

3. En contrepoint de cette analyse bouddhiste et de la physique quantique, Laurent Nottale écrit : « Le concept de particule ne concernerait alors plus un objet qui "posséderait" une masse, un spin ou une charge, mais s'identifierait aux géodésiques fractales d'un espace-temps non différentiable, géodésiques dont masse, spin et charge seraient des propriétés géométriques communes. » *La Relativité dans tous ses états*, Hachette, 1998, p. 238.

4. Ce raisonnement de Chandrakirti (VIIIe siècle), le grand commentateur indien de Nagarjuna, est classiquement appliqué à la notion de chariot. Les sept raisons pour lesquelles un « chariot » n'a pas d'existence propre peuvent être résumées comme suit :

1) Le chariot *ne fait pas intrinsèquement un* avec ses parties (les roues, les axes, etc.), car celles-ci étant multiples, l'entité chariot deviendrait elle aussi multiple. Si on persiste à dire que l'entité chariot est vraiment « une », alors toutes ses parties devraient être une seule et même entité. De ce fait, l'agent (le chariot en mouvement) et ce qu'il emmène dans sa course (ses parties) ne feraient absurdement qu'un.
2) Le chariot *n'est pas intrinsèquement autre* que ses parties, car s'il en était ainsi, ce serait une entité totalement distincte desdites parties. Or des phénomènes ontologiquement indépendants et simultanés ne peuvent agir les uns sur les autres et ne peuvent donc être reliés par un lien causal. Le chariot devrait alors pouvoir être appréhendé séparément de ses parties, ce qui n'est pas le cas.
3) Les parties d'un chariot *ne dépendent pas intrinsèquement* de l'entité chariot, car si c'était le cas, les parties et le chariot devraient être intrinsèquement « autres », ce qui revient au cas précédent.
4) Pour les mêmes raisons, le chariot *ne dépend pas intrinsèquement* de ses parties.
5) Le chariot *ne possède pas* ses parties comme un fermier possède une vache ou un homme son propre corps. Pour ce faire, le chariot devrait être soit intrinsèquement distinct, soit indistinguable de ses parties, deux possibilités qui ont été réfutées.
6) L'entité chariot n'est pas *simplement un composé* de ses parties : *a*) la forme des parties ne peut être un chariot ; *b*) la forme du composé constitué par les parties ne peut être un chariot, car les formes de ces parties ne sont un chariot ni avant ni après leur assemblage, ces formes restant inchangées.
7) La *forme du composé* n'est pas un chariot, car le composé des parties n'est pas une entité douée d'existence propre. Il n'y a pas de composé des parties autre que les parties elles-mêmes, sinon on pourrait appréhender ce composé sans appréhender les parties. Comme nous l'avons vu, le composé ne peut pas non plus être identique à ses parties, car s'il l'était, soit l'entité « composé » serait multiple, soit les parties ne feraient qu'un. En résumé, la forme du composé n'existe que par le jeu d'une *imputation conceptuelle*.

5. Alan Wallace, *Science et Bouddhisme*, *op. cit.*, p. 232.

6. Si l'on veut comprendre le concept bohrien de complémentarité, il ne faut pas oublier l'idée-force de Bohr : « L'impossibilité de toute séparation nette entre le comportement des objets atomiques et leur interaction avec les instruments de mesure servant à définir les conditions sous lesquelles le phénomène se manifeste. » *Physique atomique et connaissance humaine*, Gallimard, 1991, p. 207.

7. Werner Heisenberg, *Physique et Philosophie, op. cit.*, p. 186.

8. Niels Bohr, *Atomic Theory and the Description of Nature*, Ox Bow Press, 1987, p. 18.

9. François Jacob, *La Souris, la mouche et l'homme, op. cit.*, p. 216.

10. Erwin Schrödinger, « Science et humanisme », *Physique quantique et représentation du monde*, Le Seuil, 1992, p. 47.

11. Michel Bitbol, communication personnelle.

12. Werner Heisenberg, *Physique et Philosophie*, *op. cit.*, p. 107.

13. Henry Stapp, « S-Matrix Interpretation of Quantum Theory », *Physical Review*, D3, 1971, p. 1303.

14. Michel Bitbol, *L'Aveuglante Proximité du réel,* Flammarion, p. 218.

15. Erwin Schrödinger, *La Nature et les Grecs*, précédé de M. Bitbol, *La Clôture de la représentation*, Le Seuil, 1992, p. 197.

16. Michel Bitbol, *L'Aveuglante Proximité du réel*, *op. cit.*, p. 211.

17. W. V. Quine, *La Poursuite de la vérité* (trad. fr. M. Clavelin), Le Seuil, 1993, p. 62, cité par M. Bitbol, *Physique et Philosophie de l'esprit*, Flammarion, 2000, p. 14.

18. Laurent Nottale, *La Relativité dans tous ses états*, *op. cit.*, p. 111.

19. Markus Arndt, Olaf Nairz, Julian Vos-Andreae, Claudia Keller, Gerbrand Van der Zouw, Anton Zeilinger, « Wave-particle duality of C60 molecules », *Nature*, vol. 401, n° 6754, p. 680-682 (1999).

20. Henry Stapp, « S-Matrix Interpretation of Quantum Theory », *op. cit*.

21. Selon ce point de vue, l'espace-temps est de nature fractale à l'échelle microscopique et la transition entre com-

portement fractal et non fractal (aux plus grandes échelles) s'identifie à la transition entre la mécanique quantique et la mécanique classique (voir Nottale, *op. cit.*, p. 177). Les lois de la nature doivent être valides dans tous les systèmes de coordonnées, quel que soit leur état d'échelle (p. 219).

22. Shantarakshita, *Madhyamaka-alankara* (tib. *dbu ma rgyen*, l'ornement de la Voie du Milieu).

23. Shantidéva, *La Marche vers l'Éveil*, *op. cit.*, chapitre 9, p. 34.

24. Louis Finot, *Milinda-Panha, Les Questions de Milinda*, traduit du pali, Gallimard, « Connaissances de l'Orient », 1992.

25. Cité par Bernard Pullman, *L'Atome dans l'histoire de la pensée humaine*, Fayard, 1995.

26. Il s'agit ici d'une indivisibilité physique et non mathématique.

27. Werner Heisenberg, *Physique et Philosophie*, *op. cit.*, p. 188.

28. Michel Bitbol, *L'Aveuglante Proximité du réel*, *op. cit.*, p. 188.

29. *Ibid.*, p. 195.

Chapitre 6. Comme un éclair dans un nuage d'été.

1. Le proton est fait de deux quarks *up* et d'un quark *down* et le neutron d'un quark *up* et de deux quarks *down*.

2. Nagarjuna, *Traité Racine de la Voie du Milieu*, Mulamadhyamakarika, dans *Comprendre la vacuité. op.cit.*

3. Voir Brian Greene, *L'Univers élégant*, *op. cit.*

4. Pour combler les vides laissés par l'expansion, cette théorie suppose une création continue de matière et de galaxies. Au lieu du big bang, l'univers stationnaire connaît une série de *little bangs*.

5. Isaac Newton, *Optics : Or a Treatise of the Reflections and Colours of Light,* Dover Publications, 1952.

6. Dharmakirti, *Pramanavarttika karika, Commentaire complet de la connaissance authentique*, dans Gampopa, *Le Précieux Ornement de la libération*, *op. cit.*, p. 249.

Chapitre 7. À chacun sa réalité.

1. W.H. Zurek, *Quantum, Classical, and Decoherence,* Los Alamos Preprint, 1992.
2. Werner Heisenberg, *Physique et Philosophie*, *op. cit.*, p. 202.
3. Niels Bohr, *Physique atomique et connaissance humaine*, Gallimard, 1991, p. 20.
4. Jean-Marc Levy-Leblond « Le temps, des équations aux mots », *Les Espaces*, décembre 1999.
5. Bernard d'Espagnat, *Le Réel voilé*, *op. cit*.
6. Thomas Nagel, *Quel effet cela fait d'être une chauve-souris ?*, PUF, 1984.
7. Voir « Ways of coloring : Comparative color vision as a case study for cognitive science », E. Thompson, A. Palacios et F.J. Varela, *Behavioral and Brain Sciences*, 1992, vol. 15, p. 1-74.
8. David Bohm, conférence donnée à Berkeley en 1977.
9. Henri Poincaré, *La Valeur de la science,* Flammarion, 1990.
10. Alan Wallace, *Science et Bouddhisme*, *op. cit.*, p. 187.
11. Ce thème a été développé en détail dans un ouvrage tibétain de Lama Mipham (1846-1912) appelé *La Torche de la certitude* et dans les commentaires du même texte composés par divers auteurs. Voir la traduction anglaise de John W. Pettit, *The Beacon of Certainty*, Boston, Wisdom Publications, 1999.
12. Cela n'empêche nullement le monde d'apparaître, mais il est alors perçu comme le déploiement de la pureté infinie des phénomènes. On parle de « pureté infinie », car les distinctions habituelles qu'établit l'esprit entre le beau et le laid, le pur et l'impur, disparaissent dans la connaissance non duelle de la nature ultime des phénomènes. Le monde habituel, dit « impur », n'est que le produit d'une méprise et ne possède pas le moindre atome de vérité comme l'eau miroitante d'un mirage. L'ignorance elle-même est un simple voile transitoire et irréel. Lorsque l'on prend conscience de cette situation, toute perception « impure » disparaît.
13. Dilgo Khyentsé Rinpotché, *Les Cent Conseils de Padampa Sanguié aux gens de Tingri*, traduit par M. Ricard et le Comité de traduction Padmakara, Éditions Padmakara, 2000.

Chapitre 8. Questions de temps.

1. Saint Augustin, *Confessions*, chapitre 9, Garnier-Flammarion, 1964, p. 264.

2. In *The Quotable Einstein,* edited by Alice Calaprice, Princeton, Princeton University Press, 1996, p. 61.

3. La seconde est définie aujourd'hui comme la durée de 9 192 631 770 vibrations d'un atome de césium 133 entre deux niveaux d'énergie.

4. Francisco J. Varela, *Annals of the New York Academy of Sciences*, vol. 879, p. 143, 1999.

5. Nagarjuna, *Srulekha*, traduction française tirée de Gampopa, *Le Précieux Ornement de la libération*, *op. cit.*

6. *Chapitres dits intentionnellement, Udanavarga.*

7. La seule exception à cette règle concerne une particule subatomique appelée « kaon », mais cette petite flèche n'est pas importante car le kaon n'est présent ni dans la matière qui nous compose, ni dans celle des étoiles ou des galaxies, mais seulement dans les accélérateurs de particules.

8. Si on n'observe pas le phénomène que nous appelons une particule, il se manifeste comme une onde qui peut être partout à la fois. La fonction d'onde de Schrödinger qui permet de calculer la probabilité de trouver une particule à un point donné dans l'espace est réversible dans le temps. Donc, a priori, il n'y a pas de flèche du temps. Mais cela ne reste vrai que tant qu'aucune mesure n'est faite. Dès qu'il y a une opération de mesure, toute se passe comme si la fonction d'onde se réduisait à une seule position, et qu'il s'imprimait une marque irréversible sur le système. Pour comprendre comment cette irréversibilité se produit, faisons l'expérience de pensée qui consiste à inverser la fonction d'onde de Schrödinger dans le temps. Tout est réversible jusqu'à l'instant d'une mesure. Dès que cette mesure est effectuée, la particule doit choisir parmi plusieurs passés possibles, tout comme il y avait plusieurs futurs possibles avant l'acte de mesure, lorsque le temps se déroulait dans le sens contraire. Il n'y a rien qui contraigne la particule à choisir un passé qui corresponde à son « vrai » passé. Il y a donc irréversibilité et par conséquent une sorte de flèche quantique du temps.

9. Aristote, *Physique*, IV, 10, 218a.

10. *Nunc fluens facit tempus, nunc stans facit aeternitatem*, Boèce, *De Consolatione*, chapitre 5, p. 6.

Chapitre 9. Le chaos et l'harmonie.

1. Werner Heisenberg, *Physique et Philosophie*, *op. cit.*, p. 212.

2. Il faut préciser que l'interdiction de franchir le mur de la vitesse de la lumière s'applique seulement aux phénomènes qui sont porteurs d'information. Les phénomènes qui ne transmettent pas d'information peuvent en principe se propager plus vite que la lumière. Prenons par exemple le cas d'un faisceau laser produit sur la Terre qu'on promène très rapidement sur la surface de la Lune. Bien qu'au sein du faisceau laser les photons ne voyagent pas plus vite que la lumière, la zone de lumière projetée sur la surface de la Lune (ou la limite ombre / lumière) peut paraître se déplacer à six cent mille kilomètres par seconde (deux fois la vitesse de la lumière) en raison de l'angle de rotation imposé au faisceau depuis la Terre et de la grande distance qui sépare la Terre de la Lune. Les astronomes ont observé ce phénomène dans certaines radio-galaxies (des astres qui émettent la plus grande partie de leur énergie en ondes radio). Des mouvements dits « superlumineux », c'est-à-dire ayant une vitesse plus grande que celle de la lumière, y ont été détectés. Mais ces phénomènes ne peuvent transmettre aucune information et ne peuvent donc pas participer à un effet de causalité.

3. Selon Roland Omnès la réduction de la fonction d'onde ne doit pas nécessairement être considérée comme un phénomène mais seulement un artifice de calcul. Pour plus de détails voir, R. Omnès, *The Interpretation of Quantum Mechanics,* Princeton University Press, 1994, p. 339-340.

4. Le terme « décohérence », exprime le fait que, parmi toutes les possibilités incluses dans la fonction d'onde globale, l'appareil de mesure n'en choisit qu'une. D'après le physicien Wojciech Zurek, ce choix est dicté par le fait que le déroulement des événements dans le monde s'opère de façon continue et corrélée et non de façon discontinue et imprévisible. Voir notamment M. Tegmark et J.A. Wheeler, *Scientific American,* février 2001, p. 68.

5. P.S. Laplace, *Essai philosophique sur les probabilités*, Courcier, 1814.

6. Henri Poincaré, *Science et Méthode*, Flammarion, 1908.

7. Pour plus de détails sur les phénomènes non linéaires et chaotiques, voir *Le Chaos et l'Harmonie*, *op. cit.*, chapitre 3.

8. « Nous avons démontré que l'autoprédiction est impossible, et ce même au cas où l'on parviendrait à construire un prédicteur réunissant toutes les capacités d'une intelligence laplacienne [...], c'est-à-dire un prédicteur qui représenterait un système physique dont le caractère déterministe serait universellement reconnu. [...] Si l'autoprédiction est impossible, il s'ensuit qu'un prédicteur ne peut prédire les effets de ses agissements sur son propre milieu. » K. Popper, *L'Univers irrésolu,* Hermann, 1984, p. 66.

9. « Autrement dit, commente Michel Bitbol (communication personnelle), lorsque celui qui prédit est inextricablement impliqué dans la production des phénomènes à prédire, il ne *peut en aucun cas* les prédire de façon stricte (non probabiliste), que les lois de la nature soient supposées déterministes ou non. Le fait qu'il y ait une *relation de codépendance* étroite entre celui qui prédit et le phénomène à prédire peut donc expliquer que la prédiction stricte des phénomènes soit impossible, et qu'il soit de surcroît impossible de trancher entre la thèse du "hasard vrai" et la thèse des liens causaux, puisque l'impossibilité de prédire vaut indépendamment du type de loi supposé. »

10. Bien que le contexte philosophique soit très différent, on retrouve des résonances à la formulation de cette analyse bouddhiste chez Hermès Trismégiste quand il dit : « Toutes choses sont atteintes par la destruction ; car sans destruction il ne peut y avoir de génération. Les choses qui naissent ont besoin pour surgir de celles qui sont détruites, et celles qui naissent doivent être détruites pour que la génération (ou le "devenir") se poursuive. [...] Il est impossible aux mêmes choses de devenir une seconde fois ; et comment ce qui n'est pas ce qu'il était auparavant peut-il être réel ? »

11. Nagarjuna, *Traité Racine de la Voie du Milieu*, Mulamadhyamakarika.

12. *Prajnaparamita*.

Chapitre 10. La frontière virtuelle.

1. Voir J.-P. Changeux, *L'Homme neuronal,* Fayard, 1983.

2. Cet exposé est présenté sur le plan de la « vérité relative », celui du monde illusoire des phénomènes tels qu'ils nous apparaissent. Le dalaï-lama ne suppose pas ici que la cause et l'effet soient doués d'existence propre et ne remet pas en question ce qui a été expliqué précédemment : la réfutation présentée au chapitre 10 concerne l'impossibilité de passer d'une cause à un effet si l'un et l'autre sont considérés comme des entités existant par elles-mêmes.

3. *Dormir, rêver, mourir. Explorer la conscience avec le dalaï-lama*, sous la direction de Francisco J. Varela, *op. cit.*, p. 159-160.

4. C'est le concept de la « cognition incarnée » (en anglais, *embodied cognition*). Voir, par exemple, Francisco J. Varela, E. Thompson et E. Rosch, *L'Inscription corporelle de l'esprit*, Le Seuil, 1993.

5. Voir Dilgo Khyentsé, *Le Trésor du cœur, op. cit.*, p. 22.

6. Erwin Schrödinger, *L'Esprit et la Matière*, *op. cit.*, p. 195.

7. La théorie des « équilibres ponctués » n'est pas universellement acceptée. Elle a été critiquée par des biologistes comme Richard Dawkins, entre autres.

8. Voir M. J. Meany *et al.*, *Early Environmental Regulation of Forebrain Glucocorticoid Receptor Gene Expression : Implications for Adrenocortical Responses to Stress,* in *Developmental Neuroscience*, 18, p. 49-72, 1996.

9. Francisco J. Varela, E. Thompson et E. Rosch, *L'Inscription corporelle de l'esprit*, *op. cit.*

10. Raymond Moody, *La Vie après la vie*, Robert Laffont, 1977 ; Michael Sabom, *Recollections of Death*, New York, Harper and Row, 1982 ; et Kenneth Ring, *Heading towards Omega*, Quill Morrow, 1984. Voir les comptes rendus de ces études dans *Dormir, rêver, mourir*, *op. cit.*, et *Le Livre tibétain de la vie et de la mort,* de Sogyal Rinpotché, La Table ronde, 1993.

11. Voir Sure Lönnestrand, *Shanti Dévi, l'enfant réincarné*, Pocket, et L.D. Gupta, N.R. Sharma, T.C. Mathur (les trois notables envoyés par Gandhi), *An Inquiry into the Case*

of Shanti Devi, International Aryan League, Delhi, 1936, ainsi que l'article de Patrice Van Eersel (*Clés*, n° 22, été 1999) que nous avons ici résumé.

12. Ian Stevenson, *20 cas suggérant le phénomène de réincarnation,* Sand, 1985.

13. J.-F. Revel et M. Ricard, *Le Moine et le Philosophe*, *op. cit.* Sur la vie de Khyentsé Rinpotché, voir M. Ricard, *L'Esprit du Tibet*, Seuil, 1997.

14. *Dormir, rêver, mourir. Explorer la conscience avec le dalaï-lama*, *op. cit.*, p. 280.

Chapitre 11. Des robots qui pensent qu'ils pensent ?

1. Voir l'ouvrage de Marvin Minsky, un expert de l'intelligence artificielle, *La Société de l'esprit*, InterÉditions, 1988.

2. Selon Francisco J. Varela (communication personnelle), si l'on considère la conscience comme étant inséparable de la base dynamique qui la conditionne (le corps et l'expérience vécue), la distinction entre le logiciel et la machine perd son sens.

3. Voir l'interview de Francisco J. Varela dans *La Recherche*, n° 308, p. 109, avril 1998.

4. Alan Turing, « Computing Machinery and Intelligence », *Mind*, n° 59, p. 433-460, 1950.

5. John R. Searle, « Minds, Brains and Programs », in the *Behavioural and Brain Sciences*, vol. 3 (New York, Cambridge University Press, 1980).

6. R.A. Brooks, 1991, « Intelligence without Reason », in *Proceedings of the 1991 International Joint Conference on Artificial Intelligence,* p. 569-595, 1991 ; « Intelligence without Representation », *Artificial Intelligence Journal*, n° 47, p. 139-160 ; R.A. Brooks *et al.*, 1998, « Alternative Essences of Intelligence », *Proceedings of the American Association of Artificial Intelligence*.

7. Les plantes bougent pour capter le soleil ou leurs proies, mais ce sont des mouvements inconscients. Pour le bouddhisme également, les plantes sont dénuées de conscience.

8. F. J. Varela, *La Recherche*, *op. cit.*

9. Daniel Dennett, *Consciousness Explained*, Boston, Little Brown, 1991, p. 21-22.

10. Voir Luc Steels, « The artificial life roots of artificial intelligence », *Artificial Life Journal*, vol. I, 1, MIT Press, Cambridge, 1994 ; « The Homo Cyber Sapiens, the Robot Homonidus Intelligens, and the artificial life approach to artificial intelligence », Burda Symposium on Brain-Computer Interfaces, Munich, 1995.

11. Voir *An East-West Dialogue, the Dalaï Lama and Participants in the Harvard Mind Science Symposium*, édité par Daniel Goleman et Robert A.F. Thurman, Wisdom Publications, Boston, 1991.

12. Voir Stevan Harnad, *Consciousness : an afterthought*, in *Cognition and Brain Theory*, chapitre 5, p. 29-47, 1982.

13. Voir, B. Alan Wallace, *The Taboo of Subjectivity : Towards a New Science of Consciousness*, New York, Oxford University Press, 2000, p.138-139. Ainsi que Paul M. Churchland, *Matter and Consciousness : A Contemporary Introduction to the Philosophy of Mind*, revised ed. Cambridge, Mass : MIT Press, 1990.

14. Shantidéva, *La Marche vers l'Éveil*, *op. cit.*

15. *Dormir, rêver, mourir. Explorer la conscience avec le dalaï-lama*, *op. cit.*

16. *Ibid.*

Chapitre 12. La grammaire de l'univers.

1. Selon une communication personnelle de Michel Bitbol, on pourrait presque dire que l'expression « réalité objective » telle que l'emploie un philosophe kantien est synonyme de l'expression bouddhiste « réalité conventionnelle, ou relative ». Chez Kant, qui fournit une bonne part de l'outillage conceptuel de la philosophie des sciences, l'existence intrinsèque est celle de la « chose en soi », qui est inconnaissable, et l'existence objective est celle des séquences de phénomènes liés les uns aux autres par le biais des catégories de l'entendement pur : principe de permanence (associé à la catégorie de substance), principe de consécution selon une règle (associé à la catégorie de causalité), etc.

2. W. Heisenberg, *Philosophical Problems of Quantum Physics*, Woodbridge, Ox Bow Press, 1979, p. 23.

3. Aryadéva, *Quatre Cents Stances*, *Chatuhshakara* (tib. *bzhi brgya pa*).

4. Comment un espace plat se différencie-t-il d'un espace courbe ? On peut expliquer la différence en comparant l'espace plat à une surface plane. L'analogie n'est pas parfaite car l'espace a trois dimensions alors qu'un plan n'en a que deux, mais elle est utile pour guider notre intuition. Nous avons tous appris sur les bancs de l'école que, sur une surface plane, on ne peut tracer qu'une seule et unique parallèle à une droite par un point donné, et que la somme des angles d'un triangle sur un plan est de 180 degrés. C'est la géométrie euclidienne. Prenons maintenant une surface courbe. Elle peut être à courbure positive comme la surface d'une sphère, ou à courbure négative comme la surface d'une selle de cheval. Sur une surface à courbure positive, telle la surface de la terre, les lignes de longitude qui apparaissent parallèles au niveau de l'équateur convergent aux pôles. Aucune parallèle à une droite ne peut être ainsi tracée sur la sphère. De plus, la somme des angles d'un triangle sur la sphère est supérieure à 180 degrés. Par contre, sur une surface à courbure négative, on peut tracer par un point donné une multitude de parallèles à une droite (une parallèle étant définie comme une ligne qui ne rencontre jamais la droite) et la somme des angles d'un triangle est inférieure à 180 degrés.

5. Pour plus de détails sur les objets fractals, voir T.X. Thuan, *Le Chaos et l'Harmonie*, *op. cit.*, p. 149-157.

6. René Descartes, *Méditations métaphysiques*, Gallimard, la Pléiade, 1970, p. 311.

7. Roger Penrose, *L'Esprit, l'Ordinateur et les Lois de la physique*, InterÉditions, 1992, p. 101.

8. Henri Poincaré, in *Bulletin de l'Institut général de psychologie,* 8e année, n° 3.

9. Roger Penrose, *op. cit.*, p. 66.

10. Les nombres premiers sont ceux qui ne peuvent être divisés que par 1 ou par eux-mêmes, comme, par exemple, 1, 2, 3, 5, 7, 11, 13, etc. D'autres prodiges font preuve d'une ahurissante capacité à mémoriser les chiffres, comme ce Japonais qui pouvait réciter les quarante mille premiers chiffres du nombre *pi*.

11. Voir l'article de synthèse, « La biologie des maths », dans *Science et Vie*, n° 984, septembre 1999, p. 46.

Chapitre 13. La raison et la contemplation.

1. La démonstration de Gödel repose sur le concept des propositions autoréférentielles, c'est-à-dire de celles qui parlent d'elles-mêmes. Les Anciens étaient déjà familiers avec les paradoxes de la logique qui surviennent avec les propositions autoréférentielles. Considérons par exemple la proposition : « La présente phrase est fausse. » Si elle est vraie, elle est fausse ; si elle est fausse, elle est vraie. Ou encore : « Je suis un menteur. » Si je suis un menteur, je dis la vérité ; si je dis la vérité, je suis un menteur. La logique est réduite à quia. De même, le problème suivant, dû au mathématicien anglais Bertrand Russell, n'admet pas de réponse : « Un habitant de Séville est rasé par le barbier de Séville si et seulement si il ne se rase pas lui-même. Alors, est-ce que le barbier de Séville se rase lui-même ? » S'il se rase lui-même, il ne peut être rasé par le barbier de Séville, donc il ne se rase pas lui-même ; mais s'il ne se rase pas lui-même, il est rasé par le barbier de Séville, donc il se rase lui-même.

2. Albert Einstein et Leopold Infeld, *The Evolution of Physics*, New York, Simon and Shuster, 1938.

3. B. Alan Wallace, *op. cit.*, p. 31-32.

4. Remarque faite à Heisenberg, citée par Werner Heisenberg in *Physics and Beyond : Encounters and Conversations*, Harper and Row, New York, 1971, p. 63.

5. Norwood Russell Hanson, *Patterns of Discovery, An Inquiry into the Conceptual Foundations of Science*, Cambridge University Press, 1968.

6. Thomas Kuhn, *La Structure des révolutions scientifiques,* Flammarion, 1972.

7. A. N. Whitehead, *Dialogues of Alfred North Whitehead, as recorded by Lucien Price*, New York, New American Library, 1956, p. 109. Cité par B. Alan Wallace, *op. cit.*, p. 15.

8. Thomas Kuhn, *La Structure des révolutions scientifiques, op. cit.*

9. L'équation de Schrödinger permet de calculer la probabilité qu'une particule élémentaire soit trouvée ici ou là.

10. E. Rodriguez, N. George, J.P. Lachaux, J. Martinerie, Francisco J. Varela (1999), « Perception's Shadow : Long-distance synchronization in the human brain », *Nature*, 397, p. 340-343.

Chapitre 15. De la méditation à l'action.

1. Shantidéva, *La Marche vers l'Éveil*, *op. cit.*
2. Ce thème est magnifiquement développé dans le huitième chapitre de *La Marche vers l'Éveil*, *op. cit.*
3. Général José Bonett, cité dans une émission de la BBC en 1998.
4. The Peacemaker Order ; consulter le site Internet *peacemaker@zpo. org.*

Conclusion du scientifique.

1. *The New York Review of Books,* 21 octobre 1999, p. 46-48.
2. Cité par Thinley Norbu, in *Welcoming Flowers, From Across the Cleansed Threshold of Hope, an Answer to Pope's Criticism of Buddhism*, Jewel Publishing House, 1997.

Conclusion du moine.

1. Niels Bohr, *Physique atomique et connaissance humaine*, *op. cit.*, p. 283.
2. Niels Bohr, *Atomic Theory and the Description of Nature*, *op. cit.*, p. 18.
3. François Jacob, *La Souris, la mouche et l'homme*, *op. cit.*
4. Michel Bitbol, *A Cure of Metaphysical Illusions. Kant, quantum mechanics and the Madhyamaka*, dans B. Alan Wallace, *Buddhism and Science*, en préparation.
5. François Jacob,*ibid.*
6. *Shabkar, autobiographie d'un yogi tibétain*, traduit du tibétain par M. Ricard et C. Busquet, Albin Michel, 1999.

Glossaire des mots scientifiques

Accélérateur : machine utilisant des champs électriques et magnétiques pour accélérer des particules élémentaires portant une charge électrique à des énergies extrêmement élevées.

Animisme : philosophie qui attribue une âme aux phénomènes et objets naturels.

Année-lumière : distance parcourue par la lumière (qui se déplace à trois cent mille kilomètres à la seconde) en une année et égale à neuf mille quatre cent soixante milliards de kilomètres.

Anthropique (principe) : vient du grec *anthropos* signifiant « homme ». Idée selon laquelle l'univers a été réglé très précisément pour l'émergence de la vie et de la conscience.

Antiparticule : composante de matière possédant les mêmes propriétés que la particule sauf que la charge est inversée.

Atome : particule la plus petite d'un élément qui possède les propriétés de cet élément.

Béhaviorisme : vient de l'américain *behavior* qui signifie « comportement ». Mouvement de la psychologie qui se donne le comportement comme objet d'étude et l'observation comme méthode, et qui exclut de son champ tout ce qui n'est pas directement observable comme, par exemple, la pensée.

Big bang : théorie cosmologique selon laquelle l'univers primordial, extrêmement chaud et dense, aurait commencé son existence par une énorme explosion qui se serait produite en tout point de l'espace, il y a environ quinze milliards d'années.

Big crunch : l'étape finale de l'effondrement de l'univers sur lui-même sous l'effet de la gravité. On ne sait pas encore si l'univers contient assez de matière pour que la gravité renverse son mouvement de dilatation actuel.

Chaos : propriété qui caractérise un système dynamique dont le comportement dépend de manière extrêmement sensible des conditions initiales.

Complémentarité (principe de) : énoncé par le physicien danois Niels Bohr, selon lequel la matière et le rayonnement peuvent être à la fois onde et particule, ces deux descriptions de la Nature étant complémentaires l'une de l'autre.

Conditions initiales : état d'un système dynamique au début de son évolution.

Démiurge : selon Platon, Être suprême existant dans l'espace et le temps et façonnant le monde matériel selon les plans du monde des Idées où règne le Bien, être éternel et immuable existant en dehors du temps et de l'espace.

Déterminisme : conception philosophique selon laquelle il existe des rapports de cause à effet entre les phénomènes physiques dont l'évolution ultérieure est complètement fixée par des lois bien établies si on connaît leurs conditions initiales.

Dualité onde-particule : le fait que la lumière ou la matière se comportent parfois comme des particules et parfois comme des ondes.

Écosphère : environnement de terre, d'eau et d'air dans lequel évoluent les êtres vivants sur la Terre.

Électron : particule élémentaire stable la moins massive. Elle porte une charge négative et est un constituant de l'atome, avec les protons et neutrons.

Émergente (propriété) : se dit d'une propriété d'un système complexe, qui ne peut être définie ou expliquée en termes des propriétés de ses composants. Autrement dit, le tout est plus grand que la somme des composants.

Flou quantique : voir *Incertitude (principe d')*.

Force électromagnétique : elle lie ensemble les atomes et les molécules et fait que les particules de charges opposées s'attirent et que celles de même charge se repoussent.

Force gravitationnelle : elle attire un objet vers un autre et augmente en proportion du produit des masses de ces objets et décroît en proportion inverse du carré de la distance qui les sépare.

Force nucléaire faible : elle est responsable de la radioactivité.

Force nucléaire forte : elle lie ensemble les quarks pour former protons et neutrons, et les protons et neutrons ensemble pour former des noyaux d'atome.

Fractal (objet) : objet dont la dimension n'est pas un nombre entier.

Galaxie : ensemble contenant en moyenne cent milliards d'étoiles liées ensemble par la gravité. C'est l'unité fondamentale des grandes structures de l'univers.

Gravité quantique (théorie de la) : théorie (encore à faire) qui unifierait les deux piliers de la physique moderne : la mécanique quantique et la relativité générale. Une telle théorie permettrait de franchir le mur de Planck qui constitue actuellement une barrière à notre connaissance.

Holisme : concept philosophique opposé au réductionnisme. Alors que le réductionniste préconise que le tout peut être décomposé et analysé en termes de ses composantes considérées comme fondamentales, le holiste pense que c'est le tout qui est fondamental et que celui-ci ne peut être déduit de l'étude de ses composantes, le tout étant souvent plus grand que la somme des composantes.

Idéalisme : courant philosophique qui subordonne à la pensée tout phénomène extérieur à l'homme.

Idées (monde des) (ou monde des Formes) : selon Platon, le monde des sens, changeant, éphémère et illusoire, n'est que le pâle reflet du monde des Idées, éternel, immuable et vrai.

Incertitude (principe d') : énoncé par le physicien allemand Werner Heisenberg, selon lequel la vitesse et la position d'une particule ne peuvent être mesurées simultanément avec précision, aussi perfectionné que soit l'instrument de mesure. C'est le flou quantique. Le principe d'incertitude s'applique aussi à l'énergie et à la durée de vie d'une particule. Le flou de l'énergie permet l'existence de particules et d'antiparticules virtuelles.

Incomplétude (théorème d') : théorème du mathématicien autrichien-américain Kurt Gödel selon lequel tout système d'arithmétique contient des propositions indécidables, c'est-à-dire ni démontrables ni réfutables avec les axiomes contenus dans ce système.

Linéaire (système) : système dans lequel des modifications de l'état initial entraînent des modifications proportionnelles dans l'état final.

Mach (principe de) : hypothèse émise par le physicien autrichien Ernst Mach selon laquelle la masse d'un objet est déterminée par la distribution de toute la matière dans l'univers.

Matérialisme : doctrine philosophique qui affirme que rien n'existe en dehors de la matière, et que l'esprit lui-même est entièrement matériel.

Matière sombre (ou noire) : matière de nature inconnue n'émettant aucun rayonnement, mais dont la présence est révélée par les effets gravitationnels qu'elle exerce sur les mouvements des étoiles et des galaxies. Elle peut constituer de 90 à 98 % de la masse totale de l'univers.

Mécanique quantique : branche de la physique qui décrit la structure et le comportement des atomes et leurs interactions avec la lumière. Les probabilités y jouent un rôle essentiel. Dans cette théorie, l'énergie et d'autres propriétés des particules ne peuvent varier que de façon discontinue, par quantités distinctes et multiples d'une valeur élémentaire. Quelques-uns des phénomènes que la mécanique quantique prédit sont le flou quantique, la dualité particule-onde et les particules virtuelles.

Méson : particule composée d'un quark et d'un antiquark.

Molécule : combinaison de deux ou plusieurs atomes liés par la force électromagnétique.

Neutrino : particule élémentaire sans charge électrique et de très petite masse. Elle interagit très faiblement avec la matière ordinaire.

Neutron : particule neutre faite de trois quarks, et composant des noyaux d'atome avec le proton. À l'état libre, il se désintègre après environ quinze minutes, mais, dans un noyau atomique, est aussi stable que le proton.

Non linéaire (système) : système dans lequel des modifications de l'état initial entraînent des modifications non proportionnelles dans l'état final.

Noyau atomique : la partie la plus massive de l'atome, composée de protons et neutrons, autour de laquelle virevoltent les électrons. Le noyau est cent mille fois plus petit que l'atome, si bien que la matière est presque entièrement du vide.

Occam (rasoir d') : la notion qu'une explication simple d'un phénomène a plus de chances d'être vraie qu'une explication compliquée.

Papillon (effet) : phénomène tel qu'un très petit changement de l'état initial d'un système dynamique peut complètement modifier son évolution ultérieure.

Photon : particule de lumière. Sans masse ni charge, elle se déplace toujours à trois cent mille kilomètres à la seconde.

Planck (longueur de) : égale à 10^{-33} centimètre, c'est la longueur au-delà de laquelle la physique connue perd pied. C'est aussi la longueur des supercordes.

Planck (temps de) : égal à 10^{-43} seconde, c'est l'intervalle de temps le plus court qui puisse exister.

Planète : corps d'un système solaire orbitant autour d'une étoile. Elle ne possède pas de source d'énergie interne et son rayonnement vient de la réflexion de la lumière de l'étoile.

Proton : particule de charge positive, faite de trois quarks. Composante des noyaux d'atome avec le neutron.

Quark : particule hypothétique supposée être la plus élémentaire, possédant une charge électrique fractionnelle positive ou négative, et égale à 1/3 ou 2/3 de la charge de l'électron. Il y a six espèces différentes de quarks (up, down, étrange, charmé, bottom, top), chacune venant en trois couleurs (jaune, rouge, bleu).

Quasar : objet céleste parmi les plus éloignés et les plus lumineux de l'univers. Son énergie est supposée venir d'un trou noir supermassif d'environ un milliard de masses solaires dévorant les étoiles d'une galaxie sous-jacente.

Radioactivité : processus par lequel certains types de noyaux atomiques se désintègrent sous l'action de la force nucléaire faible, avec émission de particules subatomiques et de rayons gamma nuisibles à la santé.

Rayonnement fossile : rayonnement radio qui baigne l'univers tout entier et qui date de l'époque où l'univers n'avait que trois cent mille ans. C'est en quelque sorte la chaleur qui reste du feu du big bang. Il s'est considérablement refroidi à cause de l'expansion de l'univers. Sa température n'est que de – 270° C.

Réductionnisme : méthode d'étude d'un système physique qui consiste à le décomposer en ses constituants les plus élémentaires considérés comme fondamentaux.

Relativité générale : théorie d'Einstein énoncée en 1915, qui relie un mouvement accéléré à la gravité et à la géométrie de l'espace-temps.

Relativité restreinte : théorie d'Einstein énoncée en 1905 concernant les mouvements relatifs et qui établit l'intime connexion entre l'espace et le temps. Ces derniers ne sont plus universels, mais dépendent du mouvement de l'observateur. La théorie établit aussi l'équivalence entre l'énergie et la matière.

Supercordes (théorie des) : théorie qui dit que les particules élémentaires de la matière sont la manifestation de vibrations de bouts de corde extrêmement petits (10^{-33} centimètre).

Supernova : mort explosive d'une étoile massive (de plus de 1,4 masse solaire) ayant épuisé son carburant.

Table périodique : liste d'éléments chimiques en ordre croissant de leurs numéros atomiques et groupés en colonnes selon leurs propriétés réactionnelles, établie par le chimiste russe Dmitri Mendeleïev.

Tachyon : particule hypothétique qui voyage plus vite que la lumière.

Trou noir : objet effondré sur lui-même dont la gravité est si intense que ni matière ni rayonnement ne peuvent s'échapper.

Turing (test de) : test proposé par le mathématicien anglais Alan Turing pour déterminer si une machine est douée d'intelligence ou non.

Univers cyclique : univers sans début ni fin, qui passe par une série de big bang et de big crunch.

Univers parallèles : univers existant en parallèle, mais complètement déconnectés du nôtre, et donc non accessibles à l'observation. La mécanique quantique et certaines théories du big bang prévoient l'existence de ces univers parallèles.

Univers stationnaire, théorie de l' : théorie cosmologique selon laquelle l'univers est de tout temps et en tout lieu semblable à lui-même. Pour compenser le vide qui se crée entre les galaxies du fait de l'expansion de l'univers, la théorie doit postuler une création continue de matière.

Vide quantique : espace rempli de particules et d'antiparticules virtuelles apparaissant dans des cycles de vie et de mort de très courte durée, grâce au flou de l'énergie.

Virtuelle (particule) : particule créée grâce à l'emprunt d'énergie à une région adjacente de l'espace. L'emprunt d'énergie se fait grâce au flou quantique de l'énergie (voir *Incertitude (principe d')*). Cet emprunt doit être remboursé presque instantanément, si bien qu'une particule virtuelle disparaît en très peu de temps et ne peut être capturée par nos détecteurs. Une particule virtuelle apparaît toujours en compagnie de son antiparticule virtuelle.

Vitalisme : idée selon laquelle les systèmes biologiques ne peuvent être réduits à une collection de molécules et à leurs interactions, mais possèdent un principe vital distinct à la fois de l'âme et de l'organisme.

Glossaire des termes bouddhistes

Actes négatifs et positifs : un acte est dit positif quand il aide autrui, il est dit négatif quand il nuit aux autres et à soi-même. Chaque acte physique, mental ou verbal, est comme une graine qui donnera un fruit – un résultat qui sera vécu ultérieurement, souvent même dans une existence future.

Apparences : les mondes des phénomènes extérieurs. Bien que ces phénomènes nous paraissent doués d'existence réelle, leur véritable nature est la vacuité. La transformation progressive de notre manière de percevoir et de comprendre ces apparences correspond aux diverses étapes de la voie vers l'Éveil.

Attachement : ses deux aspects principaux sont l'attachement à la réalité du moi et l'attachement à la réalité des phénomènes extérieurs.

Bardo : mot tibétain signifiant « état intermédiaire ». On distingue plusieurs bardos parmi lesquels celui du rêve, de l'état éveillé, de l'instant de la mort, etc., mais la plupart du temps, *bardo* désigne l'état intermédiaire entre la mort et la renaissance.

Bodhisattva : celui qui s'est engagé dans la voie de la compassion. Il a fait le vœu d'atteindre l'Éveil afin de devenir capable de délivrer tous les êtres du cercle des existences, le *samsara*.

Bouddha : celui qui a dissipé les deux voiles, le voile des émotions obscurcissantes et le voile masquant la connaissance, et qui a développé les deux connaissances, la connaissance de la nature ultime de toute chose et la connaissance de la multiplicité des phénomènes.

Compassion : la volonté de libérer tous les êtres de la souffrance et des causes de la souffrance (les actes négatifs et l'ignorance). Complément de *l'amour* (le souhait que tous les êtres connaissent le bonheur et les causes du bonheur), de la *joie altruiste* (qui se réjouit des qualités d'autrui) et de l'*équanimité* qui étend les trois sentiments précédents à tous les êtres sans distinction, amis comme ennemis.

Connaissance (cinq) : cinq aspects de l'Éveil : la connaissance « toute égalisante », la connaissance « semblable à un miroir », la connaissance « toute distinguante », la connaissance « toute accomplissante » et la connaissance « de l'espace absolu ». Ces cinq connaissances se manifestent lorsque sont dissipés les deux voiles qui empêchent l'actualisation de l'Éveil : le voile des émotions perturbatrices et le voile qui masque la connaissance de la nature ultime des phénomènes.

Conscience : le bouddhisme distingue plusieurs niveaux de conscience : grossier, subtil et extrêmement subtil. Le premier correspond au fonctionnement du cerveau. Le deuxième, à ce que nous appelons intuitivement la conscience, c'est-à-dire, entre autres, la faculté que possède la conscience de s'interroger sur sa propre nature et d'exercer son libre arbitre. Le troisième niveau, le plus essentiel, est appelé « luminosité fondamentale de l'esprit ».

Dharma : ce mot a de nombreux sens. Au sens large, il signifie tout le connaissable. Le plus souvent, il désigne l'ensemble des enseignements des Bouddhas et des maîtres accomplis. Il en existe deux aspects : le dharma des écritures qui est le support de ces enseignements, et le dharma de la réalisation qui est le résultat de la pratique spirituelle.

Dualité/dualisme : terme désignant, dans le bouddhisme, la distinction entre le sujet (la conscience) et l'objet (les images mentales et le monde extérieur), entre soi et autrui. La disparition de la dualité est une des caractéristiques de l'Éveil.

Émotion négative (ou ***obscurcissante***) (sanskrit : *klesha*) : tout événement mental, né de l'attachement à l'ego, qui trouble notre esprit, l'obscurcit et nous en fait perdre le contrôle. Ce sont principalement le désir, la haine, l'ignorance, l'orgueil et la jalousie. Ils forment les causes de la souffrance.

Esprit (voir également *Conscience*) : pour le bouddhisme, sous sa forme ordinaire, l'esprit est caractérisé par l'illusion. Une succession d'instants de conscience lui donne une apparence de continuité. Sous sa forme absolue, l'esprit est défini par trois caractères : la vacuité, la clarté (faculté de tout connaître) et la compassion spontanée.

Éveil : synonyme de bouddhéité, l'Éveil est l'accomplissement ultime de l'entraînement spirituel, la connaissance intérieure par excellence, alliée à une compassion infinie. Une compréhension parfaite des modes d'existence relatif (la façon dont les choses nous apparaissent) et ultime (leur véritable nature), de notre esprit et du monde des phénomènes. Cette connaissance est l'antidote fondamental de l'ignorance et par conséquent de la souffrance.

Existence propre, intrinsèque : propriété attribuée aux phénomènes selon laquelle ils pourraient être des objets indépendants, existant par eux-mêmes, et doués de propriétés locales leur appartenant en propre.

Idéalisme : ensemble d'idées selon lequel le monde des phénomènes n'est qu'une projection de l'esprit.

Ignorance : manière erronée de concevoir les êtres et les choses, en leur attribuant une existence réelle, indépendante, solide, intrinsèque.

Illusion : toutes les perceptions ordinaires, déformées par l'ignorance.

Impermanence : elle est de deux sortes – grossière ou subtile. L'impermanence grossière correspond aux changements visibles. L'impermanence subtile est le fait que rien ne demeure identique à soi-même, ne serait-ce que pendant le plus petit espace de temps concevable.

Karma : mot sanskrit qui signifie « action », et qui est généralement traduit par « causalité des actes ». Selon les enseignements du Bouddha, ni la destinée des êtres, ni leur joie, ni leur souffrance, ni leur perception de l'univers ne sont dues ni au hasard ni à la volonté d'une entité toute-puissante. Elles sont le résultat de leurs actes passés. De même, leur futur est déterminé par la qualité, positive ou négative, de leurs actes présents. On distingue un karma collectif, qui définit notre perception générale du monde, et un karma individuel qui détermine nos expériences personnelles.

Libération : le fait de se libérer de la souffrance et du cycle des existences. Ce n'est pas encore l'accomplissement ultime de la bouddhéité.

Logique : moyen de connaissance correcte (*pramana* en sanskrit, *tséma* en tibétain). On distingue une connaissance valide dite « conventionnelle » et une connaissance valide absolue. La première nous renseigne sur l'apparence des choses et la seconde nous permet d'appréhender la nature ultime des phénomènes. Toutes les deux sont valides dans leur registre respectif. Leur domaine recouvre tout ce qui peut être perçu directement ou déduit par inférence, et ce qui peut être conclu sur la base de témoignages fiables.

Méditation : processus de familiarisation avec une nouvelle perception des choses. On distingue la méditation analytique et la méditation contemplative. La première peut avoir pour sujet un objet de réflexion (la notion d'impermanence, par exemple), ou une qualité que l'on souhaite développer (comme l'amour et la compassion). La deuxième nous permet de reconnaître la nature ultime de l'esprit et de demeurer dans cette nature, au-delà de la pensée conceptuelle.

Moi, ego : en dépit du fait que nous sommes un flux en constante transformation, interdépendant avec les autres êtres vivants et le monde, nous imaginons qu'il existe en nous une entité qui ne change pas et que nous devons protéger et satisfaire. L'analyse de cet ego révèle qu'il s'agit d'une entité fictive.

Nature de Bouddha : la nature de Bouddha n'est pas une « entité », mais la nature ultime de la conscience fondamentale, totalement libre des voiles de l'ignorance. Chaque être a le potentiel d'atteindre un état de connaissance parfaite de la nature de l'esprit. C'est en quelque sorte la « bonté originelle » de l'être selon le bouddhisme.

Nirvana : la fin de l'ignorance ou de l'illusion, et, par conséquent, de la souffrance. On distingue plusieurs niveaux de nirvana, suivant que l'on se place du point de vue du Petit Véhicule ou du Grand Véhicule.

Pensée discursive (ou ***linéaire***) : enchaînement habituel des pensées conditionnées par la réalité relative.

Phénomènes : ce qui apparaît à la conscience à travers les sens et l'esprit.

Présence éveillée : nature de l'esprit non duelle et totalement libre de confusion.

Réalisme, réification : voir *Existence propre.*

Renaissance, réincarnation : les états successifs dont le flux de conscience fait l'expérience, états qui sont ponctués par la mort, le *bardo* (voir ce terme) et la naissance.

Samsara : le cycle des existences, où règnent la souffrance et la frustration engendrées par l'ignorance et les émotions conflictuelles qui en résultent. Ce n'est qu'après avoir réalisé la vacuité et donc dissipé toutes les émotions négatives que l'on peut reconnaître la nature de l'esprit et se libérer du samsara.

Souffrance : la première des « quatre nobles vérités », qui sont : 1) la vérité de la souffrance, dont on doit reconnaître l'omniprésence dans le cycle des existences conditionnées ; 2) la vérité de l'origine de la souffrance – les émotions négatives que l'on doit éliminer ; 3) la vérité de la voie (l'entraînement spirituel) que l'on doit parcourir pour atteindre la libération ; et 4) la vérité de la cessation de la souffrance, le fruit de l'entraînement, ou état de Bouddha.

Soutra : les paroles du Bouddha transcrites par ses disciples.

Univers cyclique : univers régi par des cycles dont chacun comporte quatre phases. La première correspond à la formation de l'univers, la deuxième à son évolution et la troisième à sa destruction. La quatrième correspond à une période de vide séparant deux univers. La continuité entre deux univers est assurée par un potentiel de manifestation, appelé « particules d'espace ». Les cycles se suivent mais ne sont nullement répétitifs.

Vacuité : la non-réalité des phénomènes animés et inanimés, leur nature véritable, en aucun cas le néant. La claire connaissance de la vacuité et l'émergence de la compassion à l'égard de tous les êtres sans distinction sont simultanées.

Vérité relative/absolue : la vérité relative, ou conventionnelle, correspond à notre expérience empirique du monde et la vérité absolue au résultat de l'analyse ultime selon laquelle les phénomènes sont dénués d'existence intrinsèque.

Voie : l'entraînement spirituel qui permet de se libérer du cycle des existences, puis d'atteindre l'état de Bouddha.

Voie médiane, ou du Milieu (*madhyamika*) : philosophie la plus élevée du bouddhisme, ainsi nommée car elle évite les deux extrêmes : celui du nihilisme et celui de la croyance à la réalité des phénomènes.

Voiles (deux) : ce qui obscurcit l'esprit dualiste. Le voile émotionnel, obstacle à la libération, est l'effet des trois poisons – ignorance, désir et haine – ; le voile cognitif, obstacle à l'omniscience, est l'ignorance de la réalité ultime des phénomènes.

Vue, méditation, action : la vue est la compréhension directe, non conceptuelle, de la vacuité de toute chose. La méditation est l'accoutumance à cette vacuité, son intégration à notre esprit. L'action est le comportement altruiste qui en résulte.

Remerciements

Nous tenons à exprimer notre reconnaissance à ceux qui ont inspiré ce livre : Maria-Angels Vilana qui nous a conviés à participer à l'université d'été d'Andorre et fut ainsi la cause première de notre rencontre et de la genèse de notre dialogue, et nos éditeurs Nicole Lattès et Claude Durand, qui nous ont encouragés à entreprendre ce livre et aidés à maintes reprises à l'orienter pour le rendre plus profitable à nos lecteurs.

Nous exprimons aussi notre gratitude à Christian Bruyat (qui a transcrit les enregistrements de nos entretiens et édité leur contenu), Carisse Busquet et Dominique G. Marchal (qui ont relu et amélioré diverses moutures de notre manuscrit). Ils ont été, avec Sophie Landowski, Gérard Godet et Yahne Le Toumelin, nos correcteurs attentifs.

Notre reconnaissance est grande également à l'égard de nos proches et de nos amis qui ont eu la bonté d'accorder suffisamment d'intérêt à notre projet pour nous offrir des suggestions et critiques essentielles sur son contenu : Michel Bitbol, Francisco Varela, Jean-François Revel, Wulstan Fletcher, Abel Gerschenfeld et Miguel Benasayag. L'assistance informatique de Nguyen Tan Nam nous a été de même précieuse.

Que soient remerciés enfin ceux qui ont répondu à nos questions et nous ont aidés à rechercher des éléments de connaissance, ceux qui ont participé à la fabrication et à la promotion de ce livre et ceux qui nous ont encouragés : Brian Greene, Laurent Nottale, Catherine Bourgey, Anne Favier, Christine Morin, Jill Heald, Vivian Kurz, Françoise Grandgirard, Jeanne Gruson, Hélène Boullet, Laurence et Bruno Bardèche, Raphaële Demandre, Jean Staune et René Dubois.

Le scientifique remercie en particulier Georges Alecian, Chantal Balkowski et François Hammer de leur hospitalité au Département d'astronomie extragalactique et de cosmologie à l'observatoire de Paris-Meudon, ainsi que Bernard Fort et Bruno Guiderdoni pour l'avoir accueilli à l'Institut d'astrophysique de Paris pendant son année sabbatique.

TABLE

Introduction 9

1 – À LA CROISÉE DES CHEMINS 17

2 – ÊTRE OU NE PAS ÊTRE 39
L'univers a-t-il un début ?

3 – À LA RECHERCHE DU GRAND HORLOGER 57
Existe-t-il un principe organisateur ?

4 – L'UNIVERS DANS UN GRAIN DE SABLE 85
Interdépendance et globalité des phénomènes

5 – LES MIRAGES DU RÉEL 107
De l'existence des particules élémentaires

6 – COMME UN ÉCLAIR DANS UN NUAGE D'ÉTÉ 135
L'impermanence au cœur de la réalité

7 – À CHACUN SA RÉALITÉ 151
Quand fond la neige du savoir

8 – QUESTIONS DE TEMPS 169

9 – LE CHAOS ET L'HARMONIE 185
De la cause à l'effet

10 – LA FRONTIÈRE VIRTUELLE 213
Une dualité corps-esprit ?

11 – DES ROBOTS QUI PENSENT QU'ILS PENSENT ? 241

12 – LA GRAMMAIRE DE L'UNIVERS 269
Les lois physiques, les mathématiques et le monde des idées
13 – LA RAISON ET LA CONTEMPLATION 299
Comment connaître le monde ?
14 – LA BEAUTÉ EST DANS L'ŒIL QUI LA CONTEMPLE 327
15 – DE LA MÉDITATION À L'ACTION 333
Conclusions du scientifique 345
Conclusion du moine 355
Notes 365
Glossaire des mots scientifiques 385
Glossaire des termes bouddhistes 393
Remerciements 399

"Curiosités scientifiques"

Conversation sur l'invisible

Jean Audouze, Michel Casse et Jean-Claude Carrière

Jean-Claude Carrière, homme de lettres et de spectacle, a été accueilli pendant deux ans à l'Institut d'astrophysique par deux éminents savants. Avec eux, il s'est entretenu de " l'invisible " qui nous entoure : des galaxies les plus lointaines aux secrets de nos atomes. Lors de leurs discussions, deux règles devaient être absolument respectées. La première était de parler de manière compréhensible pour les non-spécialistes. La seconde, que le ton soit suffisamment léger pour permettre la digression, la rêverie, voire le sourire...

(Pocket n° 11323)

Il y a toujours un Pocket à découvrir

"Le bouddhisme aujourd'hui"

La force du bouddhisme
Le Dalaï-Lama et
Jean-Claude Carrière

Dans les monastères de Dharamsala, au pied de l'Himalaya, Sa Sainteté le Dalaï-Lama et Jean-Claude Carrière discutent du bouddhisme aujourd'hui. Quel rôle peut-il jouer face aux problèmes contemporains de surpopulation, d'intégrisme, de protection de la nature, d'éducation, etc. ? De ce dialogue profond et constructif, cherchant à ouvrir les yeux sur la " Vie ", se dégage la puissance de la pensée bouddhiste et de son porte-parole le Dalaï-Lama.

(Pocket n° 4455)

Il y a toujours un Pocket à découvrir

Achevé d'imprimer sur les presses de

BUSSIÈRE

GROUPE CPI

à Saint-Amand-Montrond (Cher)
en mars 2002

POCKET - 12, avenue d'Italie - 75627 Paris Cedex 13
Tél. : 01-44-16-05-00

— N° d'imp. 21491. —
Dépôt légal : avril 2002.

Imprimé en France